# 続・四千人が二千の村で聞き取った四万の地名、しこ名

佐賀県歴史地名地図3　唐津市・玄海町・伊万里市

［解　　説］

服　部　英　雄

# 目　　　次

はじめに———課題・問題の所在 ……………………………………………………………………………… 1

1　佐賀発音の特徴 ………………………………………………………………………………………… 3
　　hi 音・shi 音　　　awa 音・ou 音　　　ri 音・i 音　　　ノ音 no・ン音 n　　　ai 音・æ 音　　　s 音・syo 音　　　oi 音・ei 音
　　o 音・u 音　　　a 音・ya 音　　　a 音・o 音　　　b 音　　　転倒（米納戸・淀野・与鵜野）　　　語頭の n 音　　　o 音・u 音

2　公的小字（行政地名）と私称（通称地名）・しこ名—明治小字と現小字 ……………………………… 8
　　A タイプの例　　　B タイプの例　　　C タイプの例

3　海の地名 ……………………………………………………………………………………………… 10
　　A　海・海岸の地名(聞き取りレポート)
　　　(1) 普恩寺　　　(2) 浜野浦（ハマンダ、ハマンラ）
　　B　伊能忠敬測量日記

4　田畑など耕地の地名 ………………………………………………………………………………… 11
　　A　条里制地名・数字坪
　　B　平坦地の棚田・急傾斜地ではない棚田——棚田・膳田・膳棚田
　　　1　紀伊国志富田（渋田）庄　　　2　紀伊国安楽川庄
　　C　よじゃく・もんでん
　　D　トウボシダ・四ショウマキ・七十田・昼飯田
　　E　新田開発
　　F　焼き畑地名　コバ・ハライ・ワライ
　　G　海岸の「ほたて」、山の「ほたち」

5　山の地名 ……………………………………………………………………………………………… 15
　　A　マブシ・ウジ・タテメ・カクラ
　　B　さまざまな山の地名
　　　ミョウガタニ　　　カンネ　　　ガブロ・トコロ　　　ナルタキ　　　ソウベイシ　　　ヅーメキ・ドウドウメキ　　　オツケゴウ・オコンゴウ
　　　ヤアガリ　　　バイラ山　　　コウゴイシ　　　オオテキ・チシャキ　　　ヘンドウ・コベントウ　　　ゴチ（カァーチ）　　　バクチ岩・博打石

6 城下・城館地名 ························································································································································ 17
　　A　城館地名
　　　　たち　　　　せいどうばる・勢かくれ・的場（マツバンシタ・マツバンコシ）　　　下馬　　　　しろやま　　　　カッセンバ
　　B　名護屋（名古屋）城下と唐津城下
　　C　名護屋城・陣跡の地名

7 交通地名 ··································································································································································· 19
　　A　殿様道・番所・峠・駕籠立て場
　　B　さばくされ
　　C　タンクワ・タンガ
　　D　ハシカケ谷
　　E　ナナマガリ　十二曲
　　F　一里塚
　　G　拝頭道

8 動物地名 ··································································································································································· 20
　　　　コタエ・コタヘ　　　コッポ、ガメンク、ドンク

9 難解地名 ··································································································································································· 20
　　　　干居　　　くみだん・汲田　　　ぜんもん谷　　　かぐめじ・かぐめいし　　　ハンドカメ

付録「佐賀県・福岡県・長崎県・大分県・熊本県地名データ」「学生レポート・データ」について ··············································· 21

小字界線 ········································································································································································· 22

既刊分訂正について ······················································································································································ 22

むすび ············································································································································································· 23

## はじめに───課題・問題の所在

　本書は佐賀県全域における地名悉皆調査報告で、著者が勤務した九州大学の学生たちとともに実施した収集調査の報告・最終冊（3冊目）である。しこ名というのは通称・私称地名の意味で、「生活地名」と表現されることもある（『波多津町誌』）。かつて人々は正式地名・土地台帳記載地名とは無関係の通称で生活していた。この通称地名がしこ名（生活地名）だった。忘却されていく、文字化されなかった未記録地名を収集し、地図化した。広大なる佐賀県全地域が対象である。

　学生による調査は実質14年で、ほか整理期間があった。空白時期もあったけれど、30年以上をかけた仕事になった。花書院からの刊行は

○二千人が七百の村で聞き取った二万の地名、しこ名
　──佐賀平野地名地図稿──2001年・花書院刊、第一巻
○四千人が二千の村で聞き取った四万の地名、しこ名
　──佐賀県歴史地名地図2──2014年・花書院刊、第二巻
○続・四千人が二千の村で聞き取った四万の地名、しこ名
　──佐賀県歴史地名地図3──本巻・第三巻、2024年

で、本巻を最終巻とする。
　調査の目的と経緯を記しておきたい。
　自分が佐賀県の地名調査を行ったのは半世紀も前、卒業論文で対象とした武雄市（橘・朝日地区ほか）が最初である。公的地名＝行政地名である小字（登記簿記載地名）とは異なる私称・通称地名、つまりシコ名が多数あった。これらの中には中世文書に記載されるものもあった。古い地名である。そして村の人たちは村の中のすべての土地に精通していた。かせい（＝加勢・ゆい、共同田植え、手間がえ・いーかわし）や、道普請など、村内で共同作業があった。個人の土地だけではなく、村全体の耕地が労働の場で、人々は細かな地名を共有していた。聞き取りすれば次から次におどろくほど多くの地名が収集でき、記録できた。そうした田畑は機械の導入とつぎつぎに行われた圃場整備事業によって、耕地の区画自体がなくなって、日常的に使われていた地名も消えた。山林も山に入る仕事（炭焼き）が終わったから、地名は忘却された。細かな地名を必要とした村全体が労働する時代は終わり、生活地名は本来の役割を終了した。
　忘れられていく地名は、貴重な生活記録・歴史情報・民俗情報である。数えきれない仕事場があって、どれにも名前があった。それらを聞き取って、文字に残し、記録として残したかった。

　わたしは30代はじめから文化庁記念物課に勤務した。文化庁への異動を要請された時に、消えていく地名収集の実施を望んだ。当時は圃場整備事業が猛烈な勢いで進行しており、旧水田は規格化された新水田に変わった。自分は地名の記録保存に従事したいと考え、赴任するつもりだった。実際にはむずかしかった。庄園調査事業のなかで一部地域のみ地名調査を実現できた。しかし九牛の一毛、わずかな領域にすぎず、日本全体では実行できなかった。全国の文化財関係者に、同じ考えの人は国にも自治体にも、二、三人ほどしかいなかった。

　＊当時も今も、地名の歴史資料としての役割を、文化財保護行政が意識していたとは考えにくい。佐賀県の場合だと、原口静雄氏が伊万里地方で調査を実践していた。長野県では、一志茂樹氏という政治力のある指導者がいて、地名の調査、記録保存を積極的に進めていたから、全国的には最も熱心な県だった。だが日本全体でも佐賀県でも文化財・歴史資料として地名が認識されることはなかった。佐賀県では原口氏、実践者だった福田克己氏、『北波多村文化財と地名考』の山﨑猛夫氏以外には、にわかに名前がでてこない。今もそれは変わらず、地名に関心を持つ研究者・文化財担当者に出会うことは稀で、さらに収集に携わる人となると、ほとんどしらない。地名は学界からも文化財行政からも放置された。

　40代半ばに九大に赴任した。学生と一緒に調査できれば、懸案が達成できるかもしれない。そう考えた。学生は10代。こうした聞き取り調査は初めて、というより、生涯で一度だけだった。全国からの学生は佐賀の方言に接するのは初めてだし、地図の見方もわからず、はたして地図を正確に読めていたのか、どうかに不安がある。先方・語り手の側も地図読解能力が十分だったかどうか。懸念・危惧はあり、過大な期待をかけすぎたかもしれない（事前に調査の骨子を記し、自治会長＝区長に郵送はしていた）。

　時折当時の卒業生に遭遇することがある。教養課程での受講だが、調査に行ったことは覚えていて、よい思い出としている人もいた。当時の学生レポートは記録として貴重だから、現物は佐賀県立図書館に保存された（現在は分室である大和書庫に別置、服部の紹介状があれば閲覧可能）。また閲覧の便宜を図るため、大半を「服部英雄のホームページ」にアップした。作業には石橋道秀氏の多大な尽力を得た。しかし全点のアップ、また付属地図アップはできていない。
　https://www.hattorihideo.org/gaku2.html

SNS社会になって、聞き取りに行った地域の方が、このレポートを引用されていたこともあった（伊万里市楠久津）。採訪の精度があって、うまく地名が収集できたところとそうではないところの差は大きいけれど、さまざまな意見の交流があって、貴重な資料になったと考えている。

　20年前の調査区に行ってみて、過去、先人調査による地名を示してみる。ほとんどわからなくなっていた。学生レポートを元に再点検のため七山村にいった際のこと、「この地名はむかしの老人が使っていた、いまは使わない」といわれた。なつかしく思う人はいて、「聞いたことはある」「おやじを呼んで聞きたいけど、死んでしまった」「場所はわからない」といわれた。

　神埼市あるいは北川副町で地名の話をする機会があった。この地図（第1巻地図）を見て「そういう地名がたしかにあった、あった、とはいうけれど、場所もはっきりわからない」と事務局の方が語られた。講演会でも日常作業の場であった多くの田についていたシコ名、「ほい」（クリーク）、そして「ほい」にかかる橋の名について、図示しながら話したが、反響が薄かった。消えてしまった水田。眼前になければ忘却は早い。

　しかし完全に忘れ去られたとは思わない。最終校正で『波多津町誌』の記述をもとに現地に入った。

　「むかしはこんな名前ばっかりじゃったもんな。正式名称、字名（土地台帳地名）じゃのうてな。聞かれるとだんだん昔の感覚が戻ってくる。思い出すといえば思い出すねぇ」。

　2巻までを刊行し、なぜこうした調査を行うのか、どのような意義があるのか、について説明を求められることもあった。再調査中もよく聞かれた。

　「一つの字にはたくさんしこ名地名があって、生活する目印だった。でも消えていくばかり。せめて地図にして残したい」。

　地名の重要性が認識されていないということであろう。地名は生活の記号である。生活の必要から命名される。山の場合、炭焼きや、さまざまな生活材料の調達の場だったが、林業（炭焼き）の衰退によって山の地名は消える。海の地名は多く漁業とともにある。瀬のような暗礁（魚場）の名前は記憶される。沖なら通行の安全に必要だし、岸に近いものなら定置網の位置等を示す。

　地名（生活地名）の記録保存は生活の場の記録保存である。遺跡が壊されるときに考古学的な調査を行うように、ダム建設で村がなくなるときに民俗調査を行うように、消えていく地名については、できる限り調査をして記録を残す。不十分箇所はあるから、できるかぎりわたし自身での再調査を心がけた。しかし佐賀県はあまりに広く、一部しかはたせていない。

調査は以下の通り（＊は佐賀県以外）。

94年度夏：佐賀県小城郡東部（小城町・三日月町・牛津町）
94年度冬：佐賀県三養基郡西部
95年度夏：佐賀県杵島郡東部
95年度冬：佐賀県神埼郡南部、佐賀郡（佐賀市近郊）
96年度夏：佐賀県小城郡西部（多久市）、佐賀郡（佐賀市近郊）――以上一次分報
　　　　　告済み（第一巻）
96年度冬：佐賀県佐賀郡山間部
97年度夏：佐賀県東松浦郡東部（唐津市近郊）
97年度冬：佐賀県東松浦郡北部（肥前町、鎮西町、呼子町、玄海町、一部杵島郡
　　　　　など、98年度夏　佐賀県東松浦郡南部と西松浦郡（伊万里市近郊）
＊98年度冬　＊熊本市南関町
99年度夏　西有田町、有田町、山内町、武雄市（武内町）：＊福岡県若宮町
99年度冬　武雄市（若木町、武内町、東川登町、西川登町）
00年度夏　嬉野町、塩田町
00年度冬　鹿島市、＊熊本県山江村（万江谷）
01年度夏　鹿島市
01年度冬　太良町
02年度夏　鳥栖市、＊行橋市
02年度冬　鳥栖市
03年度夏　厳木、福富、基山、北方、武雄一部
＊03年度冬（調査なし）
＊04年度夏　熊本県三加和町
04年度秋　呼子町、鎮西町、肥前町の主として離島
＊05年度　（調査なし）
06年度秋・07年度冬　脊振村（神埼市）、嬉野市（嬉野地区・塩田地区）補充調査
07年度春　三瀬、脊振地区を中心とした補充調査、これは服部が単独で数人の協
　　　　　力を得つつ、行った。
（以上は2014年、第二巻として第一巻の北・西・南、多く山間部を報告）
09年度春　伊万里市から旧肥前町・玄海町・鎮西町・唐津市にかけての再調査
12年度夏　唐津・浜玉補充調査（2014年九大定年）
22年度　　唐津・伊万里（『波多津町誌』をもとにした再調査、および高島調査）

23年　浜玉・波戸・名護屋・串・枝去木・後河内・馬渡島・高島・波多津町補充
　　　調査
　（以下市町村名は調査当時のものである。その後平成合併で変更になったものが多いが、本書では旧来の市町村名を使用する）

　今回の対象は唐津市・玄海町と伊万里市分で、ほぼ旧東松浦郡と西松浦郡となるけれど、（新）有田町＝（旧）有田町・西有田町分は前巻に掲載したから割愛した。ぎゃくに唐津市となった七山村は前巻に掲載しているけれど、利用者の便宜を考えて重複して収録した。

　伊万里市分については福田克己氏（故人）作成の地名図があったから、その成果も一部反映できたが南波多など一部である。伊万里市『波多津町誌』は近年市役所ホームページにWEB公開されたもので、佐賀県立図書館にも架蔵がない。新型コロナウィルスの流行もあって、高齢者からの聞取調査がむずかしかったが、ある程度復原できた。

使用地図
　使用地図は国土が大きく変容する前（いわゆる高度成長期以前）の地図とした。国土地理院が1960年代に作成した5000分1・国土基本図はこの目的に合致するものだった。圃場整備以前の地図である。聞取調査に最も適しており、基調とした（大縮尺地図）。しかし当時の国土基本図は未作成部分が多く、不完全な地図だった（未作成の自治体が多く、負担金を拠出できない、ないし必要を感じなかったと推定される市町村分は作成されなかった）。国土基本図がない分は佐賀県森林課が作成する森林基本図を使用した。この地図は森林のない、耕地部・集落部は簡略化されているし、佐賀県森林課の事業対象外となる国有林は図化されていない。自治体単位で区切られ、欠落のある地図だったが、5000分1という縮尺が、国土基本図と一致していた。二種の接合にはきわめて苦労し、読者にも迷惑をかけることになった。部分的には市町村管内図（10000分1）を使用したところもある（現在では電子国土基本図が作成されている。今からは想定されにくいが、この調査を開始したときはパソコン自体が普及しておらず、学生レポートも全て手書きであった）。

本書（第3巻）の概要と付録について
　これまでの調査では、平野部を皮切りに佐賀山地まで、各郡分を調査し地図化してきた。1巻は主として佐賀平野が対象だった。海もあったが、有明海（前海）という単調な海岸線だった。かつて州に地名があったが、近世干拓で失われた。2巻は山が多かった。3巻（東西松浦郡）は、リアス式の複雑な海岸線であったから、海岸線の屈曲ひとつひとつにて、地名・しこ名を収集できた。そこは海の人々の仕事場であったから、地名を付ける必要があった。離島も多く、海岸線は長く、山が迫る。本巻には海の名前、山の名前が多い。ここでは最終巻であるから佐賀地名の特色についても、まとめを述べておきたい（本巻のみ入手される方のために、以下には前巻既述分も若干ある）。

　この間、佐賀県以外の地名資料も収集・整理してきた。これからの地名研究の基礎となる事を願い、不十分ではあるが宮崎県を除く九州7県の地名電子データを研究用の付録としてCD添付した。これの収録典拠・素材については別途解題を記す（21頁）。大分県は出典がさまざまで未完成で、全域ではない。またいずれも分量が多すぎるので、未点検、未校正である。

　＊佐賀県教育委員会は圃場整備で消えゆく耕地の記録保存として、地籍図集成を刊行している（小城郡・佐賀郡＜佐嘉郡＞・神埼郡）。きわめて有意義な仕事であったが、既存資料を使用しやすい形に整理した作業である。そこでは耕地に生きてきた人々の声、使用されていた通称・私称地名＝しこ名は記録されなかった。佐賀郡でも小城郡でも、小字は一本柳、二本桜といった機械的に命名されたもので、通常の地名のように自然に発生したものではなかった。記載は機械的命名の小字のみで、じっさいに農民が使っていたシコ名への言及はない。

　のち自分は佐賀県文化財保護審議委員を務めたことがあったから、そのときも行政による組織的対応を依頼・陳情したことがある。必要性は理解されなかった。個人の仕事には限界がある。本書を叩き台とした行政による確認調査の実施を願う。

## 1　佐賀発音の特徴

　佐賀の方言（地域発音）については、『佐賀県方言辞典』1902、『佐賀の方言』1975、『佐賀県のことば』（平成15）を初め、多くがある。地名の理解に影響する。以下、地名調査において実感した発音・地域傾向の特色を挙げておく。

**hi音・shi音**
　「七」を関西ではヒチといい、関東ではシチという。関東では左はシダリ、ひよこはショコ、お姫様はおしめさまと聞こえる。関西ではしつこいをヒツコイという。七反田はシッタンダ（東日本）とヒッタンダ（西日本）に分かれる。

肥前町瓜ヶ坂に「人切」、早里ほか各地にヒトギレ（人切れ）がある。ひとぎれは「しとぎでん」のシ音が西日本発音でヒ音になり、「でん」が「れ」になったものである。本来の語義は「しとぎでん」（粢田）で、粢は神饌に用いる粢餅で、神社にその粢米を奉納する田、神田であった。

## awa音・ou音

awa音はou音に入れ替わる。カワノ（河野）がコウノになるように全国的な傾向であろう。川はコウ、ゴウになる。ナワテはノウテ、苗代はノウシロとなる。かわく（乾く）を「こうく」といい、コウケダは乾きやすい田（乾き田）である。俵石はトウライシになり、土器田・カワラケデンはコウラギデまたコウラギレになる。デ（ン）がレになることはヒトギレで見た。

浜玉・平原の字に通木がある。しこ名に通木下があって「とうろきしも」という。基山町に「とうれぎ」という地名がある。小字名では「登楼妓」（トウロギ）と表記する（『栖』Vol41）。このように漢字表記すると別のものになってしまう。基山の現地には史跡「とうれぎ土塁」があって、大宰府・肥前国側の小水城の遺構として知られる。とうれぎ touregi の ou を awa に置換すれば「たわれぎ」で、二ヶ所はともに「たおれき」つまり「倒れた木」であろう。tawa・tao → tou で、音から「通木」と表記した。馬渡は awa → ou でモウタシ（馬渡し、鶴牧ほか）かモウタイ（馬渡り）。

たお＝峠は ao・ou 混用の一例である。

肥前町納所では、桑の木田はカノキタとあった。kwa が ka に短縮された。

短縮化の例には水洗→みざれもある（波多津中山）。mizuarai → mizare で5音が3音になる。

## ri音・i音

ri音ではrが弱くなり、吉野ヶ里はヨシノガイになる。やはり九州・琉球に顕著である（首里＝スイ）。ユリダニがユイダニになる。富士町では由比ヶ浜の由比に同じだと主張していたけれど、「そこに百合はなかったですか」とたずねると「いっぱいあった。囲炉裏に入れてほくほくしたのを食べた」と懐かしそうに語られた。ユイダニは百合谷である。

割野はワイノ、堀切はホイキイ、切山（斬山）はキイヤマになる。ノイトは文字表記では乗戸とされており、登戸（ノボリト）、上り口の意だという。

rとjは置き換えられやすい。リッパはジッパになり、手術がシリツになるという。竜宮様はリュウゴ様になり（u → o）、ジュウゴさまになる。

## ノ音 no・ン音 n

助詞のノ・no はン n になる。o 音の弱化である。井樋ノ上（いびんうえ）・岩ノ下（いわんした）など、きわめて多い。ノは語尾にあるとノウ nou になる。陣野はジンノウ。陣野ノ辻はジンノウノツジでジンノンツジではない。徳納は本来トクノか。

「犬の」では inu の u が弱音化し、「いんの」になって、犬の馬場が院の馬場になる。殿の木場はトンのコバで、頓の山（外津）もおそらく殿の山だろう。鬼の口はオンノクチだが、尾の前（外津）は「オノンマエ」で「オンの前」ではない。

## ai音・æ音

ai音がæ音になる傾向はきわめて顕著だ。

æ音は名古屋弁が代表のようにいわれているが、九州でも中国でもあり、ダイダイ（橙）がダャァダャァ（萩）、かいつぶりがキャァツグロ（柳川）など。肥前では「コガンもソガンもなか」（コガン・ソガン・アガン）、肥後では「コギャンもソギャンもなか」（コギャン・ソギャン・アギャン）というけれど、肥前でも æ 音はけっして弱化しない（「じゃろかにゃ」）。

大力（北波多）は『鎌倉遺文』にも頻出する名（ミョウ）に由来する古い地名で、ダァリキ。太良はジャーラ。福岡県境にあって、地図では井原山とある山を、肥前側では灰払山（ヒャーヒャラヤマ、ヒャーヒャリャー）といい、地誌にも記されている。馬蛤潟（マテガタ）の「ひやあくばな」は現地レポートには焼灰とあったが、正しくは「ひゃあくばな」で灰焼く鼻であろう。これらは ai 音の æ 音化の一例。ヒャードコ（灰床）地名はすこぶる多い。灰床は赤土をたたいて作った灰を焼く所を指す。

長尾では谷ヶ野がタニギャノになっている。同様の例は多く、かいせ（貝瀬）はキャーゼ、街道はキャードオ（仮屋）、ジンニャーサカ・陣内坂、チャーバイ・田原（茶原）。タがチャーで、タァではなくチャーになる。

唐津市千々賀にセギャーがあって、瀬貝と書き、水路の名前である。福岡市室見川・庄に字瀬替があった。流路に面しており、河川改修に関わる地名。瀬替は川の瀬をかえる治水工事だから、流路変更があった。

ダイはしばしばジャーになる（dai → jya）。ジャークジ（大空寺）、ジャーロク（大六）。ジャーミツサンは（五社）大明神（ゴシャ省略か）。ジヤアラカシラ・平ノ頭 taira → jyara も同じで、濁音になっている。ザイもジャーで、ベンジャーダシ・弁財天出し zai → jya。ミャーブラ・前原（大曲）も、本来はマイバラだった。

青螺山は黄貝山とも書き、オオギャーヤマと発音する。よって「おうがい」山なのだが、意味が通じにくい。大萱のような気もするが、青螺山（青螺＝青貝）なる表記

からすると、「あおがい」か。本来オオギャー山なのに、青螺が音読みされて、いま登山ガイドでは、セイラサンになっており、本来の山名とはちがっている。

ai音がæ音となる原則を適用していけば、佐賀地名の理解はかなり進む。

馬洗川を峰ではムーリャゴー、楠久ではモリャゴウ、久原ではモウリャーゴウ、野々頭（ノントン）ではモウレイゴウと聞き取っている。語頭はo音とu音の入れ替わりで、馬（ウマがムマ、つまりマ行に引きずられ、さらにモマになっている。語尾はaraiがaryaだからリャー（レイにもなる）、同じくai音のæ音化といえよう。

なお馬渡はモウタイになる。西松浦郡ではモウタニが多い（牟田・横野）。馬渡のwa音とr音が弱化か。馬田はウマがウンマになりウンマタで、さらにウンバタになった。m音・b音への置換・移行の例は、けむり・けぶり、みさご・びさご（びしゃご）、とこなめ・とこなべ（常滑）、あせも・あせぼ。

前々巻のクリーク地帯に多かったテイキ橋は、その形状がテイキという馬荷鞍に似ることが由来で、テイキはチャアキともいったからチャアキ橋ともいう。平らな橋では堀（クリーク）を行きかう船に支障が出るから、馬荷鞍のように真ん中が高くしてあった。ei音がæ音に移行している。

## s音・syo音

玄海町今村では、小字サイホ（佐伊保と漢字表記）をシャーオと発音していた。サイホ（サーホ）はシャーホ、そしてシャーオになった。語義は不明である。伊万里田代ではサイレンの山をシャレンヤマといった。

九州北部ではサ行音がシャ行音になる。「しぇんしぇ」（武田鉄矢）、「しぇい（姓）は丹下、名はしゃぜん（左膳）」がよく知られている。一大人気だった大河内伝次郎は、豊前市大河内の出身だった。朝鮮半島に近いことに関係があるのだろうか。

板木にサカド・シャカドウと併記がある。釈迦堂があったことが語源というから、ここでは逆になる。

ハゼの木ディ（土居）など、蝋を取るハゼ地名は多く、しばしばハジェ・ハジになる。井野尾・通り谷にハジンタニ、久原にハゼンタニ（波瀬谷）がある。西八谷搦のハジやまは櫨山と表記される。ハジはハゼである。ハジェは羽白と表記されることもある（第二巻）。

## oi音・ei音

土居ドイはデ（ェ）ィになる doi→デェイ dei（oi→ei）。

同じく憩い石 ikoi-ishi がイケシ（イケエイシの短縮）ike-shi になる。イケエは「憩い」の転。いけえる・よこえる（憩う、よけい）という動詞が名詞になって、いけえば、よけいし、いけいし（いけいいし）、漢字表記で池石になって、外部の人間には語源不明となる。「憩う／息う」は多くの辞書に採録があり、『日本国語大辞典』に「イコー」、訛りとして、ヨクー〔大隅〕ヨクー〔佐賀〕ヨクウ〔鹿児島〕ヨコフ〔福岡〕をあげる（『佐賀の方言』に採用なし）。ヤ行のヰがオ音に移行し、ヨ音でヨコウ、ヨコエルか。休む場所は家族・村人によって決まっていて、腰を下ろせる大きな石があった。

前巻でも紹介した「いこいいし」（休憩場となる石）である。浜玉町横田下や玄海町仮屋の「いけば」（「池場」）は、「いこいば」（大里町憩場ほか多数）の短縮形で、これも「憩い」が「いけい」。肥前町大浦の生石は、「いけいし」と読む（「なまいし」ではない。前巻分、生石表記の理由は音からか）。

鳴石に「坪石」があって、「つべし」と読み、tsuboishi が tsubeshi に短縮化される。

志礼川（シレイゴ・値賀川内）、シレゴダニ（真手野）がある。「ご」は川。ei音だが、シレの原形は不明。クレイワ（黒岩：相賀）ではoiがeiになっている。oi→eiなら、「しろい」が「シレイ」で、シレイゴ・シレゴは白井川かもしれない。

## a音・ya音

a音には、あゆのa音などヤ行に近くなるものがある（二巻既述）。鮎帰りはそこより上流にはあゆが遡上できない滝がある場所をいう。アイゲとかヤーガリとなる。鮎 ayu が yaa、帰り・gaeri が短縮で gee、gari になる。行合野はイケヤノと聞こえ、キアイはケヤイになる。寄合が「よいやぁ」、落合井手（畑津）が「おちゃいで」になる。波多津にあるハシリヤガリは「走りあがり」だろう。同ナギャリ・ナギャーリはナゲヤリとも表記される。ギャリはガエリと思われる。字大平（長尾）はウーヒラともウーギャラともいわれる。

干拓地にムネ・ムネヤァがある。伊万里市東八谷搦の場合、新がらみ（搦）より海側に、新むね・立むねがあって、六反割と一町割のあいだに棟間（むねやぁ）がある。干潟の干拓地は本来平坦で、棟はないが、干拓工事に不可欠の人工物ウネがある。母音uの接頭にm音が付されたか。ムネヤァのヤァは文字表記から間の意と考える。長島庄片峰（武雄市）は「かたむね」という。

## a音・o音

sakaとsakoは混同されやすい。波多津木場に『波多津町誌』は「オギノサコ」を報告するが、バス停は「荻の坂」だった（住宅地図）。ほかオオサコと大坂の混同もある。

### b音

「琵琶ん首」はびわのようにくびれた地形を指す。語頭のbiは発音されるが、語尾クビのビはウ音になって、ビワンクウになる。承元二年の石志文書に「琵把頸」が見えている。「琵琶ノ甲」と文字表記されることも多いが、コウと発音されることはあまりなく、クウと発音されている。「亀の甲」もカメンクウ

名護屋城配陣図の島津陣（サツマ陣）では図に湯蓋とあるが、現行字は井樋田だった。yubuがibiになる。用水を湯という地域は全国にある。

### 転倒

発音しやすいように転倒（置換）も起きる。旧鎮西町先部（さくべ）の淀野（よどの）、米納戸（よのど）は同一場所を指す地名だが、異なる発音がされ、漢字で別表記されている。国土地理院地図では米納戸表記だから、釣り情報なども米納戸である。いっぽう海上保安庁は「串浦漁港（淀野漁港）」としており、現地の看板の標記に、漁港「淀野」と表記され、WEBも同じ。YonodoとYodonoで音の入れ替えがあった。『伊能忠敬日記』には「与鵜戸」（ようの）とあって、「戸」を「の」と読む。同じではないが淀野に近い。いまは所管庁により、同じ漁港の名前（発音）が異なっている。

異なる発音でも本来同じものであることは、隣接地名の場合に確認できる。浜玉と七山の町村境にあるヨジャク・ヨウジャクは用作に由来する（後述）。肉身（晴氣）・西久海（田野）も隣接する。nikumi:nishikumi、元来は同じものが、「にくみ」「に（し）くみ」になった。シ音弱化か。

久原（西山代）のヒダランサキ地名は「干潟の先（崎）」と説明されていた。ガタが発音しやすいダラに代わったようだ。

浜野浦はハマンダ。ハマノウラ→ハマンラ→ハマンダ。ラ行音がダ行音に移行。博多でもうどんをウロンと発音する（角のうどんは「カロのうろん」）。鎮西波戸地区でも同じで、子供＝こどもをコロモという。ハマンダはその逆の例。納所のマエランデー（前田の土居）もダ行とラ行の入れ替えである（後述）。

ザ行がダ行に替わる例に官山がカンダン（大川内町）。和歌山県や兵庫県（播磨）、大分県など広域に見られる（全然→デンデン、坂→ダカ、登山道→トダンドウ。神埼郡福崎→カンダキグンフクダキ）。

### 語頭のn音

n音が語頭に来るものもある。ウメとかウバである。

梅の木→んめのき

「うばんつくら・うんばつくら」は「んばんつくら」になりやすい（後述7頁）。長崎県になるが、「んまわたし」（馬渡）、「んめのき」（梅ノ木）がある（宗方村）（福岡や佐賀で馬渡が「もうたい」になるのとは差異がある）。

佐賀発音（方言）では「はい、はい」を「ない、ない」という。しばしば老人の口から聞いた。ナ行とハ行を入れ替えて意味が通じる地名の例もあるはずだが、にわかには思い当たらない。

住民には意味・語義がわかっているのだけれど、宛字の中には語義が忘れられているものもある。地域における発音の特色がわかると、意味も把握しやすい。

### o音・u音

九州全体、o音がu音に、u音がo音に聞こえやすい。博多山笠では、てぬぐいとはいわず、テノゴイである。

ううだ、ううだん（うだに）、ううひら、ううがった、うやまは、いずれも大田、大谷、大平、大潟、大山である。波多津内野のウウクジモは大久保下（『波多津町誌』）。

「あんひとは、おいより二つばっか、ううかもんねぇ」（あの人は私より二歳年長）ともいい、孫から「なんかじっちゃん、うう、ううって、おかしかろう」といわれる、とのこと（琉球ではウタキ・オタキ＝御嶽が混同され、大川はウフガー・ウッカーで、より顕著）。

「ウウはあっち」。佐賀市於保はウウと聞こえ、上於保はカミウウである（第一巻）。意識はオ音だから、文字表記はウではない。「保」もオ・ホ中間音で、於保と書かれた。

大薗のフナカコシはフナカクシ（船隠し、湯浦はフネカクシ）、木場のフウヅキダニはホウヅキダニ、イデリュー・井手流（大曲）もu音化で、井手料の転である。竜宮（様）がリュウゴサマになることは先述した（gu→go、r→jでジュウゴ）。

鎮西町字神ノ木（かんのき）に、「貫抜」という字も宛てることがある。同じもので、同一地域でもオ（no）音とウ（nu）音の混用、中間音がある。

馬渡島にウツゼとコツゼが並んである。ウ（ウ）ツゼ・大津瀬とコツゼ・小津瀬であろう。

金石原（中野原）にはジョッケダニ（ジュッケダニ）・出家谷があった。ジュッケ田というのは強湿田を指すから、ジュッケダニは水が溜まりがちで湿り気が多い谷をいい、o音・u音でジョッケダニ。漢字表記で出家谷になった。

u音とo音の入れ替わりは九州・沖縄に顕著とはいえ、じっさいには「くがね・こがね」などにもあって、日本語古語にはしばしばある、列島全体のものである。

オンボは『佐賀県のことば』にオンボサン＝ババ（祖母）さんとして採録されてい

る。ウンボヤマ（オンボ山）は、ウバ（祖母・乳母）山の意でもある。オババ→オンバ・オンボか。オ音・ウ音混同でオンバ→ウンバ、オンボ→ウンボになる。バ、ボはa音、o音の入れ替えか。

鳴石・姥山について、東山代町長浜のレポートに「おばあさんのことを「うんぼー」（んぼー　むんぼー）という」とあった。ほかのレポートにも、同じ山についてウンボヤマ・ウボヤマ・ウバヤマと報告があった。この山は長浜隣接の里地区に近い。

富士町北山ダムに沈んだ明神原（関屋）にもオンボヤマがあって、姥捨て山のことだと説明された。オンボ井手もある（第2巻）。

伊万里市脇田西に
ウボーダニ・ウンボーダニ（祖母谷）、ジジガダン（爺が谷）、オヤジノコバ（親爺木場）
という地名があり、同じ場所についての別のレポートに
姥ヶ谷（姥捨て山）、じじヶ谷（じじ捨て山）
とあった。

脇田東では、脇田西の祖母谷あたりを指して「ばばすて山」といった。谷が山になって、じじすて山もあり、老人を捨てるところになっていた。姥捨伝説である。

松浦町、村分（堤川）にもウンバダニ。普恩寺では小字になっており、恩坊と書く。

オバガツクラ＝「姥がつくら」も多い。大川内山ではウバのツクラとあって、カナ表記のみだったが、正力坊では「ウバのツクラ」＝「婆の懐」と表記していた。「乳母の懐」はうばに抱かれているように風のこない暖かい場所。日だまりの地をいう。長崎県には「うんばづくら」（乳母懐、布津町および小浜町）、「うんばんつくら」（姥懐、諫早市）があり、肥前全体で「うば」を「うんば、うんばん」と発音していた。

伊万里市東山代町滝河内大田に「ンバヤシキ」（ウバヤシキ）、同浅古場に「ンバオトシ」があった。ウ音がン音化したものである。下の山道が急に曲がっているところを、よくメクラ落としという。ンバオトシも同じであって、危険箇所にこうした地名をつけて注意喚起し、安全な通過を図ったと考える。

唐津市呼子加部島にウンバデーがあり、著者が『地名の歴史学』を執筆した時点では、検討がつかなかったが、これもまた、おばあさんに関わるものと推測できる。ババ田であろう。肥前町納所（のさ）のレポートに、地名マエランデー、カシャンデーがあって、デーは田か手のどちらだとあった。田であれば、マエランデーは前の田（前田）、カシャンデーはかさの田（上の田）、そしてウンバデーはおばあさんの田の意味となる。ただしデーには土井・土手もある。

城に馬田というしこ名があってウンバタと発音する（『伊万里市史』民俗編）。ウマはウバになりやすい（マ行とバ行の混用、前掲けむり・けぶり、ほかさみしい・さびしい、つぶる・つむる、）。ウマもウンバに置換か。あるいはこれも正しくは姥田か。山も谷もある。ウバ→ウンバ→ウンボ、またはオバ→オボ→オンボで、入れ替わる。各地にあった、ごく当たり前の命名といえる。ウバ・オンバ・オンボが、オンボウ（葬送従事者を指す歴史的用語、隠亡・穏坊）と混同・誤認された。映画「おくりびと」以降に大きく変わったと実感するが、オンボ（三昧聖）は賤視されてきた歴史があり、差別語だとされる。それで『角川日本地名辞典』佐賀県地名辞典は伏せ字にしたが、誤解である。上記辞典が伏字にしたところは『明治前期全国村名小字調査書』で復原できる。唐津市の小字名「草履作」も差別地名と判断されたようだ（草□作）。現地は山の中で人家はない。さきの「ひとぎれ」（粢田、しとぎでん）も伏字にされたが、あきらかな誤認である（人を切るというような地名はない）。

正しい知識を欠き、誤認、いうなら冤罪で歴史情報を消した。過剰な防衛・回避で、笑えない。

角川佐賀県地名辞典は非人石も□人石とした。非人は差別語にちがいない。じっさいは山の民・川の民とされる「サンカ」の人たちをいい、地名はそのキャンプ地（短期滞在地）を指す。「サンカ」の研究は多いけれど、身分差別、賤視の視点は避けられている。非人もサンカも、ことば自体は差別語であるけれど、避けていては歴史の真相は解明できない。サンカは学術語として定着した。非人石は雨風を防ぎうるキャンプ地を指す。自身のグループが持つ販売域（テリトリー）を定期的＝季節的に巡回した。商品（竹製品・みの、ざる）が劣化し修理を必要とする時期になって、毎年同じ時期に修理に訪れる。キャンプ地近くには修繕のためのフジを植えて、ツルを材料にした。拠点は地域の中心である城下周辺にあった。一時的にしか対応しない村人には、外来者は遍歴に見えた。移動生活の正しい理解の上で必要な地名が消されている。

過剰な言葉狩りは学問にふさわしくはない。田野のヌスドホシバに伏字はない。唐津市大良（ダイラ）の盲目川（メクラガワ）、鎮西町打上の盲目谷も残された。福岡市西区元岡にも同じく盲目川がある。水源がわからないことが語源という（橋の欄干にもその川の名が書かれていたけれど、最近の地図では新川という名前に変わり、橋のかけかえで名前が消えた）。

## 2　公的小字（行政地名）と私称（通称地名）・しこ名
### ―明治小字と現小字

　地名には公的地名（土地台帳記載地名、公図記載地名）である小字（字、字名）と非公的地名である通称地名のふたつがある。公と私ということになるけれど、両者の線引きは、じつはあいまいで、時代によって行き来・出入りがあるようだ。つまり通称地名には明治の20年代まで公的地名であったが、小字名（字絵図）の統合が進んで、今では公的地名ではなくなったものもあるし、江戸時代には検地帳に記されて公的地名であったが、いまはそうではないものがある。

　本調査では字は市町村から提供を受けた字図に依拠した。字図（字限図）はいわゆる「だんご図」でおおよその目安がわかるだけのもの、正確な境界などわからない粗い図であった。森林基本図には信頼を置けそうな字界が記載されていた。その後国土調査（地籍調査）事業が進むと、一筆ごとの筆界が確定されていき、小字界も明確になったが、森林基本図記載の字界線とはずれることもあった。本来村人が意識する小字界は山の稜線や河川、道路で区画されて緩やかな曲線になるはずだが、地籍調査の結果の小字界は個人の土地境界で区切られるから、細かな鋭角の線の連続になる。最も正確な小字界は地籍調査の成果なのだが、地名研究のレベルでは村人の意識のレベルで十分である。本書では地名の位置の点検に必要ではないかと考え、およその線を地図に記入してみた。

　＊本調査の進行時には国土調査は進んでいなかった。現在（令和4年）でも自治体によっては進行中である（伊万里市分は終了、成果に小字界の記入を含む。https://www.city.imari.saga.jp/2818.htm）。唐津市は進行中、ただし成果に小字界記入がない。

　明治十五年前後に内務省の村誌・郡誌編纂事業の一連で、字小名調が行われている。東京大学史料編纂所にある原本には、町村からの報告は佐賀県と書かれた用箋に筆写されており、佐賀県が村からの報告を浄書して内務省に提出した。全国から提出された多くの報告は、残念なことに関東大震災時の火災で、東京大学図書館の他の貴重書と共に焼失した。ただし東京大学史料編纂所に貸し出されていた分・九州分ほかは焼失を免れた。これが昭和61年に「明治前期村名小字調査書」として、ゆまに書房から影印が刊行されている（本書付録として、ここに記載された小字一覧＝福岡・佐賀・長崎・熊本・大分・宮崎県分をCD添付、ただし角川日本地名大辞典に依拠した県もあり、出入りがかなりある。）。

　この明治十五年小字の性格はまちまちである。武雄市域・旧朝日村には明治十五年頃の村誌（皇国地誌）が残されており、当時の小字の書き上げがある（『杵島郡朝日村誌』）。これには現行小字よりもはるかに多い小字があった。自分は卒論の調査にて、当時の区長さん全員に手紙を書いて、書き上げられた小字の位置を地図に書き込んでほしい、と依頼した。全員から返事がいただけて、旧小字の位置が全部、地図に書き込まれていた（本書一巻）。感激したし、のちそのお一人が研究室の先輩、福田一郎氏のお父さんであることも知った。

　このように明治中期・調書提出以前にそれまで多数あった小字を削減した、といえる（Aタイプ）。また内務省に提出後に小字を削減した地域もあって、そうした地域では明治十五年小字調書が貴重な手がかりになる（Bタイプ）。逆に内務省に提出されたのは一部で、自治体ではさらに多くの小字を使用していることもあった（Cタイプ）。

### Aタイプの例

　（旧）鎮西町では、現状の字の数より明治小字（町村小名字調）（い）の数の方が多い。さらに（あ）陣立図という名護屋城の陣跡を図示した絵図には、はるかに多い字が書き込まれている。明治小字よりも格段に多かった。大正15年に名護屋城が史跡指定されるが、その申請に際して使われた小字は今と同じであるから（い'）、この間までに統合整理が行われている。波戸村の明治旧小字には火立岩（ひたていわ）、船津などの興味深い地名があった。ともに位置がわかった（後述）。

　唐津市和多田村の場合、現行の字は西山、本村、大土井、御手洗（御手水）などになっているが、明治小字はもっと多く、冨州、竜森（竜の森とも）、用尺、瀬久手ほか多数があった。これらの地名は多く記憶され使用されている。＊用尺は用作（領主手作り田）であり、瀬久手（セクデ）は節句田であろう。

### Bタイプの例

　唐津市佐志には多数の小字があったが、統合されている。消えた字には塩屋、古城（ふるじょう）、よしゃくのような歴史地名がある。この「よしゃく」は、用尺、用作に同義である（後述）。

　浜玉町横田下の小字は41が明治書上げにある。いま数は減少して、10弱しかない。助三郎谷、孫左衛門谷、杉山谷（しこ名スゲン谷か）などの山地の地名が失われた。谷口も同様で失われた地名には源五郎木場、平木場（ヒラコバ）のような木場（焼き畑）地名や、馬ノコウネ（馬の小尾根）のような山地名があった。いま谷口の木場地名は後木場のみである。

　唐津市高島の場合、明治段階の小字は

小石原・△赤瀬・○黒瀬・○岩ノ下・鷺松（おそらく△下り松）・○神山・○中原・○前平・○西原・裏・○平松・内原・△空（ソラァ）・○清水（シミズ）・戌亥峠・東木戸・△中木戸（ナカキド）西木戸・△三軒屋（サンゲンヤ）の19で、このうち○を付した8はいまも小字で、これとは別に東原が小字になっている。△を付した5はいまも使用されて位置がわかる。

　＊平原村（923頁）には明治段階で226の字があった。いまは多くが小字ではない。東山田の小字は明治段階で全体61、今は削減されている。なくなった小字天堤は屋号で残っている。学生との調査実施時にこのことに気づくことができなかったことは、かえすがえすも残念である。

## Cタイプの例

　概して明治小字が多かったはずだが、逆に明治小字書き上げにはほとんど小字が書かれていないのに、現在はいくつもの小字が使用されているところがあった。北波多村の場合、『北波多村史』集落誌編に詳細な地名の記述がある（筆者はこの集落誌の大編纂・部会長であった）。

　大杉は明治小字書き上げでは上村と下組になっている。これは村の区分としてはありうるけれど、小字ではないようだ。山彦も上村・下村・牛ノ窪という区分のみであった。下平野については橋口の小字一つだけを書き上げている。実際には13の小字が使われており、村史はほか19の地元名称を列記している。北波多村でも田中のなかに火箱町、御局、大門口を小字名として書き上げた。これらは、今は小字ではなく、通称になっている。地名のレベルが異なっていたらしい。内務省への小名書き上げ提出に際して、北波多村や周辺のいくつかは、小字とはいくぶん異なる村内の呼称を提出した。

　書き上げを見ていると不自然に小字の数が少ないところがある（北波多村分に続く、重河内・菅牟田など）。これらも内務省地理局が意図し要求した、調査収集対象としての小字を正しく解釈していなかった。

　＊明治小字書上を佐賀県が報告するにあたって、机上でルビを振る作業をしたらしい。神集島（かしわ）島に「カンシュジマ」と振られるが、島がそう読まれたことは多分ない。川久保村の御供田に「おともた」とルビがあるけれど、「ごくでん」であろう（「ごくでん」地名は多い。御供田の表記が正しいが、穀田などと表記される）。

　＊明治小字書上にはページ数が振られていなかった。ゆまに書房復刻本、『明治前期全国村名小字調査書』（佐賀県）が影印本で刊行するにあたって、接続順をまちがったところがあって、たとえば921頁下段は仁部村から木浦村に続くようになっているが、左右が逆で仁部村の右に列記された字名は木浦村に属し、木浦村の右に書かれた字は上段滝川村に続く字。

　＊ゆまに書房上掲本・福岡県には上毛郡ほかに配列ミスがある。上毛郡413頁上段左は久路土村の第3紙である。これをAとし、以下下段右に続く紙をB（途中から鬼木村）、下段左に続く紙をC（途中から広瀬村）、414頁上段右に続く紙をD、上段左に続く紙をE、下段右に続く紙をFとする。

　AからB以下への続き具合は同じ本であるはずの『福岡県史資料』に全く一致しない。

　県史の配列を見ると、A久路土村→D久路土村→C（久路土村、途中から広瀬村）→D（広瀬村、途中から鬼木村）→E（鬼木村）となっている。こちらが正しい。久路土村には保行屋敷、保行、保行園という似通った小字名があって、本来は近接していたはず。しかし正本（史料編纂所本）の順序だと久路土村、広瀬村、鬼木村の三村に分かれていたことになって、不自然。

　次に東大本、ゆまに書房本の422頁〜423頁も前頁の天和村から続いているから、天和村の地名が続いていると思ってしまうが、じつは天和村は421頁の紙で終わっていて、空欄が一つある。現状では422頁以下は3枚が天和村で、岩屋村に続き、1枚、大河内村になって4枚だが、ことごとく錯簡である。422頁を右上からA、その左（上）をB、下段にいって右をC、左をD、423頁右上をE、左上をF、右下をG、左下をHとすると、正しい接合はE（大河内村）→B（大河内村）→A（大河内村）→D（（大河内村）→C（大半大河内村、最後2行が岩屋村）→F（岩屋村）→G（岩屋村）→H（岩屋村）、424頁からは正しくなって岩屋村が続く。『福岡県史資料』が正しく、岩屋村の中に岩屋清水（C）、岩屋川原（F）、岩屋（F）、岩屋川原堂ノ本（G）があって自然で、東大本順序だと、それらが大河内村所属になってしまう。ほか企救郡にも一ヶ所錯簡があった。

　『福岡県史資料』の方にも誤りはあり、村の名前がまちがっており、杳川村が脱落して三毛門村になり、三毛門には他の村が入っている。

　通称は田の共同農作業などの必要性から使用されてきた。山では炭焼きの区割り入札などで必要になる。共同体で認識され、複数が使用するから、変化が少なかった。中世近世の古い時代から使われてきたと考えてよい。

　税務上の必要性で土地台帳が作成される。そこに記載された地名が小字になる。小字は少ない方が業務上効率的と考える官吏がいれば、小字は減らされる（統合によって、小字図の枚数が減る）。小字以外にも多くの地名が農民や村民によって使用されてきた。また国有地であって税務の対象にならない場所には小字はつかないが、漁業採集に必要だったから、作業場として多くの地名が付されていた。国有林は従来の入会を認める共有地タイプの国有林では、地名が残ったが、立ち入りを認めないタイプでは、林班による作業のみだから、地名は消える。

## 3　海の地名

　海の地名は漁業にかかわるものが多い。海中地名、瀬のような暗礁（魚場）の名前は通行に必要だし、また定置網の位置等を示す上で必要である。GPSの時代ではあるが、簡便な山見による現位置確認は今も行われ、特徴ある岩などの地名が使われる。

　陸地の水田地名や畑地名は圃場整備、過疎化によって消えていった。山の地名も林業（炭焼き）の衰退によって消えていく。海・海岸はそうした田・畑や、山に比べれば、まだしも地名は残っている。

　東西松浦郡域には馬渡島、加唐島、小川島、向島など離島があり、また長大な海岸線がある。海中の地名（瀬）、磯の地名など多数を収集した。海そのものは瀬を含めて民有地ではなく、税金徴収の対象ではなく、土地台帳は作成されない。海岸線の名前は小字のような行政地名には残りにくい。しかし海中にも地名があって、瀬は漁業の作業指標になっている。これらの一部は海図には記されることがある。しかし海図に記された地名はごくわずかである。また隣接していても地域ごとに呼び名がちがうことはしばしばある。瀬は漁民（各漁協）の指標であって、発音は港ごとに微妙に異なっている。命名表記も異なることが多い。海図に掲載のない瀬も多い。

### A　海・海岸の地名（聞き取りレポート）

　岬先端はハナ（鼻）、崎、また先部となる。串という地名も多い。波多津では平串・角串などがあったし、鎮西町では串（串浦）もあった。小山脈が海に落ちる。その先端は海中山脈だから、大潮の干潮にのみ頭が出るものもある。トシャク・戸尺、トシャクバナという海岸地名がとても多いのは、海中に突き出した頭の形が、稲藁を積み上げた稲むら、尖った三角に似ていたからと思われる（波多津浦、馬渡島、田野など）。海の地名の付け方は興味深い。聞き取り結果を紹介してみる。

### (1) 普恩寺

　玄海町トリカ崎から南に普恩寺漁港内にミュート岩（＝二つあるからメオト（夫婦）岩）、つづいて池崎、カゲビラ、それにつづく岬は国土地理院地図に白瀬とあったけれど（位置がちがうらしく）、地図のもう一つ南に「しらせ」（湾）があって、そちらを白瀬という。白瀬は「しろせ」ではないかともいう人もいた。岬そのものは白瀬とはいわない。瀬である。さらに南はコマイシワラ。コマイ（小さな）石が多かったから。ワラは多い場所の意で、イシワラなら石が多い。つぎが駄菊との境になるからダギクザキ、つぎにクズレ（崩れ）、しろせ（湾）となる。

　つづいて平尾地（平尾分）に入って、丸瀬、船だし、貝殻瀬、小森、三つ瀬、沖の瀬、センチンゼとなる。センチンとはセッチン（雪隠＝便所）のこと、平行して板状の石が二つあって、その間が深く抉れている。

### (2) 浜野浦（ハマンダ、ハマンラ）（松本弘幸さんよりの聞き取り記録）

**おおひらせ（大平瀬）**

　戸崎の西はむかしの大敷網場、子供の時夏休みは毎日サザエ取り、親から牛の草、刈ってこんで、海ばっかし行って、って怒られた。松明持って夜も行くけど、おおひらせ、そこは大潮のときは昼でもとれた。み（満）ってきて孟宗竹、ふた尋ばっか、切って行く（浮き輪代わりか）。よか泳ぎ場、泳げんもんはわざと落として泳がせた。今は父兄同伴とか、こぜらしい。

**わくどぜ・いんもどい**

　わくどぜ、は、がまぜの方が通じる。わくど、はひきがえるとはぜんぜん違う。むかしのいもがまに入って冬を越した。いごき（動き）も鈍かったが、春先、ぽかぽか陽気、おたまじゃくしにしては色の黒い、わくどん子。みずのうらは先部（さくべ）の北側、仮屋の人は先部の西側をみずのうらという。ながさきがわ、断崖で川はない。岩が割れてて、川みたい。それから、そべんうら。いんもどい（犬戻り）、小学校6年にならなきゃ、危のうして、行かせられん。

　仮屋は海士がいる。あまさんは男の人。よぼり（夜振り）、漁師の人には取らせん（漁業権は仮屋が設定）。商売用にとってはいかん。むき島（向島）のとんのくそ島はよく鳥が糞をする。

　「水たれ」というしこ名が、海岸に多い（今村＝下宮、京泊、仮屋、名護屋神ノ木）。海を行く船にとって水は不可欠で有限である。どこに立ちよれば、真水が得られるか、航海者はみなわかっていた。「たれ」は垂水につながり、滝のように落下していたところもある（名護屋）。

　岬は「さくべ」ということが多い（串は作部、今村は先部＝原発地域、大薗は先部で、呼子半島西海岸ではみな共通していた。「さき」であって、岬、崎と思われる。

　＊上記そべんうらは名護屋・そべいしに通ずる（後述15頁）。

## B　伊能忠敬測量日記

　伊能忠敬の測量日誌に海岸部の呼称が書かれている。この地名と一致するものが多い。文化九年（1812）の『伊能忠敬測量日記』（大空社、一九九八、関係部分『浜玉町史』資料編）には多くの海岸地名が記録されている。

　『伊能忠敬日記』八月二十一日湊村から神集島に渡るところでは

字恵比寿崎・字立神・夫婦岩、左に雲吸岳、屋形石村字鼓石・字船落・字吉海・土器崎・字七ツ釜

とあり、神集（かしわ）島については

字弓張、鎧岩・甲岩、宮崎鼻、字池尻、字頼母

が見える。

　屋形石には字鼓（鼓石）があり、雲吸岳は字雲透のことでクモセミチという地名がある。土器崎・七ツ釜は地図にある。神集島の字タノムは頼母（伊能日記）、o音のu音化だと推定できる。弓張山（ゆんばりやま）は南西の山をいい、その下に甲岩に関わる兜瀬・兜鼻があった。弓張、鎧岩も含め、神功皇后伝説に由来とされる。

　名護屋城陣周辺の海岸地名でみると、西海岸の串・外津周辺ではいまも同じ海岸地名が使われている。すなわち字前泊・柴田崎（畠崎）・犬戻、串崎、白石（現在の地名はシライワ）、幽霊島、今村、シレイ川が記されており、それらの大半はいまも残り、半分が小字になっている（柴田、串崎、白石、志礼川）。ほかは今回の聞き取り調査にて確認できた。犬戻は海岸各地にあって、浜ノ浦もそうだったが、いずれも険しい。シレイ川（志礼川、シレイゴ）にゆうれい島という小さな島がある。地図上での地名は小島だった。ゆうれい島というから新しい俗称かと思っていたが、そうではなく、伊能忠敬も記録していたし、はやく明治海図（呼子港周辺）にも幽霊島の記載があった。

　名護屋城周辺では字黒鉄崎、大戸浦、大戸崎、与鵜戸浦が「深五尋」あって、「太閤朝鮮征伐に此所より船出入すという」としている。大戸はウートで、与鵜戸（ようの）が先述した、米納戸（よのど）とも淀野（よどの）とも表記されるヨノド・ヨドノとわかる。水深が深かった。ヨウノであればヨドノに近い。なぜ「の」音を「戸」で表記したのかは不明。

　加唐島では免瀬、大巖石、鯨穴、ゲンゾウジ、瀬戸ノ下、橋折、対馬瀬、山ノ下　大平内、エイノオ崎、黒水崎、小泊鼻、姥が浦、が記され、うち対馬瀬、エヌオノ鼻、黒水崎が収集地名にほぼ一致し、免瀬の転かと思われるメンスや瀬戸ノ下（瀬戸ノ上ではない）がある。

　馬渡（まだら）島では字稲浦、メバ、桑津平、ほかに平瀬、雷瀬、大瀬が記され、メバは名馬かと思われ、瀬は平瀬、雷瀬、大瀬いずれも確認できる。

## 4　田畑など耕地の地名

　海以外、田畑や山の地名について述べる。

### A　条里制地名・数字坪

　古代地割とされる条里制に関連する坪名が、唐津平野部にて多く検出された。肥前国条里界線は、北東一の坪に始まり南東三十六で終わる千鳥型が一般的である。筆者はこれを肥前国卓越型条里坪並といってきた（ただし長崎県分は未調査）。唐津市分もこれに該当すると考える。

　鏡（唐津市）の周辺は1947年米軍空中写真でも規格的な地割りになっている。しかし複数回の耕地整理を経ているようだった。方格地割りであるが、機械的な線であって、明治小字段階の耕地を継承しているとは考えにくい。宇木・十六のように、唐津市の小字図にはないが住民には小字として意識されている地名があって、ながく使われてきたもののようだ。収集できた数詞坪字名は

宇木・四ノ坪　八ノ坪　十六（東宇木）　町ノ坪

で、これらは千鳥型条里坪並みに整合する。八ノ坪は山の中で、条里地名とはいいがたい。

半田（はだ）村：矢作に八ノ坪　十五　ハタチ（小字）

　八ノ坪、ハタチは千鳥型条里坪並みに整合する。明治小字の十五は位置不明。字図でも確認できない（『北波多村史』）。

原村（柏崎北）：八ノ坪（小字）柏崎の一ノ坪は字図で確認できず、柏崎の領域は狭く、北側の八ノ坪は原村領分であるから、それよりも南にあったことになる。

　梶原にハタチ（二十）があった。これは隣接する半田矢作のハタチ（二十）に同じである可能性が高い。

　明治のある段階で小字は統合されている。それより以前の旧地籍図（土地台帳付属地図）が見付かれば、確認が容易であろうが、現段階では確認できない。千々賀には八ノ坪がある。千々賀にて小野亘夫妻と松本ミツオ（明治44年生まれ）から聞き取りをした谷本恵美・中村あゆみさんのレポートには、明治41年作成・鬼塚村大字千々賀「耕地整理地区原形図」の写真が添付されていた。それ以前の状況と計画図が併記されている。徳須恵川はおどろくほど大きく蛇行をくり返している。明確な条里地割り、つまり碁盤の目とはいえないが、ある程度は方格地割が確認できる。写真には八の坪・大坪周辺が写っていた。確認できる小字名は敷坪、島田、八ノ坪、大坪、古園、長崎添で、現在の唐津市小字と同じである。坪名はほかにも以下がある。

唐津市山田　一ノ坪：平坦地ではある。地割りは伴わない。
石志村：二ノ坪、八ノ坪、ハタチ（畑地＝二十）、および山本村：三ノ坪
　　以上は上記の卓越型には合致しないが、南西隅の一ノ坪に始まり北西隅に三十六で終わる千鳥型を想定すれば合致すると考える。
ほかに
鏡：ミチノ坪　相知：六ノ坪　今村：五ノ坪（唐津市字図では七の坪になっている）
唐津に京ノ坪　神田に五ノ坪（まったく単独に孤立、他の坪名との関連性は不明
久里に口ノ坪　轟木に一ノ坪　長部田に口ノ坪、三十六　長倉に一ノ坪
本山村に口ノ坪　大野村（相知）に沖ノ坪
などが分布するものの、点在し、坪並み復原の素材にはなりにくい。
　西松浦郡でも
伊万里楠久に一ノ坪　大里乙大緑に四ノ坪　玄海町長倉に一ノ坪、
隣接する諸浦になかんつぼ（中ノ坪）
があるが、状況は同じである。

## B　平坦地の棚田・急傾斜地ではない棚田――棚田・膳田・膳棚田

　鎮西町石室に棚田という字名がある。今日棚田ということばが一般化・市民化している。古い言葉ではないと思われ、棚田保全を推進した、ふるさとキャラバンの造語であろうと考えている。傾斜地に作られた梯を指す。『日本国語大辞典』では棚田は「山腹などの傾斜地につくられた段丘をなす水田」とある。しかし石室現地は標高130〜150 M、谷田はあるが、緩傾斜地で、急傾斜地のいわゆる「棚田」はない。佐賀県内には、ほかにも
基肄郡基山村小倉字棚田

小城郡（東多久）納所字棚田
がある。小倉はJR基山駅の東で、秋光川の堤防に沿う集落の横の田であった。納所の水田は平坦地にしかなく、棚田は標高4メートルほどにある一枚の田であった。同じく急傾斜地とはいえない。よって佐賀県での棚田という地名は、急傾斜地の棚田ではない。
　「せつぎ田」（背継田）という地名がある。背継は踏み台のことである。大山庄大山新の場合、丸町と呼ばれる大きな田の手前に位置する踏み台状の田が背継田だった（『丹波国大山荘現況調査報告』Ⅳ、大山新83頁）。棚田も同じではないかと考えている。踏み棚も棚である。
　『地方凡例録』〔1794〕に「山田・谷田は耕地の名なれば〈略〉都て山間の田は、纔

三歩五歩づつ、段々坂の様に畔を立、壇有、之ゆゑ、棚田とも膳田とも云」
　『農政本論』〔1829〕中・上「棚田は、山方にて片下りの地を、段々畔を立て、棚の如き処なり」
　段々坂・段々畔ともあるから、今日の棚田の定義に同じである。ただし棚のように見えるから棚田だ、とある。「たな」はどういう形状か。辞書には「棚に上げる」、「棚から落ちる」といった慣用句がみえて、前者は棚上げの語源、後者はタナボタに関連する。神棚もある。
　棚田・膳田・膳棚田は、それぞれ棚、膳、膳棚のように見える田である。台所の棚は今日では垂直だから、傾けなければ水田のイメージにならない。膳は重ねれば何段にもなるが、そうした重なった田はない。ふつうは一段か。膳田に類似の、一つだけの棚の形状を指して棚田ということもあった。佐賀県の場合、立地や周辺の状況を考えれば、地名の棚田は一段の棚に似た形状の田を指す。

## ＊補論：歴史史料の棚田

　佐藤真弓「明治時代の史料に見える「棚田」」『棚田学会誌　日本の原風景・棚田』7（2006）には、安房鴨川の明治初年の土地登記（丈量）の際に、棚田として書き上げられた田があって、なかには「棚田成」という注記もある。これは今日の棚田の概念と同じで、畑なり原野なりを水田化したようだ。
　中世の棚田に関する論考が同誌にあって、海老澤衷・樋口泰範・安藤利道「すばらしきもの・棚田」『棚田学会誌　日本の原風景・棚田』2（2001）、高木徳郎「棚田の初見史料」同上『棚田学会誌』7によれば、以下の二点が中世の棚田を記した史料とされている。

### 1　紀伊国志富田（渋田）庄

　建武五年・高野山御影堂文書（『かつらぎ町史』古代中世史料編）中の、同庄検注帳に棚田がみえる。

　　三反三十歩内棚田一反御得分四十歩ハ余田（以下略）

　書き上げられた地名は、順に枇杷木→谷田（3筆）→谷垣内→棚田→さもと（佐本5筆）→寺谷（2筆）→くるみ谷→さら中→観音寺谷（2筆）→さもと（1筆）→寺谷（3筆）→門田（5筆）→池田谷・池田（3筆）→くるみ垣内→池田（1筆）→葦引（6筆）となっている。高木氏は、さもと（佐本谷）の下部が古文書の棚田に該当

するとされたが、現地には「棚田」なる遺称地名はないらしい。よって佐本谷の周辺で、棚田らしい形状の場所を、検注帳の棚田の位置だと判断したようだ。図示された範囲の地名でいえば、門田地名が近くにあるが、他には一致する地名はない。

## 2　紀伊国安楽川庄

（ア）高野山文書・応永十三年〔1406〕三月晦日・僧快全学道衆竪義料田寄進状（『大日本古文書』三・五三一、『日本国語大辞典』に快金とあるのは誤り）および、（イ）応永廿年七月二日・紀伊国安楽河庄分田衆評定事書（『高野宝簡集』18の230）に棚田が登場する。

前者（ア）には詳細な説明があり、安楽川の井のモリの東の谷あいの南のオハナ（尾端）に田が三カ所あって、

(a) 杉寺ノ前（1反小）(b) 山崎今ハ、タナ田ト云フ（1反）

とある。井のモリの東に「角ミ、チカヘ（違）ニアリ」とあるから、対角線をなす位置の隅どおしにあった。(a) は未申ヨリ、(b) は丑寅角だった。根本には糯田という田があったが、「今ハ山田ニテ棚ニ似タル故ニ、タナ田ト云」とある。「アフトニタナ田ト云名アリ、彼トハ不同也」とあって、ほかにもそのように呼ばれる田があった。後者イには「二反小　杉寺前此内、山崎一反小　棚田一反」とある。

これは今日的な「棚田」に近いとおもわれるが、棚は何段の棚だったのだろうか。隅にかたまって、一反もの広さがある場所が棚田だった。一枚で一反あれば、つよい傾斜感覚はなかった。ほかでも『新修春日井市近世村絵図集』稲口新田にも字棚田畑があった。平野部であり、これも急傾斜地ではない。

肥前町や唐津市蕨野のような棚田百選となっている千枚田が、字棚田と命名されるわけではなかった。

## C　よじゃく・もんでん

ヨジャク・ヨウジャクがある。同じであることは七山仁部（にぶ）の用尺田（ヨシャクタ）と浜玉町平原・今坂の余尺田（ヨシャクタ）が町村界を隔てて隣接していたこと、つまり用尺・余尺が同一地域をさすことから証明できる。七山側にはヨジャクダ井手がある。

宇木地区にヨジャク、西大久保に余杓があった。佐志旧小字はよしゃく、これらはみな用作であろう。宇木にはモンデン、モンデンバシがあるが、用作や佃に同義で領主直営田の遺称である。

二里町中里に字城の平がある。領主はその城に住んだものか。中里甲牛ノ谷に幼若地名がある。ようじゃくとは用作が原義で本来の意味が忘れられたもの、幼若の字が宛てられた。

## D　トウボシダ・四ショウマキ・七十田・昼飯田

南波多古川にトウボシダがあった。千々賀にもしこ名のトオボシダがあって、水田であったが、同じ場所を兵隊木場ともいうとのことだった。兵隊が焼き畑を開墾したということが語源らしい。焼き畑地との境界域にあったわけだから、収穫量は多くはなかっただろう。

佐志にもトウボシタがあるが、堤防下という漢字を宛てると説明されていた。この説明は正しくない。平原（旧浜玉町）には洞干田という旧小字があって、ドウボシダとルビがある。これもおそらくトウボシダであろう。トウボシは大唐米とも呼ばれた唐法師米（トボシとも）のことである。

シショウマキ（四升蒔）、ハッショウマキ（八升蒔）は田植えをせずに直播をした段階の種籾の量に由来しよう。いずれも現代には継承されなかった稲作形態である。

七十田、二百田は田の数をいい、多かった。五百田もあって千枚田に近い（波多津中山ほか）。

昼飯田という地名が波多津中山や内野にあって、昼飯と交換した田だという話になっている。よほど地味など条件が悪かったのであろう。

## E　新田開発

鏡村には文和五年九月二十一日鏡宮御寄進北牟田新開田検注取帳（妙音院文書）があって、北牟田の油小路西傍、西堤、中堤などの地名が書き上げられている。一致する地名はないが、海水を湛える松浦川は海に同じである。砂丘後背の湿地帯を塩水の影響を排して少しずつ低い堤防と井樋を設けて干拓していった。

塩水土井、井樋田、北新開、南新開、新開、下新開、寅新田などの地名は開発の進展を語っている。開発順次からすれば新開が古く、ついで新田であろう。見取（緑）は見取田で、新田。

## F　焼き畑地名──コバ・ハライ・ワライ

コバ地名は書き上げるにいとまがないほど多い。梨河内周辺では小字に投木場、葉木場、またしこ名に払い木場があった。だいこば（湯ノ木、梅の木谷）、だりこば（井野尾・鳥居原）という木場地名があったが、R音の脱落があって、同じであろう。語義は不明。

稗木場は作物、ヒエに、アズキ木場は小豆に由来し、兵隊木場は木を払う労働力からであろう。殿の木場や親父の木場は所有者や耕作者が上に付く。はらいは焼き畑地域に多く、木や枝を払ってから火をつけることが語源と考える。

古瀬（浜玉）に、払い畠（焼き畑、平原旧小字払畠に同じであろう）、下払い（同上、旧小字下払・シタハライ）があった。梨河内小十には払木場という通称があった。払いは薙ぎ・木場（古場）とおなじで、焼畑地名である。唐津市梨河内払谷も同じか。

大坪町白野で笑川と書いてヒャーコンガワと読むという報告があった。「わらいがわ」地名は類例がない。「はらいがわ」が「わらいがわ」になったのだろうか。「はらい」が「ヒャラ」となること（灰払山がヒャーヒャラ）は冒頭に述べた。コンは川か。

### G　海岸の「ほたて」、山の「ほたち」

ほたて、ほたちは似るが、異なる。ほたては元来は火立か。

長崎県には火立場（ひたてば）地名が多く、烽火台であろう。対馬大浦文書にノロシが火立として見えている。

毎夜之火立無油断可被申候

地名ホタテグマ（火立隈）も火立て＝のろし（烽、狼煙）と解釈される（服部「中世・近世に使われたノロシ」『烽＜とぶひ＞の道』＜青木書店、1997＞183-214 頁、https://www.hattorihideo.org/noro.html）

切木村大浦浜の「ほたて」は岬の突端にあって、三方海だから、火立場、火立番所と考える。

波戸村の明治旧小字にあった火立岩（ひたていわ）は、「ヒタテジ」らしく、文禄二年、佐竹陣が置かれた天狗岳（天狗神社）にあり、旗立て石があった。「大和田重清日記」に「唐人見物ニ参」「花火多数サセラル」とあり、佐竹が用いた信号（火・旗・煙）の場所に該当か。岩の上に篝火を置いて、火立に使用したと考える。波多津煤屋のヒノウラ谷は海岸の横であり、火立に関わる可能性が考えられる。

波多津の筒井・木場の間にヒノクマ（日の熊、標高 210 メートル）があって、西に隣り合う高岳（128 メートル）より、かなり高い。行合野にはヒタケ（日岳）がある（212 メートル）。相知の日ノ高地山（288 メートル、佐里南方）を経て、海からの情報を肥前国府に通報した可能性が考えられる。

長崎県の場合、ホタチが 12 ヶ所、ホタチメが 10 ヶ所、前者には火断と漢字表記する地名が 6 ヶ所あった。火断から判断すれば、山焼きの際の防火線であろう。

文献でも、背振山中に「ほたち尾」があった。それは「桟か谷・ほたち尾・立岩頭」と続く山の地名であり、「毎年のほたち尾境」ともあって、定期的に「ほたち」が行われた。『脊振路　改訂村誌』一九六五・脊振村公民館 34 頁）に、元禄脊振国境相論を論じた中に、「ほた」という一種の防火線、と説明している。草切りをし、山焼きの防火線とした語感にあう。

「ほたち」は防火線だと古老から聞いた記憶がある。北波多村惠木では、防火帯を野焼きの時のケズラハギ（削り剥ぎ）といっていた。阿蘇・大分はわち、わち切りで、輪地であろう。

＊『肥前脊振弁財嶽境論御記録』二巻、佐賀県立図書館 32/67、服部「九大図書館から発見された『背振山堺図』（ひらき絵図）を読む」『歴史を歩く』所収。

ホタチメ（都留主屋）、保立目（黒川畑河内）、ほたち（正力坊および大川内山）は山中であった。名護屋・岡の「ほたちめ」は、山地とはいえないけれど、谷底で、ノロシの可能性はない。草山として山焼きをしたのだろう。

ほかに火の口は梶原、火の口原は南波多にあった。福岡県三池郡のホタテモウ、長崎県ホタテメ地名は防火線であろう。

＊屋形石の報告に火立があって、火の神である八天宮が祀られているからだと説明されていたが、小字名は字図によれば大立が正しく、明治期小字でも大立ウㇱタ（ウダツ）で、各話し手の発音もウーダッテ・ウーダチ・オーダッテであった。火立表記は字体の似る「火」と「大」字を誤ったものが定着か。

＊　短歌の世界にも「ほたち」があるが、秋になって稲穂が立ち、垂れる以前をいう。秋田、早田、水田と田の情景、秋は来にけりなど立秋で、「穂立ち」である。
ほたちする秋は来にけり　おりそほち　さなへつかねし　袖もひぬくに（曾禰好忠集）
わがまける　わさだ（早田）のほたち　つくりたる　かづらぞみつつ　しのはせわかせ（万葉集 1628）

## 5　山の地名

### A　マブシ・ウジ・タテメ・カクラ

『肥前国物産考』馬渡（まだら）島に、シカの通り道を「ウチといふ、またマブシといふ」とある（「肥前国唐津領馬渡島鹿狩並鷹巣等」国立公文書館デジタルアーカイブス）。地名にマブシは多い。玄海町値賀村石田・花の木にマブシがあり、ほか南波多村谷口、古里にも「マブシ谷」がある。木須・脇田西の馬臥はマブセ、井手野は馬伏（ウマブセ）だった。波多津町木場にサルマブシがある（サルマブシはサルのとおり道とすると、シカの道だけとは限らない）。熊本県では玉東町原倉、白水村、本渡市、白水村と4ヶ所にマブシ（馬伏）、坂本村にサクマブシ、人吉市に椎木マブシ、芦北町にソウマブシ、イシマブシ、御船町にミツマブシがある。ウチ地名の方は松浦郡にはないようだが、狩の地名であるウジは熊本県相良村柳瀬に「猪の有路」、坂本村神瀬に「一の字路」があった。猪の有路（いのうじ）はイノシシの通路で、いまも柳瀬のウジにはイノシシが多い。こうした動物の通りみちで待ち受けるポイントが「タテメ」で、『物産考』では鉄砲を構えている場所を「タテメ也」とする。両側に岩が迫り、曲がっていてそこにしか通り道がない。動物は必ず通過し、射手の姿に気づきにくい。相良文書・寛元二年中分状に、「狩倉」、「夏狩倉」とならんで記される「立目」であろう。「立目」は「一所高栗栖　一所倶留美野」とある。栗、くるみとあるけれど、果樹が豊富だったから動物が集まりやすく、そこで待ち受ければ狩りがしやすい場所だった。暦応三年の熊谷文書にも「立目乃前乃長尾」とあるから、長尾のケモノ道をやってくる、えものを待ち受けた。

伊万里市黒川町の立目はタチメと読む。熊本県では相良村川辺に立目坂タチメザカ、水上村岩野に小立目コダツメ、天草・御所が浦に立目・タテメ、松島町にも立目がある。

長崎県では上対馬町豊崎郷泉村・同大増村、長崎市福田柿泊郷、川棚町小串郷、波佐見町折敷瀬郷、吾妻町大木場名、千々石町木場町と7ヶ所も立目・タチメがあって、琴海町戸根原郷に立目・タテメ、同町尾戸郷に立目越タチメゴエ、永尾郷に立目平タチメヒラもある。五家庄ではこうして待ち受けて射撃する場所をユメといった。熊本県五家庄には地主専用の「一のユメ」があった（「五家庄できく」、熊本県『文化財情報』NO271　2019年12月）。

https://kokusho.nijl.ac.jp/biblio/200022205/71?ln=ja

花の木に近く小加倉地名があるように、カクラすなわち狩倉であった。狩の場でもあるが、動物の豊富な生息地でもある。日向から肥後にかけてカクラが多かったことは、柳田国男の著作によく書かれているし、相良文書にもカクラ（狩倉）や夏カクラが見えている。

猪狩倉がイノシシのすみかを指すように動物のテリトリーである。カクラは自分（人間）のテリトリーにも使う。選挙で「おれのかくらに入るな」など。

伊万里市松浦町中野原に狼ヶ鞍があった。ヤマイヌガクラとよむ。山犬谷は青螺山（黄貝山・おうがいさん）の北側や、波多津にも複数ある。山犬（オオカミ）がたくさんいた。「ヶ鞍」＝「がくら」＝狩倉（かくら）で、山犬（狼）は狩猟の対象ではないから、狼がたくさんいるその住み処（すみか）ということになる。

相知猿尾にはフネンカクラがあったが、意味はわからない。

### B　さまざまな山の地名

**ミョウガタニ**

蓑荷谷（伊万里市中野原）と下冥加谷（同山形）、茗荷谷（同桃川）が大字を異にしながら上流から下流にならんでいた。隣接地名である。いずれもミョウガタニでミョウガが多く生えていた。茗荷谷、名荷谷は各地に多く、ミョウガンタニ（茗荷の谷：畑津）にもなる。

**カンネ**

カンネ地名も多い。かんね（ん）かずら＝くず（葛）に由来し、根から澱粉をとる。手間がかかり、救荒食、飢饉食として知られるが、葛粉は多様に利用される。カンネモト・かんねもと（畑河内）は所在地で、モクドンカンネ、シンベーカンネのように人名がつくものは、個人のカンネ場として私有か、事実上の占有があったかもしれない（大黒川・奥野）。ノリカンネガワ（シラッチガワ・大黒川）もあるが意味は不明。

**ガブロ・トコロ**

ナマズガブロウエ（大黒川）のガブロは「ががいも」の古名。食用になるようだ。

トコロダイラ（トコロガタイラ：畑津）はトコロ芋の産地か。トコロ芋は苦味があるが、食用として重用される。鳥栖市にあった「所熊」は古文書に「野老隈」とも表記されていた（『新修鳥栖市誌』中世）。野老（トコロ）芋である。

ドゼンコヤ・どぜん小屋は未詳だが、『日葡辞書』にドゼンはウドのこと、とある。

大川内名アザメノ岳のアザメは、あざみ→I音のE音への移行。若い茎葉を食用にし、根も山牛蒡とする（百合の谷についてはri音・i音で既述）。

### ナルタキ

玄海町・有浦上に小字滝ノ上、しこ名滝の下、そして小字成竹があって、成竹は「なるたき」と読む。鳴滝が語源であろう。

### ソウベイシ

伊万里市城の大谷にソウベイシがあった。『伊万里市史』民俗編（福田克巳氏執筆、102頁）に、その場所は石の多いところで、「そべる」（横になる）から「そうべる石」「横になっている石」の意味だとする。「延宝五年城方田方帳」に「そへ石」として見える。

玄海町浜野浦先部（さくべ）にソウベウラがあった。やはり横になった石があるのだろう。ほか大里：ソウベシ、川東：ソウベ田。「そべる」は国語辞典にも採用があり、「ねそべる」に同じで、「そうべる」石、平らになって寝そべる石であろう。全国各地に用例があって、古語であろう。

名護屋城の寺沢陣はソウベイシ（草辺石）とあるので後述する。

### ヅーメキ・ドウドウメキ

『市史』は、城のヅーメキをドウドウメキ（音がどうどうめく）、ドウメキに同じであるとする。オ音、ウ音の混用からくるものだろう。市史の解釈に賛同する。

### オツケゴウ・オコンゴウ

地名は作業・労働の場に付される。オツケゴ（ウ）、オコンゴ（ウ）は苧漬川、苧扱川である（川はゴウ）。苧はからむしで麻であって、糸をとる（苧麻・ちょま）。「扱ぐ」と書いて「こぐ」と読む。川や水溜りにつけてから、こいだ。『日葡辞書』に「扱ぐ」（こぐ）は麻の皮を剥ぐこと、とある。川で作業した。オツケゴウ・オッケゴは畑津、二里、石室、上古場・黒川干潟に、オコンゴは波多津（畑津）、南波多（原屋敷）・鎮西町中野にあった。

苧は「を」（wo）だが、熊本県に苧生田村（ううだむら）があるように、苧（wo）がuになる。神集島にウフコウがあって、産子川（ウコンガワ）という字を当てるとの説明だった。これも苧扱ぎ川（ウコンゴウ）の短縮か。南波多町大川原に大川谷があって、オウコンタニという。これも苧扱谷の可能性がある。

長崎県での「おつけがわ」表記を見ると、ヲッケ川・オツケ川（佐世保市柚木三本木免、松浦市大崎川内免）、苧漬川（長崎市三重多以良郷、田平町田平小崎免）、尾漬川（長崎市矢上田中名）、苧付川（三和町為石峠）、苧附川（世知原町中通免）となっていて、語源の苧のことはよく記憶されていた（草野正一『長崎県の小字地名総覧：主な小字地図と小字地名』1999、本書付録データ）。

ほか長崎県でオコンゴ、オコンゴウと読む地名は四ヶ所あった（口之津町に二カ所と、宇久町・苧扱平）、このうち早崎名のものは口之津・おこんご（苧扱川）遊郭として知られる。

長崎県川棚町には苧洗川（おあらいがわ）があり、同義と思われる。熊本県球磨村市之俣に尾附谷があり「おおつきだん」と読むが、同義か。

新潟県・奥三面ではオウツケバといい、記録（『山に生かされた日々』）を見ると池のような場であった。

（資料）『高千穂町の麻栽』http://www.komisen.net/asa.htm
によると、麻を「おつけ場」に運び、よく皮がはげるように、二昼夜水タメにつけ、その皮を、家族が一本ずつ剥ぐ。これを「オハギ」といったとある。

苧は麻とも書いた。長野県東筑摩郡に麻績村とかいて「おみむら」と読む自治体があった。おうみは苧績とも書く。

長崎県には「あさはぎがわ」（麻剥川・小浜町木場名）があった。

からむしはイラクサ科である。正力坊にイラタン・刺谷がある。刺草（いらくさ・蕁麻）を取る場所であろう。繊維をとった。食用にもなる。

### ヤアガリ

鮎の訴状を阻む鮎帰り（アユガエリ）地名がヤアガリ（鹿島市中木場、武雄市）、ヤーギャリ（北波多稗田）になることは、音便変化のところでハアガリ（這い上がり）、ナーガリ（投げやり）とともに述べた。

### バイラ山：

バイラは枯れ枝の薪。薪山。

### コウゴイシ

伊万里市南波多町高瀬にコウゴイシがある。香合に似た巨岩があったと思われる。福岡市近郊雷山に香合石があって、注連縄が張られている。古代遺跡の神籠石とは関係がないものが多い。

### オオテキ・チシャキ

オオテキ地名は佐賀には多く、大的、大敵、大手木などの字を当てている。おうち

の木（棟／栲）でセンダン（栴檀）であろう。伊万里市稗木場に大知木・オオチキもおそらく該当。ただし栲木と書いてチシャキ、チシャノキと読む苗字がある。チシャキは萵・萵ノ木・萵萵の木も宛てる。エゴノキを指すからセンダンとは異なるようだ。同、古川に智者の木谷がある。

## ヘンドウ・コベントウ

玄海有浦上に「返答」（ヘンドウ）、そして小返答（コベントウ）があった。地名辞典のルビはヘンドウ、コヘンドウだったが、学生レポートではコベントウとあった。鎮西石室にも返答がある。別当地名は峠を指すと考えている。熊本県天草には二弁当峠があって、けわしくて弁当が二つ必要だからと説明されているが、「弁当」の語自体が峠の意味のようである。波多津中山にはベットンガワ（べっとう井手）があった。

## ツルカケ

波多津・下平野・行合野・蕨野・井野尾など、ツルカケ地名が多かった。
ツルカケにはいろいろな意味があるが、弓に弦をかけた半月状をいうことが多い。似た形状の岩などがあったものか。

## ゴチ・カァーチ

山の田は迫田になるから、小さな谷ごとに地名があった。後ゴチ、西ゴチなどはコウチ（河内、川内）であろう（波多津など）。後ガァーチもある。

## バクチ岩・博打石

北波多（行合野・志気）のバクチイワ、岡口のバクチイシ（博打石）、大里のばくちうちば（博奕打ち場）、田野のバクチバなど、多くある。交通の便がよいが、場所自体は奥まっていたり、山の上にあったりして、目につきにくいところ。知っているものしか行かない。

## 6　城下・城館地名

### A　城館地名
#### たち

館地名はここでも多い。南波多・大曲に多知、通称で立ノ花（たちのはな）がある。館、そして館の鼻（館の端）で、館があったのであろう。高瀬との境に陣屋地名があるとの報告があったが詳細は不明。「松浦記集成」に「大曲村ニ大曲館、大曲和泉守別記日高和泉守ト有」

## せいどうばる・勢かくれ・的場（マツバンシタ・マツバンコシ）

南波多・小麦原には、的場、および、せいどうばる、字表記は清堂原（レポートに清富原、「せいとんばる」）があった。侍が集まったという。新久田城の侍か。せいとうばる、せいどうばる、では意味不詳となるが、現地では「せいとんばる」と発音していた。ならば勢溜（せだまり）との意通がある。勢溜とは軍勢が集まり、ひかえている所。せいだまり、せいだまらい（日葡辞書、1603～04）。

築城記〔1565〕に「平城は城のうしろに勢たまり有様に可拵也」ともある。勢屯の転訛か。大坪町屋敷野にせいがくら・勢かくれがあった。姫路城に勢隠門がある。

波多津に二ヶ所、木津と中山にマツバン下、マツバンコシがあって、前者は松端（下）と表記、後者は的場の越の意として、的場があったと伝承していた。呼子にもある。

## 下馬

小城に下馬地名があって、登城する武士も、そこからは下馬するという説明であった。「下馬評」という言葉があるように、下馬では従者が馬とともに待機して、時間をもてあましていた。唐津には、げば（下馬）、諸浦には、大下場（おおげば）があった。関連しようか。

## しろやま

南波多原屋敷には、しろやま（出城の跡）があった。城山は多い。伊万里市鳴石には北切寄、また城村（じょうむら）もあった。慶長絵図に「城村」貞享四年（一六八七）改の郷村帳では「一、城村　城ノ峯村　成石村」とある。

## カッセンバ

青螺山の下に合戦場（正力坊）があった。相知尾部田にもカッセンバがある。福岡県境、井原山（灰払山）も山頂を合戦場と呼んでいた。何かの争いがあったか。

### B　名護屋城下と唐津城下

名護屋（名古屋）城下については過去に「鎮西名古屋城と倭城」（『アジアの中の日本』）にても言及している。

城下地名に

材木町、板屋町、兵庫町、刀町、魚町、塩屋町、茜屋町、在郷町、海士町、片平町、中町、平野町、泥町、筑前町、殿町、水主町、石屋町、女郎町
がある。

東に三里ほど離れる唐津城下にも同じ地名がある。すなわち
材木町、刀町、魚屋町（名護屋は魚町）、海士町、平野町、水主町、
であった。唐津城は考古学的知見によれば、名護屋城に併存した時期もあるようだが、名護屋廃城後は城下職人が一部、町ぐるみで唐津に移動したか、あるいは城下町では同じ町名がつきやすかったか、である。

名護屋城屏風絵図に明使一行が画かれるが、かれらが歩む場所は唐人坂という通称になっている。女たち数人が画かれる場所は女郎町といい、旧小字であった。これらは、今は小字ではない（明治中期までは小字であった可能性が高い）。

## C　名護屋城・陣跡の地名

「陣跡書上」（「秀吉公名護屋御陳之図ニ相添候覚書」、『文禄・慶長の役城跡図集』「文献解題」参照）に書かれた地名は、いまも多くが残っている。小字は明治以降相当に統合されたが、地元の呼称として伝承される。
陣跡書上には
A 名護屋記系統、B 鍋島直茂公系譜
の二系譜があり、異本名護屋城図屏風にも陣名の記入がある（前掲『史跡で読む日本の歴史』55頁）。

陣跡書上は幾種類もあって、記述の数にはそれぞれ出入りがあるものの、基本的な部分の差異は少ない。陣跡所在地の地名が書かれたものは、陣の位置がわかる。複数の陣が同じ地名に書き上げられていることもある。地名と陣跡が一対一で確定できるものは信頼がおける。たとえば大比羅（大平、加藤清正陣）、地獄浜（徳川別陣下屋敷）、弁天崎（加藤嘉明陣）、笠冠山（宇喜多秀家陣）、高嶽（鍋島陣）、ゼンニュウ（堀久太郎陣）、鉢畑（豊臣秀保陣）、尻形（日根野陣）、貫抜（松浦陣）、戸屋崎（波多陣）などはその地名に陣跡は一つしかないから、確実度が高い。また地名として陣主の名前そのものが伝承されるものには、エチゴ陣（字官尺）、サツマ陣そしてサナダ陣があり、陣主が近世・近代を通じて記憶されていた。江戸堀、ホンダ堀という地名もあって、徳川家康や本多忠勝に関連する。筑前町も筑前守であった前田利家に由来する（天正14年から4年ほど）。

また波戸にはセイロウ下ハナレという海地名があった。セイロウはすなわち井楼で、その直上に陣の井楼があった。

江戸時代、安政六年（1859）に名護屋を訪れた佐賀藩・岡吉胤の紀行文『松浦の家つと』に「大和中納言の城跡にて鉢畠となん、いひける」「高岳とて慶長の昔し我藩鍋島の先俟か砦」と地名によって記述している。

いっぽうでは配陣図にも複数の記述があったりするし、地名と一致しないもの、地名がわからないものがあり、比定は要検討である。

在陣中、名護屋湾の両岸を結ぶ船橋が架けられていた（名護屋城屏風、名護屋城図）。注記に

黒田甲斐守殿六千騎
猿浦よりソベ石に船橋掛ル
寺沢志摩守百六十人　此所船橋

とある。

黒田陣比定地は字申浦と北の字水しりとの中間にあたり、通称は舟橋山である。対岸にある寺沢陣は「ソベ石（そうべ石）」である。東の「さる浦」（さり浦）＝黒田陣と西の「そべいし」＝寺沢陣が船橋にて最短距離で繋がれていた。今は名護屋大橋が同じ位置の上空にかかる。寺沢も黒田も普請奉行であったから、この山を根拠地にし、船橋も管理したのだろう。佐賀県は寺沢陣を真田陣に比定するが、この地点を真田陣とした配陣図は稀で、ほとんどの絵図は寺沢志摩守陣とする（船橋地名は名護屋の船橋山の外に厳木・中島にもあった）。

木下右衛門（延俊）陣は、書上に「御厩詰」と注記がある場所かもしれない。地名ではないし、御厩の位置もわからない。

本城南の陣に、名前が書き込まれていない図があって、江戸時代にも陣主不明であった。現在、佐賀県教育委員会が木下延俊陣に比定する山はホウコウヤマ（法光山）と呼ばれていて、法光寺の旧地とされる。しかし陣立に法光山と記載したものがない。熊本城や彦根城の事例では厩は山ではなく、下の平坦地にある。馬は、狭い馬屋のため、排尿が蹄にかかると病気になるから、頻繁に洗う必要がある（たしかに馬洗・ウマリャー地名が多く、牛洗地名はきわめて珍しい）。「御厩詰」は馬屋そのものではないけれど、水がない点で不安がある。

佐賀県教育委員会自体が陣主の比定を変更したものがあって、書上に魚見崎とある陣は、当初加須屋陣に比定されていたが、現在は大谷刑部陣に変更されている。書上では加須屋陣は地名池尻であるが、池尻の位置は不明。

『伊能忠敬測量日記』（1998 大空社刊）には、秀吉大名陣についての貴重な記述が

ある。文化九年（1812）八月二十九日、名護屋城本丸跡にあった「名古屋村城山遠見番所」を出た。

　名古屋村城山遠見番所〇山印より出て、左太閤御陣所石垣、右浅野弾正陣所、西御門の跡を出て、左堀久太郎陣所、右二町ほど小山の上に細川幽斎陣屋、左道端に大和中納言陣所字蜂畑という、左道端に鍋島加賀守陣所字高岳という、左十町斗加藤主斗頭陣所字大平という、並て溝口伯耆守陣所字臼杵という（略）、字串浜、是より沿海逆側、右山の上に波多三河守の陣所戸屋崎という（略）

　細川陣を除けば、佐賀県教育委員会比定の陣・陣主にあうけれど、右・左の理解には苦しむ。左十町（右か）、字大平に加藤主計、並んで溝口伯耆守陣所字臼杵とある。溝口陣（字臼杵）は清正陣に並ばず、あわない。溝口陣は他の「陣跡書上」（史料A、B）では清水口としている。字臼杵とは字薄木＜玄海町今村＞であろうから、距離がかなりあるけれど、そう伊能忠敬が記録した。串浜からつづく波多三河守陣は、字戸屋崎だから、この記述にあうものの、名護屋城図屏風にはあわない。

二日後、九月朔日記事には
名古屋村字串浦より初、順測、左草山上に福島左衛門太夫正則陣所跡、串村左山の上字串元ノ辻という、多賀出雲守陣所跡、字串崎、左山上太閤出陣の節遠見番所石垣跡あり、字白石、石あり、左草山上八幡、五町斗に羽柴藤五郎（長谷川秀一）陣所、京極侍従陣所跡あり、字薄木という、

とある。串浦を出た忠敬一行は、左に福島正則陣を見、つぎに左に字串元ノ辻の多賀出雲守陣跡をみる。字串崎で回り、串浦から外津浦に出て、秀吉出陣時の遠見番所石垣跡を見、字白石（現在の地名はシライワ）、ついで左五町の距離の字薄木にある陣所跡、トンノヤマ＝京極・日ノ出＝長谷川を見た。海からで距離は合う。
　福島正則陣はAの場合には大比羅（大平、加藤清正陣に近接）に比定だから、この記事の陣は別位置となる。忠敬記事の福島陣は現在陣内＜じんうち＞・城の平＜じょうのひら＞とよばれる山で、これまでの佐賀県調査では陣跡とは認識されていない。多賀出雲守陣は絵図に記述があり、Bでも字串辻だから一致する。
　陣跡陣主は史料の記述に不安定なところがあるし、さらに比定の確実度に差異がある。現段階の比定を固定すべきではなく、今後も検証を続けるべきである。

## 7　交通地名

### A　殿様道・番所・峠・駕籠立て場
　府招（ふまねき）はいまも高速道路のインターチェンジができるほどで、むかしからも交通の要衝だった。いけのとうげ（池の峠）に殿様道があって、今の道とはちがって尾根の上だった。今の道近くには「とんのすぎ」（殿の杉）がある。交通路には真手野の拝み松、楠立など木の地名が多い。府招にはべつにさくらんと（桜峠）という峠があった。
　大原には番所地名のほかに、関所地名もあったという（位置は未詳）。ふなんご（船の川）は上納米の集積地であった。交通伝承もある。
　―――「下にぃ、下にぃ」にではなく、「下ん、下ん」と、警蹕（さきぶれ）通り過ぎてみると駕籠が二つあってどっちが殿様かわからなかった、と聞いていたそうである。
　大坪町白野にも番所地名がある。楠久にも番所の前・番所の端がある。お船津地名もあって、廻船問屋がいた。金辻・渡頭という地名にそうした伝承が重なる。トトウとは渡唐も連想させる。西山代町立岩周辺に駕籠立て場があって、景色がよかった。厳木にもカゴタテバがあった。
　筒井には小峠、大峠があって、小峠にフダバがあった。高札場である。煤屋には高札場地名があった。周囲は海で、海上交通者が陸に上る場合の高札場である。

### B　さばくされ
　さばくされ地名が複数あるけれど、岩自体は一つのようで、街道筋にある。津留の行合野側出口の巨岩で、一部が爆砕除去されたが、それ以前の写真が『波多津町誌』にある。鯖腐れはあまりの険しさに通るかどうかためらっているうちにサバが腐ったというもので、海から運ばれてきたサバがここまできて腐ったという意味ではなかった。全く同じ話が長崎県西彼杵郡時津町にもあって、顕著な岩峰の下を時津街道が通る。レポートでは、むかしサバの行商人がここを売り歩いているときに崖から岩が落ちてきてサバが腐ったとあった。交通難所をこうした地名で明示し、注意喚起したのだろう。
　めくらおとし・めくら渕（稗田）もあるが、同様に道路の危険箇所を示すもの。事故防止のための注意喚起だと考える。

### C　タンクワ・タンガ

伊万里市大里には丹花（タンクワ、タンガ）がある。九州ほか各地に多い旦過である（服部『地名の歴史学』）。旦過（たんが）は中国要素の濃厚な禅宗寺院などに設けられた雲水（客僧）のための無料宿泊施設である。近くの中里には広巌禅寺がある。元の場所は寺屋敷という。腰岳の中腹にも「広巌寺寺屋敷」があるからかなりの広域に寺領があった。丹花は広巌寺の旦過と考える。

唐津市鏡今村にタンガンシタという地名があった。鏡には揚柳観音のある鏡神社や朝鮮鐘のある恵日寺があった。鏡社神人は鎌倉時代に高麗に行った記録がある（吾妻鏡）。タンガンシタであるから「旦過の下」であろう。鏡社神宮寺は妙音寺といい、禅宗だった（鏡宮文書）。

### D　ハシカケ谷

井野尾に「かけ橋谷」、岸山にハシカケ谷がある。山道の橋が、吊り橋、丸木橋など土橋でない場合、牛は下が見えると怖じて渡らない。橋をかける場合は下が見えないように板を敷き詰め、莚をかけなければ、人は渡れても牛馬は通行できず、別の道を迂回した。

後川内・佐志には橋掛田があった。

### E　ナナマガリ　十二曲

ナナマガリは三瀬にある。十二曲が厳木岩屋にある。険阻な峠道だった。

### F　一里塚

一里塚という地名は（厳木）本山・高倉にあった。佐志のものは塚が残る。一里松地名は高野にある。

### G　拝頭道

煤屋にヒャートーミチがあって拝頭道の意味という。神社祭祀に係るか。村の中心に高札場がある。それより進むと道は、こばま道と辻山道となる。こばまが海岸側を行く道であろう。山を行く道が辻山道で、そのちかくにゼンモン岩があった。高札場が村の中心で、そこまでつづく拝頭道が海上交通の拠点だった村の最上級の道であった。

## 8　動物地名

### コタエ・コタヘ

伊万里市原屋敷に答岩があって、通常のルビはコタヘイワであるが、現地ではコッテイワと発音する。するとこれらはコッテ（コッテイ・男牛）に由来する地名で、コッテに似た形状の岩があったものか。「こたへ」はコッタイらしい。井手野には「上対」、「下対」があって、対を「こたへ」と読んでいる。これも同様、コッテを意味しよう。

浜崎に男牛新開があって、コッテシンガイ（コッテシンギャー）という。明治書上ではコッテイウセイシンカイとあるが、牛を二重に読んだものか。力の強い男牛（コッテ）の力で開鑿できた。

### こっぽ、ガメンク、ドンク

「こっぽやぼ」が仮屋にあった。関連はわからないが、「こっぽうどり」はあおばずくを指す。馬渡島ではかめの子をガメンクといい、海中の瀬の名になっている。そのオオナガサキバナにドンクウゼがある。ドンクウはかえる、わくどぜについては既述した。

## 9　難解地名

### 干居

干居は国道202号線交差点の名前だから有名である。なんと読むのだろうか。「ひすばる」のようで、東松浦郡各町村字調帳では干居に「ひすはり」とルビ、べつに日寿原と書いて「ひすばる」と読む別の小字がある。干は「ひす」と読むことができる。居も「はり」と読むようだ。本来日寿原が音には忠実だった。駄竹村にはヒハル田がある。

### くみだん・汲田

宇木汲田遺跡：考古学では「うきくんでん」遺跡とされており、地名辞典でもそう表記されているが、明治の小字表記では「くみだん」と、読み仮名がふられている。

### ぜんもん谷

禅門谷は楠久・小黒川・干潟、ぜんもん田は万賀里川、禅門辻は久原、禅門みぞ・禅門びゃーとは大里乙、禅門坂は中里甲、ぜんもん橋は木須、禅門岩は平山、煤屋に

あった。禅門さんはおおむね乞食と同義で、南山では禅門石ともいうし、非人石ともいった。明治書き上げは後者である。非人は多く箕やザルの修理をしたいわゆるサンカを指す（次頁参照）。九州ではサンカとはいわず、箕作、しょうけ作りといい、ミノカサさん、箕直しさんと「さん」付けで呼ぶ。ミノカサぜんもんさんともいうから、ゼンモンさんに同じで、同一視されていた。提ノ川（ヒサゲカワ、サゲカワ）に禅門水があった。周回するゼンモンさんが過去にいたという事象を示す。現在進行形ではない。ゼンモンさんがいるところは豊かな村であるということはよく聞く。

村を訪ねてくる旅の人には女性もいた。ごぜ神という地名があって、ごぜを弓う人がいた（内野・煤屋）。

### かぐめじ・かぐめいし

神集島に「かぐめじ」、浜野浦に賀久目石がある。福岡県に「かぐめよしむら」（頂吉村）があり、近世には頭吉（豊前志）、カグメ石（倉府見聞集）と表記された。熊本県水俣市では「かぐめいしむら」（頭石村）があり、同義であろう。「かぐめうち」という言葉があり、動詞「かぐむ」がある。日葡辞書に Cagumevchi（カグメウチ）。頭吉という語感でよく、山頂にある石であろう。五ケ山ダム民俗調査のときに、かぐめいしという巨岩を見た。

### ハンドカメ

ハンヅー瓶ないしハンドゥー瓶と呼ばれる瓶がある。生活用水を貯める瓶。波多津内野にハンドガメの地名があった。小さな井手があって、その水の落差を利用した米搗機があって、突きざらのように土地が窪めてあって、それがハンヅーのような形をしていた。

## 付録「佐賀県・福岡県・長崎県・大分県・熊本県地名データ」「学生レポート・データ」について

付録として佐賀県の通称地名しこ名、および九州5県の小字名の電算データと学生レポート（電子版）を添付した。佐賀県しこ名は本調査で収集したものを郡（旧郡）ごとに一覧にした。小字名については

1　佐賀県：小字データは（あ）明治十五年小字名調（『明治前期全国村名小字調査書』ゆまに書房、1986年）、（い）角川日本地名大辞典・佐賀県に依拠。

2　福岡県：（う）『福岡県史資料』（1932～）収録の各郡小字。（あ）『明治前期全国村名小字調査書』に同内容だが、前者は福岡県分副本。伊東尾四郎らが福岡県史編纂のため使用、九州歴史資料館・伊東尾四郎資料。（あ）は内務省に提出された浄書本。本データは前者に依拠。なお宗像郡については檜垣元吉氏による加筆を反映。服部がこれまで調査した各区域五ケ山・伊良原・小川内・怡土ほかについては一部のみ加筆。東峰村字名は現地音にて修正した。

3　長崎県：出典は草野正一『長崎県の小字地名総覧：主な小字地図と小字地名』1999。著者は草野氏（故人）より電子データの提供を受けていた。今回一部の読みに修正を行った。たとえば、苧の「う」という読みを「お」に修正など。また一部調査区域（鷹島・平戸ほか）を加筆した。加筆分は無番号である。

4　大分県：『角川日本地名大辞典・大分県』1980、この本での大分県分は粗い収集で、数が少ない。渡辺澄夫編『豊後国荘園公領史料集成』（1984～95）、全12冊の末尾に掲載された小字一覧を、次に前掲（あ）を、そのほか自治体より提供を受けた分を収録した。

5　角川地名大辞典・熊本県に収録された小字一覧は「収集可能な史料を基礎として作成」したとあり、「原資料に振り仮名がない場合はそのままとした」とある。このため角川辞典に依拠していた当初作業では、一部、振り仮名を付さないデータ作成になった。じっさいには明治十五年村字名調（あ）にはすべて振り仮名があった。今回極力補填を試みたが、時間切れとなった。ただし振り仮名非表示であってもデータにはふりがな情報があり、漢字もカナ検索できるようだった。本データは角川分は網羅しており、地名研究に資するところがあると考え、不十分を承知の上で読者に提供する。なお上記理由から拡散は望ましくないので、読者ご自身でのご利用にとどめていただきたい。

6　鹿児島県：（い）角川日本地名辞典・鹿児島県）による。

小字は大量にある。長期にわたる作業で、当初に統一した形式を定めずに作業したから、体裁がばらばらである。また検証作業は不十分である。それでも今後の研究において検索の手助けになるものと考えた。原典で確認されることを希望する。

なお収録小字には賤称を含むものがあった。賤称にはさまざまなものがあって、身分であったり、身体的特徴であったりする。われわれは差別の解消を目指す。明治初期にこうした小字（行政地名）や地名が付されていたことを歴史的事実として受けとめつつ、なぜそれが小字に採用されたのか、地域ではどのような取り組みがなされたのか、いかに差別をはねつけ、解消してきたのか、も含め、歴史を解明する。しかし電算データは意図とは別に拡散される恐れがある。既刊図書からの引用だったが、人権問題に抵触すると考えた小字については配慮した。「非人岩」「非人渕」のような移動する人々の仮の宿を示す地名はゼンモン岩なども含め、残した。

学生レポートは自分のホームページ（服部英雄のホームページ　学問と遊び）をそのまま移行したので、佐賀の地名以外の項目が混入している。「インデクス・しこ名調査」または gaku2.html より町村・地区の順に閲覧ねがいたい。

## 小字界線

第１巻を刊行した際に、小字界は記入しなかった。本調査の目的は小字ではない。人為的・機械的な作為である佐賀平野のような小字とその境界（一本松、二本谷など）には重きをおかず、聞き取らなければ消えていく、しこ名にのみ関心があった。しかし小字界を入れるべきだとする批判があった（新刊紹介だったように記憶する）。その時は小字の境界線があったほうがわかりやすいと思ったし、できないわけではないとも思い、第二巻に記してみたが失敗だった。ダンゴ図とも呼ばれる大雑把な小字図の境界を、精緻な５千分の一図に入れることは事実上不可能だった。小字界の誤りは地域の人には一目瞭然であろう。

状況は少しずつ変わって、森林基本図には確度の高い小字界が記されていた。ダンゴ図は地籍調査（国土調査）によって電子データで作成される地図になった。地籍調査は数十年と巨額をかけた国家的事業で、伊万里市役所の場合は昭和58年（1983）に開始、令和元年度（2019）に終了で、36年の歳月をかけた。伊万里市では現在小字界図をホームページにアップしており、PDFをダウンロードできる。しかし佐賀市・唐津市など他の自治体は国土調査の成果として、小字の記入を行なっていない（自治体によっては小字図を市民に提供しないところもある）。

ダンゴ図の小字が示す範囲と国土調査の結果が示す小字の範囲は、まるで形がちがっていた。似て非なるものではなくて、まったく似ていないが同じものだった。森林基本図でも小字界の若干の異動はあったし、町界自体が実態と異なるものもあった。伊万里市森林基本図31―8は波多津町・南波多町・黒川町の境界が、31－4では波多津町と北波多村の境界が現在確定されたものとはずれている。

国土調査の結果、境界だけでなく小字そのものも変動する。波多津木場小字開田は意味からしても田が主体のはずだが、開発行為があったものか、田の範囲の小字が消えて、空地番になっていた。波多津水留（つづみ）の小字山ノ田は小字太尾に吸収されたらしく、消えていた。

本図にては一旦小字界を記入したものの、後に削除し訂正したところがとても多く、徒労感があり、時間と労力と費用を失った。最終的に国土調査結果を地図に反映させることもまたむずかしかった。第一巻から二巻までに要した13年、２巻の刊行からの９年は、上記作業がなければ、半減はできた。

今回は可能となったところは反映したが、時間の関係で修正は完成していない。既刊の第二巻分は修正すべきところも多いが、断念した。

国土調査の成果と既調査分の『二里町の地名』を比較すると、あわないところがある。たとえば『二里町の地名』39・46頁に憩場は大里甲字中久保にあるとされ、58頁図にもそのように図示されているが、国土調査の成果ではその位置は字中久保よりもだいぶ東であった。小字界は動く。

## 既刊分訂正加筆について

これまでに明らかになっている地図の誤りおよび刊行後の調査加筆分は本巻付録として添付した。
小城町山間部　白石町岡崎　北方町芦原医王寺　大和町野口　千代田町直代　多久（一部）　脊振

岡崎と神辺については修正が必要だった。以下に渡邊太祐氏による03.6.28調査によって、以下のように訂正したい。
訂正　白石町岡崎地区
参考：前回神辺分調査は土井静馬氏作製地図に依っている。
前回レポートを再点検したが、話者東島忠太氏は神辺のかたであり、岡崎としたのは前回報告者の誤りである。また坪名の位置も東島氏の発言とは異なっているようである。地名一覧で岡崎については２グループが訪問したことになっているが、実際には１グループが１回であった。

＜岡崎地区＞
　今回の調査では先に岡崎地区・堤博さんのお宅を訪ねた。
　堤さんご自身が覚えていらっしゃる坪地名は、地図に記載されたものとは異なっていた。堤さんによれば
　地図上「二十八の坪」の北、「二十二の坪」の北西のあたりを一ノ坪。「二十八の坪」の西隣をサノ坪。岡崎地区「五の坪」、「六の坪」の南をクラノ坪とよんでいた。

＜神辺地区＞
　神辺は町会議員の方から（服部注記、東島忠太氏）。数年前にも学生が来た。

　二の坪はあまり言わない。サノ坪は家をいう。四の坪と田をよんでいたかどうかわからない。ジュッサは林さんが作っていた。二十六はあまり言わなかった。二十二、二十八などジュッサから三十三まで（二十六は除く）はあっている。岡崎、神辺の境に、二の坪、三の坪などが隣り合っているが、これは並んで二つあるのではなく、一緒のものではないか。

（まとめ）
1、地図におとされている岡崎地区の坪地名は不正確である。
　今回堤さん、八十歳を超えるおばあさんと一緒にこの地図の地名を確認した。その際お二方のご記憶にあるふつうの地名とその位置は、地図上のものと合致するのに反し、お二方の記憶にある岡崎・坪地名と地図上のそれが全く一致しない。西の筋、東の筋など坪地名でない地名はあっている。
2、神辺では、前回の調査と同じ方からの聞き取りとなった。神辺は地名のついた田を作っている方の名前や、地名のついている場所を具体的に表現する。

○解説編　31p左下から3L〜31p右、上から5行
○誤
　第三は村毎に、条里の坪並がバラバラであること。卓越しているのは上記の通り、北西から南行し北東に到る千鳥型だが、北東から北西に到る千鳥型、即ち卓越型を左右逆にしたものも岡崎、久治などにある。卓越型を取る神辺は、その逆対称型をとる岡崎と隣接しており、ために一の坪から四の坪まで、隣接してそれぞれの村の分の同じ坪名が二列に並ぶようだ。地形に合わせて適宜坪名を配置したような村も、湯崎、小島（おしま）、多田など少なからずある。各村の独自性を感じるが、小城郡で見たような多様な明治小字のあり方に似るともいえる。
○訂正後
　第三は村毎に、条里の坪並がバラバラであること。卓越しているのは上記の通り、北西から南行し北東に到る千鳥型だが、北東から北西に到る千鳥型、即ち卓越型を左右逆にしたものも久治にある。地形に合わせて適宜坪名を配置したような村も、湯崎、小島（おしま）、多田など少なからずある。各村の独自性を感じるが、小城郡で見たような多様な明治小字のあり方に似るともいえる。
○図版6（JB29）
　岡崎の坪地名は削除する。

## むすび

　学生たちと調査に入ったのは平成5年（1993）であった。30年前のことになる。最初の本が出たのが平成12年で、それからでも20年以上を経過してしまった。ムリを重ねたが、調査は実施してよかった。していなければ後悔があった。青息吐息で刊行はしばしば断念しかけたが、佐賀県地名地図三冊分を刊行にこぎ着けられたから、本望である。負ってきた重荷をやっとおろす。
　『波多津町誌』、『厳木の地名』、『伊万里市史』（民俗・生活・宗教編、平成17）を見ると、われわれの時代にはすでに多くの地名が失われていたことがわかる。伊万里市滝川内下分には平成21年夏に行った。九大から学生を乗せていったバスの終点を滝川内下分にしており、自分が調査した。検出できた谷名はウウタニ（大谷）、テンシロタニ、カンバンタニ、フッタノタニ、川の名はオンビ川、屋敷はカネキチ屋敷だった。この村は分校のあった地域に家屋が集中するが、るすがちで、なかなか人がいなかった。隣接する屋敷野地区はなかば廃屋化していた。ほかに惣座や竹木場に民家が一軒ずつ点在していたが、行けなかった。『伊万里市史』には小字以外に57もの地名が書き上げられている（91頁）。テンシロタニは『市史』では善四郎谷とあった。上記と重複するものは他2つ（大谷、カンバン谷＝勘場）だった。点在する人家を全て回らなければ、『市史』が記録した50余の地名には出会えない。
　佐賀県に同志はいないと思っていた。実際には地名研究家で自身でも調査収集される先学に原口静雄氏・福田克己氏らがいた。冒頭に述べた通り、『古絵図・地図　二里町の地名』『波多津町誌』のような先駆的調査、執筆がある。また別グループによる『厳木の地名』もあった。
　筆者はじつは先に記した卒論執筆時に、武雄市史執筆者だった原口氏に書簡で問い

合わせており、返事をいただいている。文化庁時代だったと思うが、武雄訪問時に武雄温泉で激励会を開いてもらった記憶もある。ご健在な時に佐賀県の地名調査方針について指導を受けられればよかったと反省する。

　調査ではさまざまな人との関わりが出来た。私たちの調査が契機となって、地域の方が地名調査に取り組まれたこともあり、鳥栖市の郷土史研究機関紙『栖』（すみか）では地名特集を刊行した。

　調査でお世話になった方のお孫さんが九大に入って、わたしの講義を受講したことは前巻にて報告した。「ホームページにて報告にある語り手は私の祖父です」、とＥメール連絡があり、「祖父母が存命のうちに昔の話をもっと聞けばよかったと後悔していた折に、調査報告を拝見致しました。興奮のまま筆を執っています」とあった。

　調査に参加してくれた４千人の学生さん（教養科目）には改めて感謝する。いま壮年で第一線にて中堅として活躍である。調査者の名前をWEB検索すると、各方面での活躍が確認できる。九大生は優秀だと思う。また非常勤で行っていた別府大学の学生さんも調査に参加してもらった。あらためて感謝したい。わずかかもしれないが、卒業後の再会はある。佐賀県庁で森林基本図入手を依頼した時の担当・夏井さんは、のちNHKテレビにも登場され活躍中だった。熊本県庁で世界遺産関連の仕事をされていた那須さん、また西日本文化協会の嶋田さんとは仕事で接点ができた。九大歯科の染谷さんにも再会した。

　整理が悪い上に、玄界沖（福岡）地震・大学移転、定年・熊本生活があった。レポートは定年まで手元にあって、しばしば見あたらなくなったこともあったけれど、最終的にはすべてのレポートが保存できており、一部録音とともに今は佐賀県立図書館・大和書庫に保管され、2059年からは閲覧可能で、いまは、服部の紹介があれば閲覧可能と聞いている。

　手書きにはじまって、やがてパソコン文書になった。時代の変遷があった。長期の経年変化のため、一部感光紙に印字したレポートは、文字がうすれて読めなくなっていた。普通紙に印字したものは問題がないが、一定の年代のレポートに、この傾向が見られた。手書きのものも含めてホームページにアップしている。すでに四半世紀前の情報になっており、貴重なものが含まれる。個人のホームページは時限で、いつかは消える。付録として電子レポートにした。

　何より現地が変わった。この間には平成の自治体合併があった。最大の安定雇用の場、町村役場がなくなって、学校も廃校になり、過疎化は促進された。圃場整備は農民の所有権こそ維持したものの、農業から離れた人も多い。従前の村人は田を持ち耕作する農家だった。いま耕作者は村に生活しない大規模農機の所有者である。元の農家は農地の固定資産税を支払うが、耕作料（賃料）を渡して、収穫された米の一部をもらう。

　本書で使用した地図には、山の奥まで、小さな谷にも水田のマークがあり、奥には溜池があった。作業の場、生活の場だから、田ごと、谷ごとに地名がついていた。この間、大半が山林に戻っていった。耕地を耕し、山や川に親しんできた村人はいずこに行っただろう。

　ここに示したのは、20世紀から21世紀に移行する時期に収集し得た、ひとびとのくらしの一端である。時折本当によく地名を記憶している人に出会うことがあった。お元気なら、また話を聞きたい。不十分な点は多々あったが、一期一会で、やり直しはきかない。

　私の作業はこの本・地図冊子体三巻の刊行で終わる。調査を実施してから既に30年が経過した。膨大な整理作業は中断しがちで、報告が遅れたことをおわびする。お話をお聞ききした方の多くは幽明界を異にする。成果をお届けできなかったことが最大の後悔である。

　本来個人でする仕事ではなかった。限界がありすぎ、100点満点はおろか、可である60点にも及ばないかもしれない。佐賀県は気が遠くなるほどに広かった。自治体が追加調査されることを強く願う。

　今後はこれを活かした研究を、読者とともに進める。

　　　　癸卯大つごもり　　　　　　　　　　　　　　　　　　　　　　　著者

# 続・四千人が二千の村で聞き取った四万の地名、しこ名

## 佐賀県歴史地名地図3　唐津市・玄海町・伊万里市

## ［地名一覧］

服　部　英　雄

## 凡　　　　　例

　調査区（概ね大字範囲、江戸時代の村）ごとに語り手氏名、わかる場合は生年、ついで聞き手、ついで収集できた地名（主として通称・しこ名、場合によっては小字も含まれる）を記した。

　なお一部伊万里市分のうち一部に福田克己氏より提供を受けた地図記載を加えている。既刊図書に依拠したところは、その旨を記した。北波多村の場合は『北波多村史』集落民俗誌、伊万里市二里町の場合は『二里の地名と古絵図』、波多津町の場合は『波多津町誌』、ほか『伊万里市史』（民俗編）。現行小字よりも明治小字が多数ある場合は、それも記した（付録の小字エクセルデータには全明治小字を収録している）。

# 目　　　次

**1　東松浦郡**

◎唐津市（町村は本調査開始段階のもの、合併以前）

　唐津市 1 頁　　　湊村　佐志村　唐津村　久里村　鏡村　鬼塚村　切木村（一部）

　呼子町 8 頁

　鎮西町 9 頁　　　打上村　名護屋村

　肥前町 14 頁　　　入野村　切木村

　北波多村 17 頁

　相知町 20 頁

　浜玉町 23 頁　　　浜崎村　玉野村

　厳木町 28 頁

　玄海町 31 頁

　七山村 34 頁

　　＊昭和 33 年、切木村は肥前町となるが、座川内、湯野尾、藤平、田代は玄海町に、大良村、後川内村、梨川内村は唐津市に分離・編入された。


**2　西松浦郡**

◎伊万里市 40 頁

　波多津村 40 頁　　西山代村 44 頁　　牧島村 47 頁　　黒川村 49 頁　　大川村 51 頁

　大川内村 52 頁　　南波多村 54 頁　　松浦村 55 頁　　東山代村 57 頁　　二里村 58 頁

　　＊町村沿革については、角川日本地名辞典（佐賀県）、詳細情報（市区町村変遷情報）参照。
　　　https://uub.jp/upd/u/u16192.html

# 1　東松浦郡

◎唐津市
唐津市

〈湊村〉　明治 22（1889）年～昭和 29（1954）年

### 相賀その 1
**話し手**　原哲夫
**聞き手**　田處拓史、川村勇気）
インニャシンガ（インニャシンギャ・今新開）　オオタ・ウウタ　マツクチ　ハリガタ・ハリルガタサキ　クレイワ（黒岩）　ニシ　ヤマンカ（山中）　ナカドオリ（中通り）　ヒガシ　オッカタ（沖方？）　カナクシ　ニシ（西）　エンサキ　ハリガタ　ウラノウチ（浦ノ内）　ササヤマ
**話し手**　女性（氏名不明・大正 9）宮崎和子（大正 10）渡辺（女性、名前不明）（昭和 13）伊藤久巳（駐在員）（昭和 5）渡辺孝（旧駐在員）
**聞き手**　新名美紀　西見奈子
マックチ（真口？）　ツジ（辻）　シンタ（新田）　モチヤマ（持山）　タカオ（高尾）　イマシンガ（カイ（今新開）　ワタウチ（綿打、和田内）　ナガヘタ（長部田）　ニシヤマ（西山）　クロイワ（黒岩）　ヒメゴ（姫子）　サンチョウマ（三丁間）　シンデン（神田）　ヒガシヤマ（東山）　ヤネド（屋根堂）　ウラノウチ（裏内）　ウワダイラ（上平）

### 相賀その 2
**話し手**　脇山喜八郎（大正 7）
**聞き手**　原明子　右田知子
マックチ　ニシ（ハリガタ）　ヤマナカ　ナカドウリ（オッカタ）　タチ　オサキ　カキゾエ　ニシマツノシタ　スミダ　クレワ　イケンカシラ　マツバラ　シュウヤ　イケダ　ヒメゴ　ウワバ　ナルタケ　カナクシ　オオタ　ドウケ　ヘント　ウゼ　カミダ　シライシ　オオカザキ　メゼ　コウラ　マノセ

### 湊町
**話し手**　開田正広（昭和 2）山下忽一（昭和 20）
**聞き手**　白仁田正裕　當房健志
ジョウレンミチ　ツジノウシロノミチ　コウショウヤマミチ　クモセミチ　シミズミチ（タニヤマミチ）　タカノミチ　ジゾンモト　ミナトヤ　シバタヤマ　ニシグン（西方）　ヒガシグン（東方）　ゴウグラ（郷倉）　ツツミゾ　ミズタニ　ウシロニソ　キタハマ　マツモトグミ　ミヤグチグミ　マチガタグミ　ハマガタグミ　ハルキ　シエリ　テイシ　ニシゴウ　テランマエ　ナタヤマ　コウショ（ウ）　ヤマ　ミヤソツ（ミヤゾノ）　ハンノカド（春門）　ガッコンマエ　タカノ　ヤマグチ　イッセキ

### 屋形石その 1
**話し手**　原又三・昭和 7 年、坂本正斗・昭和 19 年
**聞き手**　石田遊大、井上陽平
シロイワ　ウシロダニ　マエダニ　ムカイダニ　オンノイワ　カシシン　アゼダンシ　アカダ　カギダ　マルオ　ヒラトコ　トリゴエ　マルオノシタ　ムカイノシタ　ムカエノウエ　ガタ　キンコウ　ツツミ　モセミチ　シエリ　ハルキ　ヤマガナ　ポリキリ　ウイゾノ　ツンノシタ　カミノマエ　ノエン　マルダ　ツジノワダ　テラウエ　ウエマツ　カワンハダ　ウーガ　シンヤ　カミヤシキ　シャーリンゴ　ギオンサンガミズ　ゴゼノウシロ　ハチノクボ

### 屋形石その 2
**話し手**　野中吉一（昭和 9）
**聞き手**　末継智章　徳永善行
マルオノシタ（マルオンシタ）（丸尾下）　ムカイノシタ（ムカエンシタ）（向下）　モトヤシキ（元屋敷）　カミイデ（上井手）　シタイデ（下井手）　テラダ（寺田）　エゴダメ（江湖溜）　ウーダッテ（ウーダチ・オーダッテ・火立）　シモダ（下田）　カギタ（鍵田）　ワタリコ川（渡瀬川）　オンノイワ（鬼岩）　イチノマガリ（一の曲）　ムカエノミ　トリゴエ　シロイワ（白岩）　カンシンシタ　サクベ（作部）　アカダ（赤田）　アゼダンシモ（畔田下）　ヒラトコ　マルオ（丸尾）　カンシン　オシシ（お獅子）　マルダ　ノエン（野園）　テランウエ（テラウエ）（寺上）　ツジノワダ（辻和田）　ホリキリ（ホルキリ）（掘切）　ヤクバ（役場）　ギンコウ（銀行）　ウエガタ（上方）　ウエマツ（上松）　カワンエ（川上）　カワンハタ（川端）　シンヤ　ウーガン

### 屋形石その 3・先部上、下
**話し手**　坂本庄治（明治 40）　坂本与一（大正 5）
**聞き手**　園田規正　中岡福久
ワタゼ　ウシロダニ　マエダニ　ムカウダニ　ミヤノヤマ　シライワ　マエノウミ

### 中里
**話し手**　小川タダ子（昭和 12 年）　小川陸司（大正 8）
**聞き手**　田中丈春　戸高吉規
カミのマエ　ウッゾノ（内園）　つんのした　カミのわき　ニシのまえ　オオヒラ（大平）　シミズザカ（清水坂）

**横野**
**話し手** ウラカワ　ミユキ（45歳）、ナガタ　アキオ（83歳）、ナガタ　ヒロユキ（52歳）、ツツミ　サナエ（51歳）、タニグチ　キイチ（76歳）
**聞き手** 問端圭　寺﨑麻衣子
カワンシタ　カミノモト　ミヤンマエ　ハカンマエ　コウミンカンンワキ（公民館脇）　ハカンサキ

〈**佐志村**〉　明治22（1889）年～昭和35（1956）年

**唐房トウボウ**
**話し手** 脇山文雄、地元の最年長の方
**聞き手** 井上健太、門司直也、大楠茂幸
ゴンゲンヤマ（権現山）　＊コウゴウセ（皇后瀬）　＊マンセンハマ（満船浜）　コンピラジンジャ（金比羅神社）　イナリ（稲荷）　＊オカマ（小釜）　＊サシハマ（佐志浜）　＊エナガナマス（柄長なます）　コウデグミ（幸手組）　アキバグミ（秋葉組）　ハチロウグミ（八郎組）　エビスグミ（蛭子組）　チュウグミ（高札組）　ハラグミ（原組）　ショウワグミ（昭和組）

**名場越ナバコシ**
**話し手** 堀田うきよ（76）堀田哲（48）堀田繁雄（78）坂本昇（72）坂本藤雄（69）
**聞き手** 門脇守正　宮崎秀典
前田　長田　ナルコラ　シノシブリ　小向　佐志田　松川内　折り口

**枝去木エザルキ**
**話し手** 前田豊（大正15）宮口ミツヨ（昭和2）宮崎サツキ（大正3）有尾秀雄（明治45）
**聞き手**：山口浩樹
ヒラショウズ（平昌津）　ニタダ（仁多田）　マエダ（前田）　ミヤンマエ（宮ン前）　ヤクシノマエ（薬師の前）　カワルダ　ナルコウラ　スゲムタ

**佐志中通サシナカドオリ**
**話し手** 大谷（名前年齢不明、方言調査をしている）　坂本（区長）（名前年齢不明）
**聞き手** 牧一行
コウゴウゼ（皇后座）　イビノクチ（水門の口）　シンナシ（尻無）　ハマ（浜）　ハマンデー（浜ンデー）　トウボシタ（堤防下・唐法師田）　ババ（馬場）　ハシグチ（橋口）　カンミチ（カン道）　リュウタイ（龍体）　キタノゴウ（北の郷）

**佐志浜町　佐志中通　佐志中里**
**話し手** 記録を欠く
**聞き手** 長瀬裕樹
馬場　馬場下

**佐志浜**
**話し手** 宮崎常義　宮崎憲道
**聞き手** 笠作好平　田村黎衣　服部英雄
ダチ（駄地）　コメダ　カミミズアライ（上水洗）　キヌホシ（衣干）　フタタ　シモミズアライ（下水洗）　コウノス（鴻ノ巣）　フジノタニ（藤ノ谷）　シオイリ（汐入）　クリバヤシ（栗林）　ハシカケダ（橋掛田）　ヤマグチ（山口）　マルオ（丸尾）　サシヤマダ（佐志山田）　マキタニ（牧谷）　イシガマル（石ヶ丸）　ナキリ　ニホンマツ（二本松）　マンゴクダ（萬石田）　クダリミチ（下り道）　ゼンネエ（善ネエ）　オリグチダ（折り田）　ヨシダ（ヨシ田）　スズガヤマ（鈴ヶ山）　ヒヤケ（日焼）　ササノオ（笹ノ尾）　イシリュウ（石龍）　ハチマン（八幡）　イッチョウダ（一丁田）　ナカヤマ（中山）　ハシノモト（橋ノ元）　カミシンデン（上新田）　アラヒラ（荒平）　ババ（馬場）　ジョウヤマ（城山）　イジリ（井尻）　ザメキ　マツオ（松尾）　イチリヅカ（壹里塚）　ムサシ（武蔵）　ゼンダ（善田）　トクゾウダニ（徳蔵谷）　ナカザト（中里）　リュウタイ（龍体）　カンドウ（カン道）　サクラギバ（桜木場）　フルキバ（古木葉）　カゼハヤ（風早）　ヨジャク　サガリ　ナカノセ（中ノ瀬）　ナカドオリ（中通）　カンダ（神田）

**鳩川**
**話し手** 中尾常義（大正15）
**聞き手** 古賀由希子　年森恭子
チャーバル（田原）　カミノキ（神木）　マエダ（前田）　ワタルゼ（渡瀬）　サクラノキ（桜木）　コウチ（高知）　ノグチ（野口）　デサキ（出崎）　ウウダツ（宇立）　ウエンヤマ（上山）　カミダチキ（神立木）　ウウバタケ（宇畑）　コダ（小田）　ワキンヤマ（和近山）　ナカノハラ（中野原）　ヨゴ

**浦**
**話し手** 中川善正（昭和2）
**聞き手** 桐田智子　井上久美子
ワダガワ（和田川）　フキドオシ（吹き通し）　ミズノミ（水飲み）　カンノザカ（かんの坂）　アマヅツミ　カミノカワ（神川）　ユダンノヒラ（油断の平）　マクデ　ヒエダ（稗田）　トウダ（遠坂）　マネキヤマ（まねき山）　マツノ　エノキノモト　ノグチ　トオリヤマ　シロヤマ（城山）

**参考**：佐志明治小字＊◎は現小字▲は位置確認
ダヂ◎駄地　サクラコバ　フルコバ　トヲメキ　オキノタ　コモダ

コタダ　カミミズアライ　ハマヤマ　エボシガタ　キンボシ◎　フタタ
シモミズアライ◎　サカヤノマエ　ワタリアゼ　ジンデイ　コウノス◎鴻ノ巣
フジノタニ▲　サルクチ▲　ヒヤケ◎日焼　シオイリ◎　ムギタ　ムタ
リュウデ▲（龍体か）　イシサキ　イッチョウダ▲　ホリキリ　ナカヤマ
ナカノセ▲　ヘンダ　タタラ　シオヤ　フルジョウ　ハシノモト◎
カミシンデン◎上新田　ドイノマエ　アラヒラ◎　ミョウセンデテ
ドテノヤマ　ウメノサカ　ミョウセンアン　カゼハヤ▲　ホキ　デンノヤマ
シモト　テンジンノシタ　ナカタ　ゲンタ　カグラタ　フカサカ
オオツボ◎　ババ▲馬場　ヨシヤク▲　ササラゲ　ハカラキ　スナバシリ
シチタ　ヒトヲ　ソウバル◎総原　テラタ　タカサキ　シマアイ
シロノヤマ　スギノモト　イジリ◎井尻　ウスノクボ　トヤノヲ　サメキ
イタダ　ヒノロ　クリハヤシ◎栗林　ミゾソエ　ドウノマエ▲どうまえカ
ナガタ　ハシカケタ◎　クレイシ　マルタシロ
ナカクロウ▲チュウクロウ・中九郎カ　ヤクシタ　サクラコバ◇重複
マツノカワチ　オホトバシ　タカミネ　マガリタ　ヤマグチ
マルオ◎丸尾　サシヤマダ◎　スギタニ　ダイナカオ　イシガモト◎
ナキリ▲　ハルタ　ニホンマツ◎二本松　マンゴクタ▲まんごく
クダリミチ▲下り道　ゼンネエ▲ぜんね　オオサカ
オリトグチ（▲小字下戸カ）　ヨシタ　ツジ　トリタタキ　ナルカワラ
スズガヤマ　ヒヤケ◎日焼　ササノオ　笹ノ尾　フナタ
コクリュウ◎石龍　ハチマン◎　シタタ　テトリ　マルオ▲丸尾
カミマツオ　イイヲシキ　マツオ◎松尾　イチリツカ◎一里塚
カタヒラヤマ　トオミチ　テンジンヤマ▲天神山　タテヤマ
ババ▲　ウチノ　ムサシ　タニ　ミネ　ゼンタ（善田）
ウチノ◇（重複か）　トクゾウタニ◎徳蔵谷　サキ　ウサギタ　アナタ
ミナミサカ▲南坂　ヒラシンデン　ミナミ　サガリ　クマノマエ（熊ノ前）
クマノウエ（熊ノ上）　コウチョウ（光丁）　ナカザト◎中里
ナカドオリ◎中通　タナカ　ハマノドイ　ハママチ▲浜
キタゴ◎北ノ郷　ニョイデ（如意寺）　ヒエダ（稗田）▲　リュウタイ▲龍体
カンミチ▲　マクテ　シイサカ

**上記明治15年小字調べにない地名**
テラダ　ヒド　ミオセ　ハシグチ　トウボシタ　シリナシ　イビノクチ　スギノタニ
**現在の小字で明治15年調べにないもの**
オリクチ田（折口田）　下新田

〈唐津村〉　明治22（1889）年～昭和31（1952）年

唐ノ川トウノカワ
話し手　川添徳治（大正13年）
聞き手　後藤敬人　小柳登志夫　魏煒

サワダ（澤田）　シキリダ（士切田）　カミヤンサコ（神山之迫）　トノヤマ（殿山）　アンジョウジダ（安じょう寺田）　ヤシキ（屋敷）　ヒタケダ（日焼田）　ナガタ（長田）　カッキダ（かっき田）　フダノ（札田）　サキヤメ　タシロダニ（田代谷）　ヒカゲンタン（日影ノ田）　カミダ（神田）　マエダ（前田）　イシアリダ（石有田）　カンカライシ（かんから石）　チュチュラガチュ（？）　テランダ（寺田）　オク（奥）　サヨヒメマツ（さよ姫松）　ナガサコ（長迫）　ソウタロウ（宗太郎）　イワキバ（イワコバ・岩木場）　カイノグチ（貝の口）

菅牟田
話し手　池田善郎（昭和13年）
聞き手　田中大輝　谷口達史

ムカエノ　ホシバ　サカナカ　キツネイワ　コクリュウ　カンユブネ（観ユブネ）　スズムキ　ニシノマタ　シラキノタメ　新だめ　イシノキノシタ

見借ミルカシ
話し手　宮崎忠一（昭和4）坂田健一（大正7）
聞き手　廣中麻美　中山幸

ニシノマエ井堰　スギノモト井堰　ヤナイマチ井堰　マツノキ井堰　オオイデ井堰（大井手井堰・大出井堰）　ニタダ井堰（仁多田井堰）　フロンモト井堰　ヒロタ井堰　ヨドヒメ　ダジ　ゲンシンボウ　タニグチ　コハザ　ジイショ　トンバタケ　ダミチ（駄道）　カミヤシキ　フカサコ　タナカ　フキンタニ　ヤツバナ（八ツ花）　オバンフツクラ　ヤツバナ（八花）

上神田カミコウダ・山口
話し手　野口喜代三（昭和2）（区）市会議員（大正12）瀬川（名前不明）（区長）（大正8）
聞き手　安達沙織　植森智子
話し手　江川雅博
聞き手　後藤健一郎　阪田健太郎　堤さん（TA）
話し手　複数（氏名年齢不明）
聞き手　小田聡子　金光しほり
話し手　河野進 or 山口進
聞き手　奥村武史　高野凌平　古賀

いずれもしこ名の報告なし

### 菜畑ナバタケ
**話し手** 村山蓮吾（大正8）吉田夫妻（当時60〜70才）枚山伊三郎（明治44）柳田勇（当時70才ぐらい）橋爪陽亮　瀧本宗徳
**聞き手** 原武浩一　永江孝幸　西村和海
ハッタンマ（八反間）　ジュンケンミチ（巡見道）　シモコウダ（下神田）　ハッチョウ（八丁）

### 二タ子フタゴ
**話し手** 川添俊昭（大正11）
**聞き手** 原武浩一　永江孝幸　西村和海
ゴタダ（五反田）　シオミズ（塩水）　ショウダ

### 竹木場タケコバ
**話し手** 井上猛（大正13）浦田（昭和16）高峰（大正15）勝山道（大正14）
**聞き手** 橋爪陽亮　瀧本宗徳
カナイシヤマ（金石山）　ヒグラシダニ（日暮谷）　ハットリ（?）　マエダ（前田）　シモアナガマ（下穴釜）　タカミネ（高峰）　スズムカイ（鈴向）　マエダ（前田）　オオジマダ（大島田）　トノキリ（殿切）　エブネ　ムカイブネ（向船）　キツネイワ（狐岩）

### 竹木場東山
**話し手** 徳田さん　婦人会の方々
**聞き手** 伊勢裕基　河辺隆寛
しこ名の報告なし

### 重河内シゲカワチ
**話し手** 野添光雄（昭和12）
**聞き手** 戸川貴行　田村隆
トンモト　ヤナギダノウエ　オミヤ　ウエ　シタ　モチダ　ナガオ　ヒラバイガワ　キゴロンシタ

### 熊ノ峰
**話し手** 大石春男（大正6）
**聞き手** 白土竜馬　藤芳成
アナズミ　デイノウエ（堤上）　ミチダ　オテグチ　イエノシタ　イエノマエ　タイシサンのヨコ　タイシサンのマエ　ナカコバ　トオノカワダ　ウメノキヤボ　クロタケヤマ　オオイシ（大石）

### 東大島
**話し手** 安岡一徳（S16）辻国光（S16）辻由紀夫（S23）辻益男（S5）辻忠男（S6）吉田喜美夫（S2）神生義弘（S9）志摩美智子（S7）辻友嗣（S13）辻節男（T12）辻ミチコ（S3）辻百合子（S24）
**聞き手** 井上聡　竹元優介　鳩山慎太郎
シライシ（白石）　シミズ（清水）　コウヤ　ウメノキザカ（梅ノ木坂）　コウクボ　ニシノマエ（西ノ前）　シモタニ（下谷）　ヤトコ（八床）　マゴメ（馬込）　タノガシラ（田ノ頭）　ヨコミチ（横道）　ツジ（辻）　オオマツ（大松）　タニ（谷）　ナガヤマ（永山）　カメンコ（亀甲）　ナガセ（長瀬）　ムクノキ（椋）　フナガウ（舟ガウ）　ウータニ（大谷）　ミッセ（三ツ瀬）　メオトイワ（メオト岩）　タタミイワ（畳岩）　サンカクセ（三角瀬）　ロクドイワ（ロクド岩、ワクド石か）　ヨッセ（四ツ瀬）　メゼ（目瀬）　ヒラセ（平瀬）　オキノヒラセ（沖ノ平瀬）

### 高島
**話し手** 野崎秀人　野崎覚
**聞き手** 権藤道直
大谷　赤瀬　黒瀬
**話し手** 唐津保育園前園長
**聞き手** 服部英雄
セイエン　三軒屋　西木戸　中木戸　東木戸ヒガシキド　西原　中原　東原　下り松（サガリマツ・鷺松に同じか）　岩の下　空・ソラ　平松・ヒラマツ　神山・カミヤマ　清水・シミズ　西の山　二瀬・フタセ　大谷　赤瀬・アカセ　黒瀬・クロセ
高島明治期小字のうち所在地未確認
小石原　前平　内原　戊亥峠

## 〈満島村〉　明治22（1889）年〜大正13（1924）年

### 満島（水島ミズシマ＝東唐津）
明治期小字
東一丁目　東二丁目　東三丁目　西一丁目　西二丁目　西三丁目　洲先町　新築町　船頭町　東中町一丁目　東中町二丁目　東中町三丁目

## 〈久里村〉　明治22（1889）年〜昭和29（1954）年

### 夕日
**話し手** 加茂康敏
**聞き手** 田崎圭子　帯刀美樹子

エノサキ（江ノ崎）　ニタダ（荷多田）　ヒラマツ（平松）　コハル（小春）　サカモト　ダゴデ　ヒヤケダ　キタタニ（北谷）　カゲヌキ　ミノダ　チュウゴダニ　ゴロウジダニ　カミン（ノ）ヤマ　クルマイデ（車イデ）　イチノサカ　ヤスミバ　タカタニ（高谷）　タニゴンカワ　タニゴ　コウジヤ　サカヤ　ホリキリ　マガリ

### 柏崎
**話し手**　浦田始（76）浦田伊勢男　青木安次青木イセノ（88）
**聞き手**　平山博久　稗島功史
タケノシタ（竹下）　ミゾゾエ（溝添）　ナナツエ（七ツ枝）　ツカンモト（塚本）　ハッタダ　ゴタダ（五藤田）　イヌイダ（乾田）　ニシノソノ（西園）　イソシリ（猪尻）　タマンハシ　テラノウエ（寺上）　ジョウバラ（城原）　ナガサキヤマ　キタノサキ（北の崎）　マツモト（松本）　ヒガシグミ（東組）　ニシグミ（西組）

### 中原
**話し手**　中江明治郎
**聞き手**　姫野景子　花田美江
カワバタ　セッキリ　キリグチ　カワイレ　ミズクミ　シタンシンデン　ウエンシンデン　マゼマチ（アゼマチ？）　イッポンバシ　フケタ（フケグチ）

### 下久里
**話し手**　岩田哲（昭和3年）坂木静男（昭和10年）岩田政敏（昭和6年）下川俊明（昭和25年）岩田哲雄（昭和31年）岩田広紀（昭和30年）古賀公民館長（推定50）
**聞き手**　中尾瞳　深田朝
イシガサキ（＝ホンノクチ）※2　ツツミガウチ　クンサクムタ　カミン（ノ）シタ　シモン（ノ）シタ　ヤナギダン（ニ）　イシガサキ※2　カケツカ　オオクボ　ボー（ウ）ダ　イシガサキ※2　ウメガタニ　ヤナギダニ　ムタミゾ　クツワイデ　シマンデ　イッポンバシ　ヘタンマエ（部田んマエ）　クスリヤ　オック（奥）　イドン（ノ）ハタ（井戸の端）　ウエ（上）　アカマダ　ウランタ　レンコンダ　ミズクミ　シンデン　サカヤ　ムタミゾ　クツワイデ

### 上久里
**話し手**　熊本芳美（大正14年）　佐伯義治（大正14年）
**聞き手**　俵知子　津留香織
ダイマル（大丸）　アカマダ（赤間田）　ハッチョウ（八町）　オキダ（沖田）　マツノモト（松ノ元）　ミズマチ（水町）　タカダ（高田）　イワマル（岩丸）　キシゾエ（岸添）　フルカワ（古川）　ミスミダ（三角田）　オオホリ（大堀）

### 双水ソウズイ
**話し手**　井上政美（昭和9年）　青木実（大正10年）
**聞き手**　竹本友美　森田美登里
シンデン（新田）　セドンクチ　カゲンタメ　大塚上溜＝坊さん堤　センゲンジ

## 〈鏡村〉　明治22（1889）年～昭和29（1954）年

### 鏡その1
**話し手**　兼武久（昭和3）
**聞き手**　竹下大　小島隆洋
クタンマ（九段間、九反間）　ニタンワリ（二反割）　イッチョコダンマ　ロッケンワリ（六間割）　タンガンシタ　カガミシタ（鏡下）　カガミマエ　マツバンナカ（松葉中）　シモシタ（下下？）　マボンシタ　マブンマエ　ハカンシタ（墓下）

### 鏡その2
**話し手**　渡邉俊英（住職）他数名
**聞き手**　新屋一文　田中元　笹本良介
シンヤシキ（新屋敷）　コマツバラ（小松原）　シモノナカ（下野中）　サンノキュウ（三ノ久）　ドイ（土井）　テラウラ（寺浦）　マツノシタ（松ノ下）　ナカバル（中原）　オキタ（沖田）　ワサ田　カマムタ　ゴロウマル（五郎丸）　メサシ　ムロノマエ（室ノ前）

### 鏡その3
**話し手**　山崎定幸
**聞き手**　国分周一郎
地名記述を欠く

### 東宇木ヒガシウキ
**話し手**　脇山巽（大正13年）
**聞き手**　濱口崇　林誠
ツルバタケ（鶴畑）　ジュウロク（十六）　カイナガシ　イチョウマル　ムカエバタケ（向畑）　ドウヤマ（銅山）　キョウノヤマ（経ノ山）　ニシノタニ（西ノ谷）　オタキダニ（御滝谷）　マルオ（丸尾）　ヤナギダニ（柳谷）　オカネガシタ　ウマステバ（馬捨場）

### 宇木上
**話し手**　手島高　手島真四郎　手島由紀子　楢田宇一　楢田剛　藤崎日吉　山浦憲一郎　山浦茂　山

浦照道　山浦俊郎　山浦虎夫　山浦久雄　山浦久幸　山浦秀敏　山浦マツ子　山浦吉男
**聞き手**　中村亜紀希　西田真理子
ヒガシ（ヒガシ）　ドウゾノ（道園）　シモオバル（下尾原）

### 宇木下
**話し手**　樽田益男（大正14年）　堤さん
**聞き手**　白浜都　辻乃梨子　福田幸司　福富一哲
コニタ　クンデン（汲田・クミダン）　マルオ（丸尾）　ヒラオ（平尾）　シモンシタ　ウメノキダニ　モンデン　ウランタニ　イケンハタ　オオノソカ　ゴウノヤ　ヒノヤ　クリンタ　キョウノヤマ　キャワラ　ドウゾノ　クリバヤシ　ヒガシ

## 半田 はだ

### 矢作
**話し手**　中村静雄　通山秀雄（80）
**聞き手**　野田大輔　深江一美
ヒチロドン　ゲンゴロウ　アカハゲ　シエゴ　ハゲンサコ　ナカンシギリ　コバ　ムカエ　タバタ　タテダ　ウラダ

### 中組
**話し手**　米倉博幸の母　米倉行雄（大正14年）
**聞き手**　中原雅人　中村暁
シラノ　ウツクシ　ミウラ　ケーノ　ハタケンナカ　ナカ　カミ　シモ

### 本村（一部矢作、中組を含む）
**話し手**　麻生辰雄　半田の区長さん
**聞き手**　中西義昌
ミヤノマエ（宮ノ前）　フジタ　マツバ　モットサマ　タニヤマ　スイショウタメ　クルマサ　ダイコクダニ　ヒキジ（引地）　テンジンモト　ウーゾノ（大薗）　ハヤブサ（早房）　ホッタ　イチギ（市木）　ソトバル（外原）　カワガシラ（川頭）　タテイシ（立石）　シンデン（新田）　マルタ（丸田）　カゼノカミ　タイバル　ニシノウラ　マチヤ　チュウジロ　ジゲン　イッポンマツ　コブリダニ　マツオ　ヤクバ　オニマル　カタムネ　ヒキジ　ハヤブサマエ（ホンヤ）　ハヤブサウシロ（シンヤ）　ムクロジ　テンジンモト　ヨジャク　タカトリ　スイショウ　オートー　ナカオートー　マルタ　シミズガタニ　トウミ　ナガヲ　ジョウラクジ　クリハイノトウ　アラタ　マコタシキ　キンガサコ　ウチゴシ（打越）　テラノマエ　テラノシタ

### 半田川内 はだがぁっち
**話し手**　中村千代治（76）
**聞き手**　永江孝之　藤木重尚
オオダツ　コバサコ（木場迫）　ヨコデ　ハカンカゲ　マツバラ（松原）　ハスワ　チョウジャブン　タケンウラ　ゴーヤ　ミツイシ　イシンシタ　コゾノ（小園）　イヅチ（イズチ）　キサカ　サヤノカミ　シモンシタ　タテイシ（立石）　カミシモ　ホゲ　オンバラ　オオクス　ムカエヤマ

### 梶原
**話し手**　藤田常磐（昭和5年）
**聞き手**　安徳万貴子　石井淳子
キソエ（木曽枝）　オオゼマチ（大畝町）　コネッタ　タテダ　センギダ　オチコ　オキタ　タカヤギ（高柳）　マエダ（前田）　シンカワバシ（新川橋）　ゴロウマルバシ（五郎丸橋）　オチアイバシ（落合橋）　オチアイイセキ（落合井せき）　イシドダ（石土田）　ナガノマエイセキ（長の前井せき）　カマムタイセキ（鎌牟田井せき）　タテダイセキ　シモノタメ（下の溜）

### 今組
**話し手**　岡崎（名前年齢不明）
**聞き手**　重松稔康　山口福太
ホカシンガイ（ホカシンギャー）　ナカシンガイ（ナカシンギャー）　シンガイ（シンギャー）　タナカンシタ　キタシンガイ　ミナミシンガイ　イビデン　マツバラゾエ　シンデン　トヨダ　シモシンデン　マツバンナカ　ヤカシロ　ツバキワラ

### 田中
**話し手**　麻生博史
**聞き手**　重松稔康　山口福太
収集地名の記録を欠く

## 〈鬼塚村〉　明治22（1889）年〜昭和29（1954）年

### 養母田 やぶた
**話し手**　田辺（元公民館長、67）峰（80）
**聞き手**　平尾文子　山本幸恵
カドンマエ（門ノ前）　クボタ（久保田）　サンダタ（三反田）　シイノシタ（椎ノ下）　ソノダ（其田）　テツドウノカゲ　ドイノウチ（土井内）　ナナツイ（七ツ井）　ハスダ（蓮田）　ヒガシ（東）　マエダ（前田）　ミゾシリ（溝尻）　ミヤノシタ（宮ノ下）

ヤナギヅエ（柳添）
**聞き手**　服部英雄

**千々賀**
**話し手**　小野亘（59）松本ミツオ（86）
**聞き手**　谷本恵美　中村あゆみ
ゴンモト（江本）　ナガレッコ　クスモト（楠元、楠本）　セギャ（瀬貝）　エグチ（江口）　ヒラタ（平田）　イデンウエ（井出上）　サンダタ（三反田）　ツルタ（鶴田）　タンガシラ（谷頭）　タチガタ　クルマヤ　シシクラ　タンヤマ（谷山）　ホンノ　ツジ（本辻）　アラクダ（荒久田）　オクノソン　ウラグチ（裏口）　ボウヤゲ（坊屋気）　ヒガシマ（日向島）　マエグチ（前口）

**山田**
**話し手**　谷口勉（昭和10年）谷口靖男（昭和10年）吉田治弘（昭和11年）中島正種（昭和27年）
**聞き手**　田中瑠美　長塚昌子
サルコバ　ナカグチ　フレデグチ　ツジ　メクラザコ　ヨシガサコ　コッポダキ　ボードイシ　モーセンガクラ　クズムネ　カッキダ（柿田）　セキベットウ　ニシノウエ　タルコバグチ　ヤマグチ　イチノツボ　ヤマンシタ　テラベタ　ミヤノマエ　ヤキノコバ　カンノンドウ　サウケ　イマバタケ　ユヅツ　フカサコ　エボンシタ　ナカノ　マエダ　クシキ　タノナカ　ミヤンマエ（門田のタンナカとも）　タカタカビラ（山名）　ウランタニ（谷名）　ナカノ橋（橋名）　ツツミガタキ（滝名）　タルコバ坂（坂道名）　モンデンバシ（橋名）　フカサコノタニ（谷名）　ヨゴンタニ（谷名）　カズラガタニ（谷名）　ハルゴンガワ（橋名）　ヒノキヤマ（屋敷名）　ヒキジンタニ（谷名）　サコノタニ（谷名）　ウシガタニ（谷名）　ミヤダニ（谷名）　ウータニヤマ（山名）　ウータニガワ（川名）　レイスイダニ（冷水谷）（谷名）　シイノキヤマ（屋敷名）　フーズキワラ（屋敷名）　イッポンゲ（橋名）　ブジワンタニ（谷名）　クマ（屋敷名）　クシキ（屋敷名）　キョウヅカ（屋敷名）

**和多田本村**
**話し手**　坂本一馬（大正9）（駐在員連合会長）吉田条夫（大正15）（駐在員）
**聞き手**　長野慶助　藤木重尚　福崎正浩
マンコシ（馬越）　ノリコシ（境越）　シンミチ（新道）　タンマシロ（谷間代）　セクデ（瀬久手）　リュウモリ（龍森）　ハッタンダ（八反田）　フシュウ（冨州）　セタバル（瀬田原）　ガタ（潟）　クミハシ（組端）　マエダ（前田）　ロッタンワリ（六反割）

**畑島**
**話し手**　宮口武人（昭和元）（1925年）
**聞き手**　白水千種（白水千草か）　近松優季
シンタ（新田）　ヤマサキ（山崎）　フルカワ（古川）　ミヤンタンミチ（宮ん谷ん道）　タカオミチ（高尾道）

**鬼塚**
**話し手**　田辺直巳（昭和5年）　中島敬市（昭和7年）
**聞き手**　清水美穂子　高山さやか
地名の報告なし
**聞き手**　服部英雄

**石志**
**話し手**　進藤忠幸（生年月日無し）田代正敏（大正13）　太田重利（明治44）
**聞き手**　德留佳乃　中村友美
地名の報告なし

**山本**
**話し手**　福田福治（昭和4）　前田淳一ほか
**聞き手**　斉藤珠美　須恵悦子　荻野由喜
地名の報告なし

〈**切木村（唐津市編入分）**〉　明治22（1889）年〜昭和33（1958）年
昭和33年、大良、後川内、梨川内、八永は唐津市に、座川内、湯野尾、藤平、田代は玄海町に、残る切木村が肥前町に分離・編入。田代は唐津市と玄海町に分離・編入

**後川内**
**話し手**　松本静夫・松本祐三・橋本政則・松本博文・橋本澄寛
**聞き手**　江上雄大・石見康平
しこ名収集なし
**話し手**　橋本峰雄（昭和23年）松本静雄（大正12年）中山義光（大正15年）
**聞き手**　木原雄一　古賀裕也
ウトボシ　イケンマ　クレイシ　タラヌキ　カドイシワラ（角石原）　ナガムタ（長牟田）　ナキリ（名切）　キリノ（桐野）　ヤマナカ（山中）　トビ　イヨガタニ（伊予ヶ谷）　ヤマイモダニ（山芋谷）　ウトギ　アンノモト（庵ノ元）　ヤナギダ（柳田）　シモノタニ（下ノ谷）　カワシモ（川下）　ムカエダニ（向谷）　ヤシキダニ（屋敷谷）　コバノタニ（木場ノ谷）　カミノタニ（上ノ谷）　オック（奥）　ウシロヤマ（後山）　タバタ（田畑）　ハチロ　フドサマ（不動様）　カゲ（陰、蔭）　ウエコバ（上木場）　タチ（太刀）　シタノコバ（下ノ木場）　オック（奥）　ドウケン　カミダ（神田）　カワバタ（川端）　ヨコヤマ（横山）　ジュウソマツ（ジュソマツ）　ボウズミチ（坊主道）　アンノミチ（庵ノ道、尾道）

**話し手** 松本静夫・松本祐三・橋本政則・松本博文・橋本澄寛
**聞き手** 江上雄大・石見康平
しこ名収集なし
**話し手** 橋本千代子　橋本きよこ　松本勝美夫人
**聞き手** 服部英雄

神山坂・カミヤマザカ　ヨシンタン　かきのきだ（犬の馬場をさす）

### 梨川内
**話し手** 園田藤生（昭和20年）堀田源治（昭和9年）
**聞き手** 磯部洋平　葛西陽

ウシロダ　コダ　イワンサコ　アマクサ（天草）　ハゼノ　カミヤマンサコ　カジドンヤシキ　カンダ（カミダ）　ショウキュウダ　カマンクチ　イチノセ　カキヤマ　ケバドンダ　フキノサコ　ヤマイヌのクビ（山犬の首）　オーマツ　コロビシ（転石）

### 小十コジュウ
**話し手** 前田正雄（大正8）
**聞き手** 相部健一郎　石川徹

オオマツ（大松）　ヤマンタニ（山ノ谷）　シンヤマ（新山）　キリゴミ（切木道）　ハライコバ（払木場）　ハライダニ（払谷）　ヒロコウラ（広高良）　ムカイ（向）　ヤマニャ（山仁屋）　オオチギ（大知木）　ヌイジョウ（縫成）　カミアナガマ（上穴釜）　シモアナガマ（下穴釜）

### 大良ダイラ
**話し手** 山崎三郎（大正10）
**聞き手** 一枝信秀　藤島弘潔

アザナカオ（字か）　サクラノタニ（桜ノ谷）　フタヅエ（二ツ枝）　エダルキ（枝去木か）　ニシヒライ　フチノモト（渕ノ元）　タバル（田原）　メクラガワ・モウモクガワ（盲目川）

### 八永ヤナガ
**話し手** 山崎武治（昭和8年）山崎利邦（昭和25年）山崎平井（大正14年）
**聞き手** 北原健太郎　一木亨

ナガタニ　シッタデゴ　カミホジョ　シモホジョ　ホジョ　ヤンボシダ　タカムネダ　ウワバ　コバンマイ　ウシロメ　タズ　ミョウゼ　カゲサコ　アラタ（新田）　ナガタニガワ　チャーバルガワ　カミ　ナカ　シモ

### 田代
**話し手** 岡本タツユキ（80）
**聞き手** 小野総一　稲田俊一郎
しこ名収集なし

## 呼子町
1889～昭和3（1928）呼子村：～呼子町、2005年唐津市

### 大友
**話し手**：井上実　小峰博美　深海蔵　井上忠　小島源代司　平田富蔵
**聞き手**：稲田俊一郎　小野総一

フジノツジ（藤の辻）　岩の上　ナゴ坂　小森　ノナカ　カワマツリ　藤後（田）　四升蒔き　八升蒔き　丸田　岩ん下　ツボンダ　ムカエ　マオラン田

### 小友
**話し手**：林与寿（S2.3.6）　川並静夫（S18.7.20）
**聞き手**：押川蓮斗　荻本涼介　劉志龍

いそのまた　おきのまた　赤曽根　丸曽根　後ろ方　前　むかえ　藻先　やおなば　境の松　いり潮　出潮　明神うちの潮　ワンゼ

### 殿ノ浦
**話し手**：記録を欠く
**聞き手**：呼子町林課長、服部英雄

ベンテンヤマ（弁天山）　ジゴクバマ（地獄浜）　ババヤマ（馬場山）　ワタシ（渡し）　コレラバカ（コレラ墓）　ウッパガシヤマ（うっぽがし山）　ナカオヤシキ（中尾屋敷）　モモヤマ（桃山）　マツバンツジ（松葉の辻）　フナバシヤマ（舟橋山）　ヌシトリバカ　ヌシトリヤマ（主取り山）　サルウラ（申浦）　アカマツ（赤松（野元））　ガタ（潟（横竹））　イシキリバ（石切場（横竹））
明治期小字のうち位置不明
サキカタ　浦方ウラカタ　谷口タニクチ

### 呼子
**話し手**：記録を欠く
**聞き手**：森上二三香　福島清佳
地名の記録を欠く

### 小川島
**話し手**：渡辺孝（昭和5年）

聞き手：藤元正太　戸坂将典　石橋道秀（TA）
ナカバト　ホンバト　ソトバト　ヒガシノタケノヤマ　ニシノヤマ　アコラ　アコラシタ　クロハエ　ワン　クブキ　スウダ（水田）　セメントダル　ユルカンクチ・ユルカフチ　カマブタ　アザメンザキ　イケンシル　ノバラノシタ　ヨコゼ　マンザキ　キンノウラ　ホトキサンノシタ　ミズノウラ　イノセ　シャーザエゼ（サザエ瀬）　ヤカタ　ヒラセ　ミツボセ　エケシタ　アサコウラ　ダモンシリ　カマハタ　チカラサキ　シャウシノタン　間浦　イケンシル

明治期小川島小字
東ヒガシ　浜道ハマミチ　上方ウエカタ　七軒村シチケンムラ　東村ヒガシムラ　渡瀬ワタゼ　江尻エシリ　猪ノ瀬イノセ　岳シ下タケシタ　山中ヤマナカ　坂ノ上サカノウエ　障子ショウジ　西ニシ　赤浦アカウラ　黒剗クロハエ　久吹クフキ　山見ヤマミ　数代スウダイ　入賀ノ淵イリカノフチ　出口デグチ　中久保ナカクボ　北キタ　大平オオヒラ　垣ノ瀬カキノセ　釜扶田カマフタ　中出ナカデ　池ノ尻イケノシリ　荒毛アラケ　牛ノ野ウシノノ　万崎マンサキ　水之浦ミズノウラ　平瀬ヒラセ　屋形瀬ヤカタセ　女瀬メセ　郷ノ久保ゴウノクボ　岳ノ山タケノヤマ　小岳コタケ
地図より　オッセ＝折瀬

加部島＊『地名の歴史学』参照
語り手　杉村区長松口ご家族　岡部（中村）
聞き手　服部英雄
お宮ん山　ウオミ（魚見）　田の下　シラハエ　ツナウチバ　ハゼンシタ　テンド（天童）の下　アカバタケ　コジマ　モシマ・藻島　ゴヤ　ウラ　ハタオリゼ　セギャ　アラモ　アラモ浜　アラモンサカ　コダオンノクチ（小田鬼ノ口）　ヒョウタン岩　コダ（小田）　オオギガワ　ウジナシ　ウンバディ（「祖母でぃ」か）　イビタ　コンゴラ　西のコノグラ　大久保川　バンジャク　ツルテイシ　ツイタ鼻　オチョウズガワ　立石　ヒャンシタ　杉の原　瓢塚　狐塚　ワクドイシ　オバセ　ウノトリゼ・鵜の鳥瀬　ハルノサカ　イケシ（イケス、「憩い石」か）　トンノス（鳥の巣）　ゲンネボトケ（仏岩とも）　スダレマツ　ナカンタ　立松　岩ン前　十六石ジュウロッコクマガリ　台場

明治期加部島小字
杉・スギ　向エ・ムカエ　カミヤ　ドウノマエ　大久保オオクボ　出口デグチ　サカババ　ハハノ辻　東　西　サト　タコラ　寺ノ脇テラノワキ　タニ　西ワタリ　鉢ノ底ハチノソコ　大田オオタ　ツイタ　鬼ノ口オニノクチ　尾崎オサキ　八幡ヤワタ　トイシザシ　新村　長浜　平岳（ヒラダケ・平竹）　年畑（念畑）　辻　小浜オバマ　鷹島タカシマ　臼シマ・ウスシマ　片島カタシマ　家ノ上イエノウエ　ホタロ町ホタロマチ　東町ヒガシマチ　西町ニシマチ

## 鎮西町
昭和31年（1956）～平成17（2005）

〈打上村〉　明治22（1889）年～昭和31（1956）年

**打上ウチアゲ**
話し手　坂本イツコ（昭和7）
聞き手　奥間隆喜
キションコウバ（木生木場）　カキウチ　マンノ（丸野）　フチヤマ（渕山）　ジョウクン

**早田ハヤタ**
話し手　宮崎ツヤ子（昭和5）　宮崎菊治（昭和18）　吉田豊誠（昭和20）　宮崎明善（昭和26）
聞き手　松原みか　か野麻耶
フチヤマ　フチガシラ　タニガシラ　フジワラ　オバコ（尾箱）　ニシカワ　タコラ　タオ　イッサコ　シシクラ　ヤナギダ（柳田）　ツツミ　ゴアンボ　ハヤタ＝マエダ　ウシロ　スゲモト　ツジシク　トウノキ　ナカドウリ　ウシロ　シモグチ　ニシカワセン　ヤナギダセン　トオノキガワ　ニシゴの川

**打上（中平・潟）ウチアゲ**
話し手　日高さん等
聞き手　前田剛　堀篤史
地名の記録を欠く

**横竹ヨコタケ**
話し手　平河良英（大正5）　岩崎勝（大正2）
聞き手　宮本一幸　渡部史之
ヒザコ　ナカオ　ハル（原or春）　ウヅカンモト（大塚元）

**八床ヤトコ**
話し手　岡部昇（昭和4）
聞き手　牟田将経
ニシノシタ（西ノ下）　マツヤマノシタ（松山ノ下）　ムカエ（向江）　ミゾゾエ（溝添）　ニタダ（仁多ダ）　マエダ（前田）　デグチ（出口）　タシロジモ（田代下）　ウヒラ（宇平、大平）　ヒラキダ（開田）　ドウデ（堂田）　ヒラクラ（平倉）　ヒガクレ（日ヶ暮）　ノナカ（野中）　ナゴサコ（名古沙子）　フカダ（深田）　ヒラタノシタ（平田ノ下）　ゲゴロウ（下五郎）　イシワリダ（石割田）　キネダ（杵田）

### 上石室イシモロ
**話し手** 松本守男（大正12）
**聞き手** 芦刈知子　小園晴美　坂井優子

ハギノ　ハゼンタ　タカノス　ニシゴウ　ニシノウエ　オンタ（鬼田）　ムラダニ（村谷）　ハギノダニ　マエダ　ウエノハル　バンバ　キリノキダニ　クダリミチ　タイコウドウロ（太閤道路）

### 下石室イシモロ
**話し手** 松本重幸（1941）　松本幹雄（1935）
**聞き手** 芦刈知子　小園晴美　坂井優子

ジュウガホウ　ツツミハル　キンノキ　チリヤキ　マルオ　アカハゲ　ヘゴ　コクボ　アブラヤ　マツオ　ウシロヤマ　ナガサコ　ヒヤキダ　ヘントウ　ハゼヤマ　ハギノ

### 中野
**話し手** 濱中粂志（昭和11）　山下渉（大正2）
**聞き手** 山内美希　津留香織

シモ（下）　ツボンダ　コウラ　ムラマエ（村前）　オコンゴ　イザンモト　ハルグチ（原口）　ロクザカ（労苦坂）　サコ（沙子）　ウエマツ（上松）　ヤシキダニ（屋敷谷）　チャエンダニ（茶園谷）　ムカエ（迎エ）　ダンチ（団地）

### 塩鶴
**話し手** 岩崎さん（65）
**聞き手** 大園一磨　大村大機　大串啓介

原口　村田　八反田

**話し手** 長谷川春義（大正6年）
**聞き手** 山口恵穂、上野早也香

チャヤグチ（茶屋口）　サワヤマ（沢山）　ムラグチ（村口）　カミグチ　カマブタ（釜蓋）　ハッタンダ　ミナミノソラ

### 赤木
**話し手** 野崎重保（昭和26）
**聞き手** 佐々木史子　中村友美

キタダ（北田）　ウエマツ　タノカシラ（田ノ頭）

### 石室　城ノ元
**話し手** 松本重幸（昭和15）
**聞き手** 石井麻衣子　江富真理子

トウリヤマ（通山）　ウツゲガワ（ウツゲ河）　モチダ（持田）　ハヤケタ（早ヶ田）　ウシロヤマ（後山）　マルオ　ヘントウ（辺当）　ヤマヒラタ（山平田）　マエタ（前田）　ジュウガホウ（十ヶ峰）　タイコウドウロ（太閤道路）

### 高野
**話し手** 諸岡敏男　中山武治
**聞き手** 大仁田美和　山脇志乃

サルメゴ（猿目合）　オウギダ（扇田）　タクボ（田久保）　シゴウラ（下ゴウラ）　イワモリ（岩森）　サカキ　コウラ　エゴ（江護）　マエダ（前田）　カミダ（神田）　フルカワ（古川）　ノハラ（野原）　タケンウシロ　トオダゴエ（遠田越）　オオガタノウドウ（大型農道）　ノハラ（野原）　エゴンカワ（江護川）　イチリマツ（一里松）

### 丸田
**話し手** 平野豊喜（昭和16）　小峰覚（大正13）
**聞き手** 須堯悦子　竹岡芳

地名の記録を欠く

**話し手** 平野一馬
**聞き手** 平山雄太、森英一郎

ウシロ　ホンヤ　ウエ　カミ　ウトヤマ　ナンジョ　テンジョ　フタズカ　インキヤ　シミズ　ザレ　タカミノウエ　タカミ　カキネ　カワンハタ　デンヤマ　ウウジモ　ドンシモ　シモ　サンダダ　ヒガシ　ニシ　カワンウエ　ウエ　ホンヤ　ワクドガワ　ホリキリ　ムタ　ウウサコ　シンタク　副の上　ムカイヤマ（向山）　ウトノツジ（ウトノ辻）　オチョーズ　名切　ヒラキダ　干場　ツジ（辻）　スダノキ　テラノヤマ（寺ノ山）　ウエノマツ（上ノ松）　エダモト

### 赤木
**話し手** 坂本徳光（昭和23年）、竹下敏男（昭和3年）
**聞き手** 中塚千裕、土岐真里奈

地名の記録を欠く

### 良縁寺
**話し手** 霊山任良
**聞き手** 北川・イユンテ・久次

ヒラグラ　ヒガクル　ナガサコ　ヒラタツシタ　ガタ　ドヲデ　キネダ　カクボ　コウチ　ナカビラ　ワラベンサカ　タバタ　ムラシモ　ナガタニ　ハセ　フカタ　ヤマガシラ　ナカドウノ　マンノ　フチヤマ　ハゲサカ

〈名護屋村〉 明治22（1889）年・当初は名古屋村～昭和31（1956）年

### 名護屋
**話し手** 記録を欠く
**聞き手** 小林顕太郎　小倉愛子

ナカノ　ムラグチ　カンノキ　セト　オオサカ　ジイコウ　シミズヤマ　ジネンセキ　ゴリンドウサン　シミズミチ　マツノモト　マエダミチ　ヤトコザカ　ムカエ

### 岡
**話し手** 山口晴香ほか多数
**聞き手** 服部英雄

ナカオ　ジミズグチ　カサカブリ　ホタチメ　カサヤマ　マゴヤ　アド　イケノヤマ（池の山）　ゼンニュウ　クダリミチ　トンマチ（殿町）　チクゼンマチ（筑前町）　アカネヤマチ　ホウコウヤマ　バンガタメ　シャチイケ　コマツ　イケヤマタニ（池山谷）　アルミチ　山の神（ヤマノカミ）　カミヤマ　ウーヒラ　コボシキダニ　ットリ　ウバガサコ　ナガサコ　ノグチ　カキゾエ　ナカヤマ　センニンマチ（千人町）　ヒョウゴヤマチ　イケジモ　ザイモクマチ（材木町）　アカセ　ジンノウチ　ナカマテ　アママチ（海士町）

### 大久保　畑ケ中（沙子）
**話し手** 山口守義（昭和9）　山口賢実（明治43）　袈裟丸助市（大正元）　大久保義喜（大正15）
**聞き手** 伊東恭次郎　安武庸太郎　小橋川天馬

コボシギ　サナダ（真田）　サコ（沙古）　カキゾエ　ウエマソ　シロノシタ　キタノモン（北の門）　ユウラガワ　サコガシラ（沙古頭）　ホシバ（干場）　ツジノウエ　タムカイ　シュウジ　コウシンドウ　ババ　ジョウガイウマノリバ　ホウガラ（方柄）　ミヤグチ（宮口）　ウドヤマ　マタテ　バンタメ　ツジノドウ　カキゾエ坂　キンゴロウ坂（金五郎坂）

**話し手** 大久保集会所
**聞き手** 服部英雄　宮崎博司

モチイシ　シラハダ　西が辻　西が下　沙子（サコ、ソコか）　バチメキ　サガリヤマ（下り山）　榎木　寺田　シリカタ　カツラメ（*位置未詳）

### 麦原
**話し手** 山口光男（大正6）
**聞き手** 平川美樹　堀江武士

ササノ（笹野）　マタテ（馬立）　サガリヤマ（下山）　パンノジヤマ　ボンギノモト　フウケイヤマ（風景山）　ショウジorシュウジ　サキタ（先下）　カキノキ（柿の木）　ウド　バチミキorバチミチ

マゴヤシキ（馬子屋敷）　ミッチダ（道田or道下）　カミコウジ（上小路）　シモコウジ（下小路）　ネズミカベ（鼠壁）　ナカオグミ（中尾組）　シモグミ（下組）　ムカエグミ（向組）　タムカエグミ（田向組）　ソデトキバシ（袖解橋）　サナダ（真田）　サンゲンヤ（三軒家）　フウリン（風林）　ツジノドウ（辻の堂）

### 野元
**話し手** 川村シマ子・川村勲
**聞き手** 藤澤遼・田中考・（TAの神谷さん）

アカマツ（赤松）　ナゴヤ（名護屋）　イシキリバ（石切）　イシモロ（石室）　アラクチ（荒川内）　ヒランヤマ（平山）　シミズ（清水）　ツツミノハル（堤ノ原）　シンデン（新田）　ウーヒラヤマ（大平山）　トウノキ（東ノ木）　オニギ（鬼木）　タチギ（立木）　ウーサカ　ヤトコ　ヤマノウエ　ニシノシタ　ウーサカ　マエダ（前田）　ウーヒラヤマ　フルミチ　シンデン　マツノモト　バンザイヤマ　ガタシンデン　ナゴヤオオハシ（名護屋大橋）　カイガンドオリ（海岸通り）　トノヤマ　イカマチ　ホウガラ　ニシノシタ　ウラウチ　アカマツミチ　マルオンカゲ　イボンカミ　ヒランヤマ　ツツミノハル　タコカ　ヤマノウエ

### 名護屋・明治小字

方柄ホウガラ　宮口ミヤクチ　四ツ枝ヨツエダ　畑ケ中ハタケナカ　沖木オキキ　材木町ザイモクマチ　殿町トノマチ　刀町カタナマチ　打椿ウチツバキ　泥町ドロマチ　板屋町イタヤマチ　平野町ヒラノマチ　石屋町イシヤマチ　女郎町ジョロウマチ　魚ノ町ウオノマチ　在郷町ザイゴウマチ　串ノ浦クシノウラ　石出コクダシ　ヲリクチ　神ノ木　風呂ヲロフロヲロ　垣添カキソエ　ヒワタ　赤玉毛アカタケ　池ノ端イケノハタ　水タリミズタリ　尻カタシリカタ　古館フルタチ　大久保オオクボ　大戸オオト・ウート　官尺カンシャク　コボシキ　麦原ムギハラ　寺田テラダ　魚見ウオミ　神田カミタ　飯塚イイヅカ　後戸ウシロト　下り山クダリヤマ　中野ナカノ　菅牟田スガムタ　榎エノキ　中尾ナカオ　水田ミズタ　井樋田イビタ　三ツ枝ミツエダ　神夕子カミタコ　西ノ辻ニシノツジ　西ノ下ニシノシタ　白サキシラサキ　藤ヶ越フジケコエ　アト　白ハタシロハタ　串山クシヤマ　イノキ　神山カミヤマ　清水口シミズクチ　モチ石　馬込マゴメ　馬立マタテ　浦分ウラブン　浦町ウラマチ　浦方ウラカタ　横町ヨコマチ　海士町アママチ　古里町フルサトマチ　坂口サカグチ　野本分ノモトブン　清水シミズ　前田マエタ　日影ヒカゲ　八床ヤトコ　鬼木オニキ　カツラメ　市堂イチドウ　東ノ木トウノキ　鳥田トリダ　平田ヒラタ　ソ子ソコ　イコイ場イコイバ　スキ崎スキサキ　ハエ崎ハエサキ　丸尾マルオ　ユルカシロ　赤松アカマツ　小橋ノ元コハシノモト

### 米納戸ヨノド＝淀野ヨドノ
**話し手** 酒井ノボル（昭和25年）、田中克成（昭和31年）
**聞き手** 北側雄一郎

コグロセ　コザキバナ　オルセシタ　ウード　ミズタリ　コイケザキ　ナダ　トボカイ　イビタ　メ

ゼ　ナカセ　シバタバナ　シタダメ　クロガネ　クロセ　ナルセ　コザキシタ　ミズタリノシタ　チンシャチ　エチゴジン　サコンザカ　ナガタ　クビレ　サツマジン

### 波戸ハド
**話し手**　坂本栄（T14）
**聞き手**　大脇幸博　川上司

アカハゲ　ヒナンコ　センタクカワ（洗濯川）　ミミツヅレバナ　メクバリバナ　クビレオオシキ　ゴオセ（五瀬）　ダカセ　ウニャコ　オキノセ　メゼ　ナカセ（中瀬）　セイロノシタハナレ　オダイシサンバナ　サツマジンバナ

### 波戸前田
**話し手**　坂井哲雄
**聞き手**　鵜篭俊、小木野賢裕

ウオミノサカ（ウオミの坂）　テングダケ（天狗岳）　センタクガワ（センタク川）　モサキオオジキ　ヒナンコ　ミミツヅレバナ（耳ツヅレバナ）　オキノセ（沖ノセ）　セイロノシタハナレ

### 波戸
**話し手**　前田商店（前田安芳・やすのり）
**聞き手**　服部英雄　宮崎博司（名護屋城博物館）

ゴトウゼ（ゴトゼ）　オブゼ　タカセ（以上は二神島方向に行った沖合の三つのせ）　ムラサキハマ（村崎浜か）　神の下　松の下　岬　かみぜ　船津　セイロの下　ウリワリ（瓜破）川（ウリが破れるほど冷たい）　ウトンクチ（瓜破川とウトンクチはほぼ同じ場所）　コウダ（神田・コウラ）　ヒタテジ（明治小字の火立石・旗立石がある）　竹之内　前田　寺田　串が元　トンノス（鳥ノ巣）　日当たり瀬（日あたらぜ）

### 波戸はど・明治期小字
丸尾マルオ　大平オオヒラ　寺田テラタ　神田コウタ　馬場ババ　岬ミサキ　串ヶ元クシガモト　船津フナツ　竹ノ内タケノウチ　火立石ヒタテイシ

### 串
**話し手**　袈裟丸源作（昭和4）　袈裟丸（昭和13）
**聞き手**　小柳登志夫　上村太一

ウチワリ（打割）　クシサキ　シライワ　クシノウラ　ヒロミ　シロハタ　アカミ　モリワザ　モリキ　シバタ　アカミチアザ　ムコンタニ

**話し手**　伊藤弥三雄（S18）梅崎正人（S13）古舘初美（S23）
**聞き手**　阿南清士朗・後藤誠大・向井脩

アカセ（赤瀬）　アモズ　イヌモドリ（犬戻り）　カミノハナ（神ノ鼻？）　クウラ　クビイレ（首入れ）　コジマ（小島）　サカ（坂）　サクベ（作部）　ジョウビラ　シラハダ　シンデン（新田）　ジンノウチ（陣内）　ゼンニュウ　タケジモウラ（竹下浦）　チクイソ　ヅラセ　トウジンノウラ（唐人の浦）　トウジンノセ（唐人の瀬）　ナカウラカミ（中浦上）　ナバワリ　ナフカヤマ（ナフカ山）　ハチバタケ　ヒラセ（平瀬）　ホトケダ（仏田）　マルボ　マルヤマ（丸山）　モトノツジ（元辻）　モリキヤマ（森木山）

**話し手**　加茂義和
**聞き手**　服部英雄　宮崎博司

首入れ・くびれ　モト　アモウス　カミヤマ　ウドヤマ

### 串明治期小字
森木モリキ　打割ウチワリ　コチ泊コチトマリ　三ツ枝ミツエダ　赤道アカミチ　柴田シバタ　七ツ枝ナナツエダ　神ノ前カミノマエ　串崎クシザキ　東治ノ浦トウジノウラ　串ノ浦グシノウラ　ウドモト　白岩シライワ　アモウス　長ハ山ナガハヤマ

### 名護屋城地域　　名護屋城博物館調査による
高嶽　フジガコエ　中アド　アド　イッケンヤマ　神ノ木（カンノキ）　貫抜（カンノキ）　十屋崎（トヤザキ）　イノクザコ　シリカダ　コマツダ　大平　ミズタリ（水足）　コマツダ　コントビラ　タテヤマ　ヤマンダ・ヤマンタ　善友清水口　清水口　笠山・カサヤマ　笠カブリ　長尾・ナガオ　ホタチメ・ホタチ目　メンドザコ・ナンド坂　岩盛・イワモリ　フトリ　馬場・辻（ババンツジ）　馬屋跡　馬込　西平（ニシビラ）　ウサギ山　柳ノ戸・ヤナギント　法光山　牛捨て山　ナガザコ　館山ナカヤマ　ドンドン・ドンドン山　古田　大負・オーマケ　小負・コマケ　負ノ口・マメンクチ　ノミモンバ　筑前町　塩屋　ヒヤケダ　皿山　バンザイ山　打椿　コクダシ　カザンバイ　ジャゴマ・在郷町　魚見　魚見町イオンマチ　女郎町　平野町　土町ドロ町　刃ン町カタナマチ　唐元トンモト　井樋口　田畑　三角畑　カンベエ坂・カンベン坂　ホシバ　ヨロイテ場　赤瀬　ガネクラ　串ノ浦　旗竿石　善友山・善入　池ノ山　神山坂　神山　神田　中山　中山ン辻　城ン陰　野口　鬼の岩手　小松　マルオ　フウリン（風林）　キッタロウ　ウドヤマ　コウシン堂　木ノ下　コウラ　舟トビラ　辻ン堂　地九郎　六スケ様　上　下　シュウジ　中尾　馬立　三軒屋　フケヤマ・フウケヤマ・風受山　ドウデ　飯塚　真田幸村　白崎　中野　晴田・ハルダ　イイヅカ・イイヅカサマ・飯塚ゼンモン岩　舟瀬　エイカズバナ　鳥ノ巣　後戸・後戸道　日当タラ瀬　米納戸・淀野　コザキ・小崎　ソウベイシ　ショウヤ　ヒヤケダ　ヒャクヤマチ　ツヅラヤマ　ヒャーサキ新田　本新田　組新田　百崎　西ノ下　チャンメ川　宮口　ゲンジアン・玄儒庵　古館　オキギ　ウシボリ　ホウガラ・方柄　サガリカンオン

### 加唐島かっからじま
**話し手**　前田イソノ（70才ぐらい）
**聞き手**　前田歩美（記録者・当時中学3年生）

**報告者** 石橋道秀

アタゴヤマ　イアダイ　イアタニ　イケヲ　イシバタケ上　イシバタケ上　イシモイ　イッチョヤマ　イヤダイ　イヤタニ　イヤノシタ　イランサコ　ウエミチ　ウサコノハタケ　ウサコミチ　ウシロヤマ　ウヒラ　ウヒランウチ　ウル　ウルノウチ　ウルノハナ　エヌオノハナ　オキバタケ　オビヤ　オモト　オリセ　オンス　オンス　カカラキョウインジュウタク　カカラギョコウ　カカラショウチュウガッコウ　カクノサコ　ガブロンウチ　カリオ　カリマタ　カルオ　キタビラ　ギョソンセンター　クウラ　クビト　クロミズ　ケンウチ　ケンズウジ　コウエン　コクラシ　コザキ　コッテザコ上　コッテザコ下　ゴマバタケ　ゴンゲンヤマ　コンパホウラ　サカ　サガイ　サガイミチ　サクバ　サシヤマ　ジバタケ　ジョベット　シライワ　シラハエ　シロザコ　シンザハバ　ススキランド　セド　セドンシタ　センタブラ　ゼンタロウ　タオイヤマ　タチバ　タッチョヤマ　タテミチ　チュウジャ　ツジ　ツシマゼ　ツットイ　テンジンヤマ　トオミチ　ドミキノシタ　ドンマイ　ナカバエ　ナカバタケ　ニヲイ　ハシロイ　ハタケジリ　ハナヅラ　ハル　ハルミチ　ハンサコノウラ　ハンタグチ　パンノサコ　ビアゼ　ヒトイカゼ　ホカメ　ホトケヲノサカ　マキノカミ　ムラマツ　メゼンツケ　メンス　モンガサコ　ヤサカジンジャ　ヤマノシタ　ヤマミノシタ　ヨコミチ

加唐島明治期小字
本嶋ホンシマ　黒瀬クロセ　ウシロ山　小泊リコトマリ　カリヲ崎　淀ノ上ヨドノウエ　セドノ上　ギヲン崎　メンス　オンス　ハナツラ　タチバ

**馬渡島・宮の本**
**語り手**：富永廣信（昭和6年生）
**聞き手**：阿部春加　内田梨恵　内山由貴
シロヤマ（城山）　コウチダニ（田）　オガワ（小川）　海：イカズチ「雷瀬」　オオセ　イサキゾネ　ナガセ（長瀬）　岩：アカイワ（赤岩）　ホトケダニ　オオナガサキ（大長崎）　コナガサキ（小長崎）　シオフキ　ウツゼ（宇津瀬）　ナンジョバナ（難所鼻）　メイバノハナ（名馬ノ鼻＝メバサキ・名馬崎）　マツセ（松瀬）今は埋め立　ウーガマ

**馬渡島：野中・二タ松ふたまつ**
**語り手**　牧山和人（二タ松区長）牧山菊夫（野中区長）
**聞き手**　国中真理子　夏芸芸（夏芸か）
タカバナ　トシャク　クジラゼ、ミズタル（滝のように水がたれていて流れ出る）　ホトケザキ：仏に似た岩。コンカワ（洞窟）　コシオギ、オオシオギ　ウノクソバナ　ガメンク：かめの子　オオナガサキバナ　クウラ　ドンクウゼ―ドンクウ'は'かえる'　カワジリ、タカセ、オツゼ、コツゼ―オツゼ（大つぜ）　ナガゼ　ナンジョウバナ　タジリノハマ　マツゼ　オオソネ（馬渡弁でウウソネ）　タカセの沖　イッサキゾネ　ヨコゾネ　ブンゴロウ　八ノ尾ハチノウ　冬牧フイマキ・フユマキ
**語り手**　高野みせの（昭和7）　中尾照子（昭和10）　浦丸宏（昭和16）

**聞き手** 服部英雄

ナチ（ナツィ・夏井）　エノキワダ（榎和田）　ヲロ（オロンタン＝オロの谷）　ヨホンセ（ヨボンゼ、古川福太郎のじげ）　ソコナシカワ　ハチニンハカ（八人墓）　ドンクウゼ（かえるのごと、足が前に出た瀬）　シオフキ（潮吹き、満潮時、波の都合で潮を吹く）　オニガマ（岩が重なり合う、つるよさん方）
エノキ（ヨノキ　カシラ（牧山和人宅周辺）　丸山（しのう、教会の上）
ウラノナカヤマ（すえはるさん）　西の池　小松畑（エノキを下った広い田んぼ一枚、続きの山でナバとり）　ツカワダ　トンコヤマ

馬渡島明治期小字
本村ホンムラ　柳ケ谷ヤナギガタニ　ナツイ　迎ムカエ　タリウツ　河内カワチ　冬牧フイマキ　清水シミズ　小川オカワ　二タ松フタマツ　サコ　田尻山タシリヤマ　ヒラノナカヤ　宮ノ本ミヤノモト　タツノヲ　原目ハラメ　ヲニカマ　新村シンムラ　野中ノナカ　ウチツリセ　コキ川（こん川か）　丸山マルヤマ　ヒラキ　榎和田エノキワダ　田尻タシリ　ヲロ　馬場ノ辻ババノツジ　小松畑コマツハタ　平戸峰ヒラトミネ　ヨホンセ　古開キ（フルヒラキ）　新開シンヒラキ　カシラ　底ナシ川ソコナシカワ　月毛ツキケ　和田ハタ

**松島**
**語り手**：坂口正年さん昭和24年1月生　高平和夫さん大正15年2月生
**聞き手**：佐伯，島本，田中由利子（院生）
シラギダニ（白木谷）　マキノチ（牧ノ地）　ナガゼ　カンノン（観音様の形をした岩があるため）　フタツワタ　ヒラセ（岩の名）　カゴヤマ　シイダニ　オトノハナ・音ノ鼻　キビレ　ササダン　マタワダ　イシウビラ　カキゼ・牡蠣瀬　ヤマノシタ　フカンセ山：トウダイ　トウミ　ソウハチジ

松島明治期小字
白木谷・シロキ谷　マキノジ　小松シマ　大泊・オオトマリ

## 肥前町
1958・昭和33～2005・平成17（現在唐津市）

### 〈入野村〉 1889年（明治22年）～1958・昭和33

#### 入野
**話し手**：記録を欠く
**聞き手**：吉村利視（T7）　井上兼一（S6）　宮口崇　鶴田昭松（1930年）
ヒダカオオスミノカミ　イケンタ　ノダヤマ　ヒャクニンヅカ　ツルイノイワ　ナガバタケ　ドンシタ　コダ　フダンモト　※ミズクレガワ　ヒノモト　クズノモト　ドウメキ　ホウソウクリ　ウスイジブダ　コウジヤ　タメノウエ　イケノハシ　※ダチクノナヤ　ボタンヤ　ツルマキダンチ　ナヤシジュウデ（四十出）　ハットマキダメ　カミガワ　カミヤマ

#### 晴気ハレキ
**話し手**：記録を欠く
**聞き手**：川本愛治（明治45年）、岩本太市（昭和9年）
ワキザキ　ヤンボシダ　カナギワ　サッカタ　ウシロ　ウエンヤマ　ナカグチ　ウラカタ　ゲンゾウジ　スミヤマミチ　フナガクシ　シンデンダ　ショウランウラ　ツグラハナ　ウシステバ　ヒロタ　シバイシ

#### 菖津ショウヅ
**話し手**：記録を欠く
**聞き手**：服部英雄　木下尚哉
（シバイシ）　カラマツ　ショウガツ　ツルナキオンセン　ウシステバ　タケノハラ　キョウドマリ（京泊）　クロイシ　オオツル　ヤマノカミ　船当津
**話し手**：宮崎兼一（T9）　松本康隆（S13）
**聞き手**：有澤のぶ子、國武ひとみ
コダンシリ（小田尻）　ショウガツ（正月）　ウメガサコ　トガリ　オオギバタケ　シライワ　フナトヅ（船唐津）　タノシタ　カンゴイワ　オオジノシタ

#### 大鶴
**話し手**：古舘磯治（T11）、小林正男（S11）
**聞き手**：中由貴子、志摩沙織
記録を欠く

#### 鶴牧
**話し手**：吉田出（S11）、井上春視（S9）、吉田トキ子（S13）、吉田元治（S9）
**聞き手**：井上紘子、鍵山雅代
ムカエ　ヤマウチ　シモ　サカノウエ　ウド　クボノソン（クボンソノ）　タニ　ニヒヤグタ　ヤシキ　サト　＊キュウドウ　イノガシラ　七百ノカン　オズ　シンコウ　クボンリン　ヤマンタガワ　タンザコ　ツルノイワヤ

#### 駄竹ダチク
**話し手**：井上義清　井上半治
**聞き手**：福井教文　田中康介
マツノシタ　ショキ　オノサ　オオカイゼ　ナカキャゼ　ウラノキャゼ　コノサ　モリコシ　ウシガタニ　マナイタ　デザキ　ヤラゼ　マルセ　カモノウラ　ウトバナ　ゲンザイ　ハゼ　ハエドマリ　カミノアジロ　シモノアジロ　キンバタケ　モゾネ　エビソネ　ゴンブ　ニシ　カマエ　ヤゴウ　イワンモト　ナカシマ　ヒガシ

#### 納所東ノウソヒガシ・馬場口、山口
**話し手**：井上仁八郎
**聞き手**：香月真、外薗智史
コウバ高場　ムタ　シンヤ　ホンヤ　ヤシキ　タンノキ　ニシムコウダ　ハギノサコ　バンドコロ　カワムコウ　マタテヤマ　オオナメ　コナメ　ガメセ　ドデンワラ　ナガサキバナ　アマゴ　マルセ　シライワ　タニカワセン　ダジクセン　トオリヤマセン

#### 納所東ノウソヒガシ・入口　中
**話し手**：中山正義（S2）　井上善富（T15）
**聞き手**：松枝かおり　福山二葉
記録を欠く

#### 納所西のうそにし
**話し手**：井上茂（昭和9年）、井上スミエ（昭和11年）、女性（昭和3年）、男性（昭和30年、昭和53年、昭和16年）
**聞き手**：今林由希、市川美里
カシヤ　トウフヤ　サンショウドウ　ナカ　コウジヤ　トウキョウ　スヤ　オオザコ　ヤマミチ　ウシロクボ　カマブタ　ツジ　ツジノヤマ　イシバシ　コヤマ　ヒヤミズ　バンドコロ　カジヤ　タケヤマ　マガリ　マガリツジ　ニシノカド　コウバ　ガランドウ　ムタ　タブガワ　カジ　ドジョウビャク　タンシタ　カミダイラ　ヤシキ　ムル　ナエモチ　サヤンシタ　ハタケナカ　ホンメ　ガタ　カケバタ・カワンハタ　ヒラタ　フロヤ　タンナカ　ナヤ　ヤドヤ　カマエ　＊ウドンザカ　マエラ

ンデー　カシヤンデー　シタヤマ

## 京泊
**話し手**：井上武（S4）、井上キミヨ（S7）、井本宇貴雄（T9）、井本ミカ（T14）
**聞き手**：中村理恵、大野佐津子
記録を欠く
ボシノ　ミヤザキ　アマゴ海士子　アマゴバナ　ツキノワ　ナガサキバナ　サクメ佐久目　ツボゴウザカ　ウラノカワ　ウラノハシ　ウラナカ　サキナカ　サキ　ナナマガリ

## 納戸
**話し手**：記載なし
**聞き手**：大宮晋平　川畑翔太
モウタシ馬渡　ナエシロダ　ハル　カンダシロ神田代　シタバ　ジャーラ太良　ヤマガシラ　マガリツジ　ヒラタ　クロコウラ　マゴメ　バンドコロ　ササヤマ　ウランダ　ヨコヤマ　イワゾエ　スマクラ須枕　トオリヤマ　イリグチ　ヤマウラ　ヒエダ　ウバタ　ミド　ヤマノウエ　ハナノキ　シバオ　ナメリ南目里　サグメ佐久目　コダ　ヤマグチ　ナナツエ　ナカ　ガーランドー

## 上場・松山
**話し手**：井本タツコ（S15）
**聞き手**：余村泰樹、森田裕資
ヤマノカミ　マツヤマ　トウノキ　ヤオリ矢折　タゴロウ　シミズガモト　サカ

## 比恵田
**話し手**：上田広行（S24）
**聞き手**：余村泰樹、森田裕資
地名記録を欠く

## 後山
**話し手**：井本芳美（S14）
**聞き手**：余村泰樹、森田裕資
地名記録を欠く

## 新木場
**話し手**：上田広行（S24）、井本芳美（S14）
**聞き手**：余村泰樹、森田裕資
カサネイシ　フルタ　ホシバ　タゴロウダニ　ヤナギダ　※ケンギュウ　※ウエクラノウドウ　ホト

ケダ　ウシロヤマ　マツヤマ

## 阿漕
**話し手**：坂本五郎（S2）、坂本マスエ（T15）
**聞き手**：栗田勇輝、佐田祐介
地名記録を欠く

## 田野
**話し手**：宮崎富秋（昭和26年）
**聞き手**：林剛平、倉垣大河　末松佑介
ヒラヤマ　ホンダ　ヤマゾエ　ハルノタ　モモタ　バンドコロ　ヒロタ　タテヤマ　トウノウラ　キシダカ　イソミチ　シモグチ　トジャク　コダニ　ヤマザキ　ニタンガシラ　シンデン　ココウジボウ　マフミ　コウラダニ　サキノタ　スオウダニ　ミズノネ　ウノセ　バクチバ　オオコウジボウ　アコギ　清水ノ元　神土井　宮録田　ウラガシラ　ヤヒツガワ　サカエマツ　ウチゾノ　イワオダニ　マエダ　ヨロイダ　フルゾノ　ナカガワバル　ニシノタニ　ドイノウラ　タカクシガタ　ワラビザキ　ウスギ　タジリヤマ　ドイノウラ　蛭ヶ浦　ヒヤケバル　ニシカワチ　老ヶ浦　ニシクカイ　扇瀬
**話し手**：岩本平三郎（T9）、山下郁夫（S10）、岩本義一（T10）、青木（S4）　池尻明樹、杉原なおき
地名記録を欠く

## 寺浦
**話し手**：藤本薫（昭和21年）　藤田安雄（昭和12年）
**聞き手**：案浦拓也　岡田元弘
地名記録を欠く

## 上ヶ倉
**話し手**：青木秀雄（T6）、青木ミキ（T12）
**聞き手**：鶴田祐治、中島敬太郎
ジンデ　ムカイバタ　トザワ　ミヤノモト　ソノダ　シモグチ　カワハラダ　イソミチ　ウリガサカダ　クルマガワ　磯道　神出道　学通道

## 梅崎
**話し手**：徳田強（S20）、徳田吉郎（S17）、古舘磯治（T11）
**聞き手**：桂美枝子、大塚雅子
ノウテ　ガネクラ　カミダ　モチダ　スズミマツ　ブゼンブサマ　カキノキバタケ　カミダ　ノグチ　ニタンコブ　コゼマチ　オオゼマチ　カンネザコ　タキノワキ　ヒヤケダ　ツジ　ウシログチ　マエ

グチ　ウエグチ　ナカグチ

**犬頭**
**話し手**：井上利世（大正7年）、井上好雄（昭和5年）、井上キヨ子（昭和14年）、井上格五郎（昭和1年）の奥さん、井上時茂（昭和5年）
**聞き手**：野村周司、宮崎良平
エースケダ　ミヤンウシロ　ナエシロ　ナカダ　サンカクバタケ　クロサキ　オハルダ　オオゼマチ　デミズグチ　カミジョウリンダ　イケノタ　ミセマチダ　コウエモンブン　ワサダ　ノンナカ　イチマイダ　モズトオシ　ナワシロ　サンカクバタケ　クレイシノツジ　ヤボンモト　ヒコジダ　シモジョウリンダ

**星賀**
**話し手**：渡辺光好（漁連支所長）
**聞き手**：服部英雄
ツルカワカイガン　ウセザキ　ツバキヤボウ　ウーダン　ヒラマツ　ゴウヤ　ゴンゲンヤマ　シンデン　サクベエ　タラグミ　イカリイシ　イカリイシハマ　シバタバナ　マビタバナ　メバエ　メバエバナ　キョウズカ　ツジ　ギョウダバナ　ゴンボリ　ナガハエ　シュウヤ　ヒラセ　クロセ　ショウジバナ　モモヤマ　ショウジガウラ　オオカミ　カシノキベタ　ヤケザキ（カグチ）　カグチノハナ　ワカマツノウラ　ウシガダニ

**向島むくしま**
**話し手**：古川繁光（昭和22年）　古川友一（昭和11年）
**聞き手**：服部英雄　千代田昭三　中川拓也　波越洋平
キタメイソ　タテイワ　ホウキド　ヒヒロガマ　ムタ　キンザン　キンザンブツ　ヒグラシワンド　サキノホキノイワ　クラマ　タキノシタ　ビワゼ　ムギツキゼ　イガイグチノカミノセ・シモノセ　メゼ　オソガセ　トリセ　ハリマゼ　ナカノセ　アカセ　キュウジロ　タカナス　ミチノウエ　マキステバ　マエヒラ　キタノ　ササノ　クボ　ツジ　イエウエ　ミヤノウエ　ミヤシタ

向島の明治期小字
牟田ムタ　金山カナヤマ　笹野尾ササノオ＜ササノ＞　前平マエヒラ　クラマ　ヒアテン　北目キタメ　日陰平ヒカゲビラ

〈切木村〉　1889年（明治22年）〜1958・昭和33（分割して一部は唐津市　一部座川内・湯野尾・藤平・田代は玄海町）

**杉野浦**
**話し手**：山下春光　渡辺進（T14.2.4）　前田守（T14.6.17）　前田又男（T6.1.16）　田中正男（T15.7.21）　田中義人
**聞き手**：柏原聖徳、北村貴司、八木雅治
ウワバダメ　ノナカ　カワノウエ　イワモトダメ　ナキリワラ　ボウズノウラ　ミカドヤ　ウチウミ　ナカウミ　イビノクチ　弁天様　ドウノウエ　バンドコロ　ウシガミサマ　チャガマイシ　アマジ　ミチギレ　チンノウエ　キンノキ　ヤクバ　ナカノ　ウマンタン　ミズノウラ　上溜　オオラノハマ　トシャクバナ　ツナカケ　ヒラハタケ

**湯野浦**
**話し手**：前田増男（当時47歳）
**聞き手**：山本晋也　南里篤太郎　西田早稲子
フネガクシ　ナカンダ　ユウヤ　ダミチ　フジワラ　シゲブタ　※マエカワ

**赤坂**
**話し手**：諸岡孝英（T7）　諸岡英光（S5）　諸岡直子（S18）　諸岡和久（S35）
**聞き手**：中野順司　寺田卓史　樋口裕威
ソラミネ　オクノコバ　ムジナ　ナカンギレ（ナカギレ）　カバシコバ　コブケ　オニコロシ　テイシゴ　ワタウチ　マエダ　ヒキジ　マトバ　バンド　ヒキジ　ソウゼンバリ　ボンギ

**中浦**
**話し手**：山下清（T13）、山下末男（T14）、川添武市（M41）、川添政男（M42）、坂本泰男（S3）、川添千一（S6）、川添隆治（S22）、川添定人（S26）
**聞き手**：中野順司　寺田卓史　樋口裕威
テラヤシキ　トノヤシキ　イデンシモ　イケノヤマ　ナンゴ　カミタ　キトウラ　イワタニ　ウナカケ　マツノシタ　イタビ　エイキン　ドウゾノ　ビシロ

**万賀里川**
**話し手**：堀田久（T9）、西島正勝（T12）、堀田トミノ（T13）、宮崎益雄（S5）、波田隆夫（S6）、田口耕三（S11）
**聞き手**：森永裕子、重絵里子
ヒノクチ　カゴハタ　イシモリ　ヤオリミチ　ヤマゴヤマ　ナンコバ　ウワバ　マエダ　ヒガシヤマ　ナンコバミチ　ゼンモンダ　ヤマナカ　ドーデ　ザギ　タカクシダミチ

### 八折栄
**話し手**：川口弘海（昭和17年）　川口はるえ
地名の記録を欠く

### 切木キリゴ
**話し手**：出進（T9）　出信義（T10）　出勝美（T10）　柴田清治　川添静雄　出久子　柴田アヤ子　山口徳治
**聞き手**：永島道人　中島孝行　浅湫吾郎　水原大記
ウシロノサコ
※サンセンバシ　ビシャコ美舎子　オテコバ御手木場　マテガシ　キュウサンドウ　シタハラ　トベ　シマモト　※ナモメバシ　※シマモトダメ　ダンノコ　ヤボノモト　ヤマゾエ　カリヤゾノ　タバル　※コウバシ　マエダ　※マエダバシ　ブンゴロオットシ　エンシュウダ　ヤマナカ　オオシロ　ハッカク　タカオ　アラマキ　コガミネ　ウチノ　ツバキダニ　カメオ　シモノハル　ヌイジョウ縫城　ゾウメキ蔵目木　トオリヤマ　イデノモト

### 牧野地
**話し手**：出進（T9）　出信義（T10）　出勝美（T10）　柴田清治　川添静雄　出久子　柴田アヤ子　山口徳治
**聞き手**：永島道人　中島孝行　浅湫吾郎　水原大記（以上切木に同じ）
サンタダ　※ナガダメ　カトウ　クスダニ　タテゴウヤ　ヤマノカマ　※タテゴウヤダメ

### 大浦浜
**話し手**：山口陽太（T4）、北川松男（T9）
**聞き手**：白尾謙典、田中恵太郎
ムカエウラ　イヌガメ　ツクラウラ　シマナカウラ　ホタテ　ビシロ　サヤノカミ　エビスウラ　イッサカジロウ　シイノキザキ　ウラガタ　ヒガシ　トリイノハナ　ツジダ　ナキリ　ツジダノハナ　ウノサカ・兎の坂　ウシノツノ

### 大浦岡
**話し手**：殿川（60歳位）、古河キミエ（大正14年）、大久保（45歳）
**聞き手**：門宏明、湯田直樹
*ヒガシノタ *ニシノタ *トノノモン　カシヤマ　ムリ　コウゲツ　ヒノクチ　ホンノモト　トウノモト　ニシノタ　ヒガシノタ

### 満越
**話し手**：松本正照（昭和12年）、松本リセ子（昭和9年）
**聞き手**：炭本祥生、田中嘉人
コタ　ヤラデ　カワバタ　シンデン　ナキリ　ムカイノ　カゴノタニ　ヒノクチ　ツツミノタニ　ノボリアガリ　スエイシノハナ　サカンヤマ　ナカネ　タンヤマ　イオンツジ　カメノツジ　インガメノハナ　ウシロヅ　シンデン　クウラ　クウラノタメ　クウラノハナ　ニシノマタ　ウシゴウラ　イワヤ　ウシゴウラノハナ　コッポヤボ　チリフ　チリフノハナ　シマノヤマ　アカセ　アカセノハナ　タンヤマ　カマエ　ツジ　マツノシタ　トウゲ　トンバタケ　ヨコチョウ　ブンド　シモ　ドノシロ　アカハゲ　タナカ　*ウワバミチ　*ハマミチ　*ウリガサカミチ

### 瓜ヶ坂
**話し手**：山添常五郎（明治42年）、山添ハマヨ（大正10年）
**聞き手**：恒松高洋、中島康介
*ハルノタ　ニシノカド　ウエナド　キシダカ　ニシムキ　トウノウラ　*ホンダ　ツジノサカ　ヤマゾエ　ヒロタ　バンドコロ　シライワ　ヒランヤマ　ヒラノヤマ　ウサンクラ　セイシロウ　タテガミ　ヤマガシラ

## 〈北波多村〉 明治22（1889）年～平成17（2005）年

北波多村史・集落民俗誌より

### 徳須恵トクスエ
コボイチ　酒屋ンコージ　役場ンコージ　油屋ンコージ　シズノカワ　お天神様ンコージ　泉屋ンコージ　テースケンコージ　河内様ンコージ　ドンモト　アイコブチ　シドンコージ　ババン川　サンダンブチ　カクノツジ　タットノ
現行および旧小字
堤ツツミ　宿シク　荒巻アラマキ　ばん道バンドウ　佐の坪サノツボ　源治郎ゲジロウ　瀬戸口セトグチ　七田シチダ　六の坪ロクノツボ　阿弥陀作アミダツクリ　前田マエダ　四道シドウ　壁田カベタ　上徳須恵カミトクスエ　北の前キタノマエ　立園タテゾノ　成つぎナルツギ

### 田中
ソーケダ（そうけ田）　オオモンクチ（大門口）　玉ヶ橋　ゴトクイ　カゲ　オツボネヤシキ（御局屋敷）　ヒバコマチ（火箱町）　シロノ（城野）　モッタケデー　オキダ　イノタニ　ミナギヤマ　ムタミゾ
現行および旧小字
下組シモクミ　火箱町ヒハコマチ・ヒバコマチ　御局オツボネ　薬師堂ヤクシドウ　大門口オオモンクチ　坂下サカシタ　下鶴シモヅル　正町ショウマチ　ばん道バンドウ　牟田ムタ　島シマ　床町ト

コマチ　大藪オオヤブ　本竹モトタケ　溝添ミゾゾエ　中牟田ナカムタ　千草野チグサノ　峰の辻ミネノツジ　皆木ミナギ

### 竹有

ビワンクビ　オログチ橋　五本松　ウーイワ　サンショ谷　テシノクボ　山ン田　トウゲ　ワクド谷　三本松　ナゴヤ谷　カイモリ　ニシ　キタ　ヒガシ　ムカイ　テンジンサマヤシキ　石橋ノモト　マツバデー　ムクノ木の下　コゴノ橋（呼合橋）

現行および旧小字

御手水オチョウズ　綿打ワタウチ　山の口ヤマノクチ　山川ヤマカワ　持田モチダ　三の坪サンノツボ　屋敷谷ヤシキダニ　七つ石ナナツイシ　坊ノ前ボウノマエ　水つりミズツリ　ビワノクビ

### 山彦

ウワ井手　イチノセ橋　ウシノクボ　カラン様　デグチ　ナランサキ　テシロ田　シタ井手　前田原橋　イワサキ　ミナギ　ハタ井手　ダンダン畑　ジンキチヤシキ　ウママワリ　シキジ　新井手　カワアト　テラヤシキ　オチョウズ

現行および旧小字

上村カミムラ　下村シモムラ　牛ノ窪ウシノクホ　西平ニシビラ　桑原クワバル　大坪オオツボ　座主ザス　前田原マエタバル　山彦ヤマヒコ

### 大杉

フケンタ　ドベ川　新溜　ジンパチシンデン　ミョウガ谷　オオギベラ　ワクド石　フナバ　ウランサコ　ヘイキチ山　ナンコシ　トントン坂　ヤツエ　ホンノシリ　ナカドリ　庚申山　ヤマシタ　オオ谷　サンデー　ブラジル　田堤　牟田溜　ウナギ溜　ハナノス　石投　シン川

現行小字

上村カミムラ　下組シモクミ　岩の谷イワノタニ　竹の下タケノシタ　笹山ササヤマ　立山タテヤマ　風呂の谷フロノタニ　高野コウヤ　櫨の谷ハゼノタニ　大山口オオヤマグチ　北平キタビラ　六つ枝ムツエ　北崎キタザキ　久保畑クボハタ　橋口ハシグチ　溝添ミゾゾエ　下桜木シモサクラギ

### 岸山

ドバ　ドバン橋　権現山　タニノタメ　ナナツエ川　ヒグラシ　大門　ヤヅダメ　旭町　垂玉　元町　中土場　下し道　弁才天　ガメノクチ　テンジュク　ハシカケ谷

現行小字

坊中ボウチュウ・ボウジュウ　寺ノ谷テラノタニ　地蔵木ジゾウキ　桜木サクラギ　下坊シモボウ　松林マツバヤシ　小加倉コカクラ　悪瀬アクセ　伝助デンスケ　内野ウチノ　西谷ニシダニ　ヤス谷ヤスダニ　サイコノ谷サイコノタニ　ドヲメキ　笹の平ササノヒラ　寺谷テラノタニ　井川谷イガワダニ　地蔵木ジゾウキ　有の木アリノキ　前山マエヤマ　八反田ハッタダ　釘崎クギサキ　小松田コマツダ　七つ枝ナナツエ　桜木サクラギ　上桜木カミサクラギ　杭木クイギ　本城ホンジョウ

### 稗田

ハシグチ　寺の前　ドバ　ババン川　サンダンブツ　天神山　中通り　オモテグチ　モンノマエ　ネコダメ　ガスノハナ　テッポウマチ　三本松　ノウシロ（苗代）　オトンサカ　チョンコヤマ　裏の谷　奥の坊　ヤーシンタメ　ヤーシの谷（家石の谷）　タテイワ　カシランツツミ　杉谷　ジンノヘラ　マツオンサカ　ヤマンカミ　タクジン　イデンタニ　カンザン　ハットウゲ　鉱害タメ　コマナキトウゲ

現行小字

峰ミネ　時中ジチュウ　天神山テンジンヤマ　馬場ノ川ババノカワ　杭木クイギ（キイギ）　川畦カワウネ　稗田ヒエダ・ヘエダ　家石・矢石ヤイシ・ヤーシ　中松尾ナカマツオ　裏の谷ウランタニ　畑中ハタナカ　松葉マツバ　向田ムカイダ　開きヒラキ　杉谷スギタニ　新開きシンヒラキ・シビラキ　楢山ナラヤマ　佐々木ササキ　大谷オオタニ　畑河内ハタガワチ　倉谷クラタニ　雨堤アマツツミ　一の坂イチノサカ　釘原クギハラ・クグハラ　上の原カミノハル　山犬原ヤマイヌハル・ヤマインバル・ヤマンバル　上山犬原カミヤマイヌハル・カミヤマインバル　めくら渕メクラブチ　鮎帰りアユガエリ・ヤーギャリ　丸尾マルオ　帆柱ホバシラ

### 上平野

ヒキジ　イワドウ（石堂）　シンヤマ　ミズノモト谷　イノ谷　ギユウグン畑　タッコバ　マガリブチ　フチノモト　ゴンゲン様　サカイ谷　フルタ　サンショ谷　ドウメ　テシノクボ　トリゴエ　西のフケ　アカハゲ　カミナリヤシキ（雷神社）　イダンクビ　カタヒラブチ　シシホリ　シモトリゴエ　カミノイデ　ナカイデ　マガリイゼキ　ゴリガサコ

現行小字：辻ノ上ツジノウエ　鳥越トリコエ　上ノ原ウエノハラ　一ツ枝ヒトツエ　曲りマガリ　上平野カミヒラノ　竹ノ下タケノシタ　下田シモダ　屋敷田ヤシキタ　下ノ原シモノハル　中の間ナカノマ　蔵谷クラタニ　空見ソラミ　高尾タカオ

### 下平野

アカハラ山　タラノ　マゴメ　カナイシ　ハヤン谷　ジャガフチ　ナガタニ　ホトケノタニ　ウバノツクラ　ヤマンタ　オキヌボヒワレ　ブツドウ　オショダニ（和尚谷）　マツワラ　ハンノタ　ミミンツ　ムカエヤマ　ツルカケ　イチノセ橋

現行小字

橋口ハシクチ（ハシグチ）　鏡石カガミイシ　千田センダ　下千田シモセンダ　大平オオヒラ　三本松サンボンマツ　中大平ナカオオヒラ　中木場ナカンコバ・ナカコバ　愛宕前アタゴマエ　下平野シモヒラノ　前田マエダ　金の手カネテ　岩の下イワノシタ

## 成渕ナルブチ

アラベラ　ヒジキンミチ　タノヒラ　アベンサコ　中木場　矢房　ワラオサ　ムランタニ　シラキブチ　ナガタバシ（成渕橋）　堂の山　シャミセン谷　オオタダメ　ブゼンボウ様　マオラン山　ノシロダ（苗代田）　シロッチ　シャリタメ　カマブタイデ　ウワイデ　シタイデ　モチイシイデ　ヨシイデ　トウノキイデ　イデモト

現行小字

向エロムカエクチ　表口オモテグチ　駄道ダミチ　下ノ久保シモノクボ　中ノ木場ナカノコバ　釜蓋カマブタ　貝の口カイノクチ　櫛木クシゲ　小深ケコブケ　上の原カミノハル　池畑イケハタ　畑田ハタダ　持石モチイシ　中篭りナカゴモリ　古山コヤマ　三郎木サブロウギ　白木シラキ　萩の坂ハギノサカ　横手ヨコテ　稗の坂ヒエノサカ　大坂オオサカ　駄道ダミチ　太田オオタ　神山尻カミヤマジリ　大久保オオクボ　竹木場タケコバ　向山ムカイヤマ　堂の前ドウノマエ　唐の木トウノキ　中場石ナカバイシ

## 行合野ユキアイノ　イケヤノ

ミソノタニ　ウーダニ　クルマキ　シイノキダ　ゼンモンダ　サガリマチ　ナガザコ　マルイシ　マエコバ　ナガタニ　シロバタケ　ノナカ　トーボシダ　マルダ　ムコンサカ　コーアスダ　センカンネ　ジョウノヤマ　ノドス　デンシタ　シタンタニ　ツツンモト　ツルカケ　ジョウシンダニ　コウモリイワ　カンネオ　カワウジ　マゴシコージ（馬越し小路）

ススダワラ　サケブチ（深い渕）　テンジンブチ　ヤトコ　マツノモト　スーコン　ナカノマエ　テラバタケ　マガリ　ホリ　シマバタケ　ヤサブロ　サンジガヤマ　マキド　ノベタ　コッポウヤボ　マルオ　ダァリキ　ムクジガハタケ　カモシゴ　マエダ　ヒガシ　カワンタニ　ミズタニ　マツオ　フロノタニ　タニ　ヒドゥンカワ　フルコバ　ツジダ　トリゴエ　オオカワ　ガメイシ　サルワタリ　ニケンヂャヤ　ナガタ　カソウバ　オオヅル　フカツ　ボウダ　フナバ　イケモト　ワンノセ　ツキムシ　ヤマノシタ　トンノヤマ　バクチイワ　ウメガタニ　ハチノクボ　握り飯山　イデンタニ　イワンシタ　ミヤゾエ　トビノス　ヒダリベラ　ナカノセ　カミズリ　ニタダ

現行小字

上岩の下カミイワノシタ　中村ナカムラ　牛が谷ウシガタニ　大久保オオクボ　前マエ　天狗岩テングイワ　銅金谷ドウキンダニ　日岳ヒタケ　峠トウゲ　後ろの谷ウシロノタニ　南の谷ミナミノタニ　土井の上ドイノウエ　前の平マエノヒラ　エノキ谷エノキダニ　カンネオ　集りアツマリ　三反田サンタンダ　左り平ヒダリヒラ　谷口タニグチ

## 志気シゲ

八の久保　ヒラダイラ　フジビラ　二の坂　六夜侍　釘山　ウーダニ　ユノモト　中の瀬　ヒノモト　アンキョ　バクチ岩　庵の上　オマンジョウ　ナガ切れ　ミチダニ　夫婦滝　ゼンモン滝　丸尾　神様の前　イワバエ　庄屋屋敷　ツルノ坂　岩の下　横久保　ムカエ　杉の下　ドンドン谷　ナカドオリ（中通）　カゴハタ　ガブロ　コダケ　ワタシノ　ブッチョ谷　ムタンタニ　キレヅツミ（切堤）　カマボトケ　ヒャアンヒラ（這の平）　マツデ（待出）　サンボウ　ドン谷　ワキノ谷　イラン坂　ヤマイン谷

現行小字

川頭カワカシラ・カワガシラ　裏ノ谷ウラノタニ・ウランタニ　辻ノ上ツジノカミ　吹ノ元フキノモト　吉田ヨシダ　樋の元ヒノモト　池石イケイシ　大久保オオクボ　倉谷クラタニ　芋木場イモコバ　三ツ石ミツイシ　山ノ田ヤマンタ　上岩峰カミイワミネ　下岩峰シモイワミネ　平木場ヒラコバ　日暮谷ヒグラシダニ　上三ツ木カミミツギ　中三ツ木ナカミツギ　下三ツ木シモミツギ　小峠コトウゲ

## 恵木エギ

**話し手**　原田新治さん（昭和6年）
**聞き手**　村上浩明　堀江武士

ナガタニ、ノナカ、ムコウノサカ、マエコバ、シロバタケ、マルイシガタニ、ナガサコ、ハンガサコ、マルイシ、マルダ、サカリマツ、シイノキダ、クルマキ、センカンネ、
ノドノス、クロギンタニ、ハカノシタ、タキノミ、シタノタニ、ジョウシンダニ、ウシロノタニ、ジョウノヤマ、フナイシ、ツツミモト、コヤマノタニ、ムコウノタニ、チシャノキダニ

## 相知村・相知町
明治22（1889）年〜昭和10年（1935）まで相知村　〜昭和35（1956）年　相知町　2005年〜唐津市

### 平山上ヒラヤマカミ
**話し手**：山口ユキ（大正7）、松尾マツ代（大正9）：**話し手**：馬場武夫（大正6）
**聞き手**：石村公一、戸高吉規

向野　宮浦　ターバル　イワンシタ　中止場

### 尾部田・平山上ヒラヤマカミ
**話し手**：小松正彦（昭和17）、小松ツヤミ（昭和9）
**聞き手**：田中享子、寺崎麻衣子

ダャーエン　イモダ（芋田）　ナカグミ　カセワラ　オテラマエ　ムコウノアザ（向野アザ）　ハルダ（晴田）　ムギノ　ニシタニ　ムコウノ　シンデン　オヤシキ　ユキバル　オヤシキタメイケ　コダケ　シミズガワ　ナミデ峠　ヒラヤマ峠　イワヤ峠　タツカワ峠

### 猿尾サンノオ　庵の谷
**話し手**：原敏（昭和2）、原郁男（昭和3）、馬場崎俊一（昭和23）、原真三郎（昭和15）
**聞き手**：芦刈知子、王丸依子

サンノオ（猿尾）　ワタシグチ（渡シ口）　ハゼンダニ　フネンカグラ　アンノタニ（庵ノ谷）　イワモト（岩本）　ムタコバ（牟田木場）　平山川　ターバル　ハシグチ　夫婦滝　オダキ　メダキ

### 蕨野
**聞き手**　服部英雄

たかとり　はんのひら　だぁーら　つじ　さぁーきゅう　てんくち　なかべ　しもうら　おもて　カゲノタン　なむぜだん　むくろんたん　はってんさく　なむ口　かたまん　なかんの　コウラタン　つるかけ　ながや　こんにゃくの　たちあらい　うーこば　からすごだん　いく道　せどきば　長のふ　オンナヤマ

### 麦野
**話し手**：岸川正、岸川徳美、井上、波多孝
**聞き手**：図師優、問端圭

ウラタン　ヤマノカミ　ウチウラ　丸石井手　井手ノ原井手　麦野井手　三ツ足井手　武蔵谷　日の河池　川添井手　二ノ瀬　前原　井手ノ原橋　間の門　七ツ江　麦野　ナカタ　麦野橋　三ツ足　ミヤウラ　ヤマノカミ

### 川添コウゾエ
**話し手**：岸川徳美（昭和12）、井上一（区長）（昭和7）
**聞き手**：那須華恵、花田伊舞、日高直美

シモバル　タアバル（田原）　ゴコウ（五坑）　ヒラヤマシモ（平山下）　藤原　マルイシ（丸石）　谷田　下原　押川　二の瀬　内浦　前原　裏の谷　サリミチ（佐里道）　コウゾエ（川添）　ソデキソ橋　ヒノコチ山　玉坑

### 押川
**話し手**：田中良一（昭和2）
**聞き手**：白仁田正裕、田中丈晴

オバサコ　ミスミダ　マエンコバ　カミヤマダ　カメヤマダ　ハカンシタンヤマ　ハカノシタンタニ　コウノキ　ウランタニ　ナエシロダ　ヤモンタニ　ツバキタニ　マツオンタニ　フケタ　スミノシタ　ハシ　マエノハシ

### 上園
**話し手**：山口正敏（大正15）、山口一正（昭和2）
**聞き手**：中村真紀、平田幹

コメノヤマ（米の山）　ミドリマチ（緑町）　サカイマチ（栄町）　ヨンノツボ（四の坪）　ゴノツボ（五の坪）　ロクノツボ（六の坪）　ヨネノサンバシ（米の山橋）　ヒワタリバシ（日渡橋）　カメノトイセキ（亀の戸井せき）　タツイシイセキ（立石井せき）　イデノカワイセキ（井手の川井せき）　シンイデイセキ（新井手井せき）　ヨコマクライセキ（横枕井せき）　サリゴエ（佐里越）　オシカワゴエ（押川越）　オシカワノヤマ（押川野山）　キツネダニ（キツネ谷）　ヘボギ（辺保木）　クマモト（熊本）

### 杉野
**話し手**：山口敏（大正11）、山口愛之介（昭和25）、岡崎実（昭和6）
**聞き手**：松石隆太郎、山口圭介

ショウブノイケ（菖蒲池）　キンズモリ（金図森）　コグルメ　エノクボ　トバ（鳥羽）　チュウガク（中学）　フルカワ（古川）　カミフルカワ（上古川）　シモフルカワ（下古川）

### 黒岩
**話し手**：冨田ミサヲ（大正14）、冨田トミヨ（大正12）、冨田栄納（昭和22）、冨田重雄（明治32）
**聞き手**：猪川映、大川健太郎

サヤンモト（幸元）　タケンシタ　カキゾエ　イシマズイ　ハマンソン　デグチ（出口）　ナカゾエ　シモダ（下田）　マイヅル（舞鶴）　テランウランヤマダ　ハッチョウヤマダ　ムカヤシキ（昔屋敷）　デャラ　クロイワイデ　セセリダニ　テランタニ（寺谷）　タブノキダニ　ウトンタニ（宇土谷）　ゴンゲンヤマ（権元山）　ウトヤマ（宇土山）　マメヤマ　ノヤマ（野山）　フルコノミゾ　モチミゾ

### 中山
話し手：緒方博見（昭和4）、小川軍一（大正12）、市丸勇（明治44）
聞き手：相良裕徳、末松哲哉

シモタバル（下田原）　カミタバル（上田原）　ゴタンダ（五反田）　ナガサコ（長迫）　マルオ（丸尾）　ヒノタニ（日の谷）　ギオンヤマ（祇園山）　ベンテンヤマ（弁天山）　カクサダニ（角左谷）　ロウニンダニ（浪人谷）　タケダニ（竹谷）　ジョウケンダニ（上間谷）　ウラダニ（浦谷）　クスノキブチ

### 牟田部
話し手：草場志津江（大正4）、草場スマ子（大正4）
聞き手：杉山寿一、立川良太

ナガハタ　ススイノ　イカリノ（碇野、猪狩野）　アサイダニ（浅井谷）　キジャーク（木細工）　ヒランタニ　ロクイヤ（六郎谷？）　サンダンマ（三段間）　フルカワ（古川）　カンブルカワ（上古川）　宮口静也（昭和5年）坂本清麿（昭和12年）松岡妙子（大正6年）　五藤貴之　千早昭徳

### 坊中
話し手：松岡三男
聞き手：千葉康佑、寺田泰久

ショウスケヤシキ（庄助屋敷）　テンマングウ（天満宮）　ゴリンドウダニ（五輪道谷）　イガワノタニ（井川の谷）　タヌキダニ（狸谷）　ヘノデシトウゲ（屁の出し峠）　キチヂヒラ（吉治平）　ミョウジガタニ（妙寺ヶ谷）　ハシカケダニ（橋掛谷）　イジンヤマ（異人山）　ガスユ（ガス湯）　トウダヒラ　タカオビラ（高尾平）　ヤスベコバ（安兵衛木場）　トウダビラ（藤田平）　テンマングウ（天満宮）　テンジュクナヤ（天宿納屋）

### 大野
話し手：成住杢一（昭和7）
聞き手：弟子丸宣廣、村田貴則

ヒアケ　ヒアシリ　ヨノウラ　ヒャクネ　ナグルマ（名車）　ドバ　ミサツカ　バンモト　カミノソノ　サガスケダニ　ショウヤトウゲ　ヤマイヌカマ　シタタメ　シンタメ　ゲタノコバ　コウヒトウゲ　ナカツツ　ミカシラ　カゲノキヅツミ　フロンタン　ミヤシタ　ニシ　タカウエ　タカミ　ホリキリ　チョウバン　サツカ　ヨノウテの畑

### 伊岐佐
話し手：八並一雄（昭和15）、阿藪宏（昭和8）
聞き手：野辺美信、岩永由紀子、穴見正明

イデタ（井手田）　タケシタ（竹下）　マエダ（前田）　ハサゴ　ショウギ　ベンプ　ヤマガミ（山神）　モモラ　ウッツノ

### 伊岐佐・長野
話し手：井手重夫の妻、井手重夫のご子息（当時40歳ぐらい）、野隅光夫（昭和6）、井手チトセ（大正14）
聞き手：福崎正浩、永江孝幸

イリュー　サクラダ　イシクラ（石蔵）　ナガノ（長野）　ナガタニ　アガリタテ　トリモイ　チューブ井手　モチヤマ井手（持山井手）　シークサレ　モチヤマ（持山）　ホンドウ　ホンドマエ　ザヤ（茶屋）　オオ井手（大井手）　クルマ井手（車井手）　モモタニ井手（桃谷井手）　ジャーノ川（蛇の川）

### 伊岐佐上中区　太良　白木　楠ノ木馬立
話し手：金嶽新（明治38）
聞き手：上野恭平、池園孝之

カゴワラ　サクラダ　シラキコバ　カラツマエ　マツオ　ホンド　カゴクラ（カゴワラか）井手　シモ井手　カキノキ井手　イシゲラ井手　ヤコガミ井手

### 伊岐佐上中区
話し手：小松武道、金嶽アラタ（明治38）
聞き手：赤迫寛幸、上園直也

マツオ（松尾）　ワカミヤ（若宮）　ホンドウ（本堂）　カゴワラ　サクラダ　シラキコバ　カラツマエ　ホンド　ヤコガミ　シモ　カキノキ　イシゲラ

### 萩平
話し手：仁部保人（昭和25）、黒仁田（名前不詳）（大正4）、秀島勲（昭和19）
聞き手：野方洋助、原健洋

ゴロウコバ（五郎古場）　ムランコバ（村ン古場）　ナガオサ　モクダニ（木谷）　カブラ（口）　ミョウジンヤマノタンナカ（明神山の田ん中）　シリグサレ（尻腐れ）　クツ（ソ）ノハナ（くつ（そ）の花）　ハギダイウエンキレ（萩台上ん切れ）　ハギダイシタンキレ（萩台下ん切れ）　テンジンヤマ（天神山）　クジラヤマ（くじら山）　オオダニ（大谷）　ビワダニ（琵琶谷）　フカサゴウ（深砂濠）　ミズグチ（水口）　ミナグチ（みな口）　オトシグチ（落とし口）

### 狩集カリアツマリ　滝の元
話し手：富田（当時80歳、女性）、秀島（当時30代）、女性（当時70代、氏名年齢不詳）、木下（当時70代、女性）
聞き手：原武浩一、福西武夫

カリアツマリ（狩集）　サクレ（作礼山）　ミカエリ（見返りの滝）　イキサ（伊岐佐川）　タマチリ（玉散りノ谷）　サンボウ（三方山）　タキノカンノン（滝の観音）　白木々場

話し手：秀島文代（当時62歳、昭和10）、秀島智江（当時88歳、明治42）、秀島正一（不明）

聞き手：藤江、藤野顕史

トウゲンシタ（峠下）　ヒライシ（平石）　タテヤマ　オサキ　ゼイナ（ノ畑）　ナカドイ　カゲンタン　シンヤ（新家）　シンデン（新田）　ツクリザクラ　オザキノセキ

## 松原　黒石原

話し手：能隈光夫（昭和6）
聞き手：長野慶助、西村和海

シシクサレ（シークサレ）　フツキシャ　ガブロ（ラ）　クツノハナ　ミョウジンヤマ　アカハゲ　ターバル（寺原）　サヤ（茶屋）　ナガタニ　イシグラ　マエダ　ヒロタ（広田）　テンジンヤマ　ゴロコバ（ゴローコバ）　モチヤマ　オオイデ　クリマイデ　モモタニイデ　モモヤマイデ　モモタニ　タカイシガケ　オンダサマ

## 楠

話し手：原光雄（昭和11）、原ナツ（明治36）
聞き手：山口敦子

ムタンマエ　マツオダニ　スゲダ（ミチ）　ツヅバタケ　ダミチ　テラヤシキ　ナンカダイラ（ベラ）（七日平）　カンノタン　ダミチミチ　ナカンマノイセキ（ナカンマノ石積）　椴の木　ウラノタニ（浦の谷）　イノクチ　コウラ　キンホリタニ（金掘谷）

## 佐里上

話し手：山口安次（区長）、井手豊光（昭和4）、古賀富久雄（大正12）、他ゲートボール場に集まっておられた年配の方々
聞き手：簑原睦、山下昌也、石川裕基

ヤシキアト（屋敷跡）　フルヤシキ（古屋敷）　ジュウハチコカド（十八ヶ角）　クルマヤ（車屋）　ヤマミチ（山道）　オカンノンサマ（御観音様）　ツルダ（鶴田）　オンセン（温泉）　ヒジキ　トビマツ（飛松）　トシヲ原　横手　木場口　佛谷　平松　長場恵　岸岳　赤地坂

## 佐里下

話し手：加唐重利（区長、堤篤）
聞き手：山野史寛、藤林尚季

テラノマエ（寺の前）　ナカゾエ（中添）　モリノシタ（森の下）　ゴウノモト（郷の元）　アカイケ　ガッコウヤマ（学校山）　ミョウジンの井手（明神の井手）　ナガバエ溜　ウワシダ溜　シンノメタメ（シンノメ溜）　ゴウメキタメ（ゴウメキ溜）モチテノ井手　ユカタ橋　ダゼン橋　ウテ　バンジャク堤

## 和田

話し手：青山敬二（大正13）、岡島ヨシノ（大正14）
聞き手：川畑透、坂本真道

話し手：岡崎実（昭和6）、山口敏（大正11）、山口愛之助（昭和24）、野崎守（昭和7）
聞き手：麻生賢、井坂智徳

オグロンタンナカ（大黒ん田ん中）　イシワリザカンタンナカ（石割坂ん田ん中）　イコノヒラミチ（イコノ平道）　ヒエダミチ（稗田道）　シゲミチ（志気道）

## 久保

話し手：塚本六郎（区長）（当時58歳、昭和14）、塚本治市（当時75歳、大正11）
聞き手：灰塚崇、吉本真祐

イノクボ　古川　和田　岩屋口　鶴田

シモヅル　シイノクボ（椎久保）　トリゴエ（鳥越）　カミノタニ（神の谷）　シルミゾ（汁溝）　ウランタニ（浦谷）　ミネダニ（峰谷）　ヒコウキタ　フルコ　スセイノ　ムクロダニ

## 横枕

話し手：木下信玄（昭和11）
聞き手：斗光彩子、藤田明子

ヤクジンバシ（薬神橋）　ツツミ（堤）　シミズダニ（清水谷）　ヒノタニ（火の谷）　ツジバタケ（辻畑）　キョウヤマ（京山）　テラヤマ（寺山）　ワセダグミ（早稲田組）　イケダグミ（池田組）　テラダニグミ（寺谷組）　コトブキ（寿）　ロクノツボ（六反田）　トデン（斗田）

## 町切ちょうぎり

話し手：記録を欠く
聞き手：石丸聖、赤坂直樹

## 湯屋ゆや・ゆうや

話し手：溝上至徳（大正15）、溝上鋭輝（昭和6）、小山幸之助（大正8）、山内大三郎（大正9）
聞き手：守紘子、山田桜子

ナカハラ（中原）　ナカバル（中原）　ヨシノセ　カシガワ（加志川）　ホバサコダニ　ホンダニ（本谷）　ナカンタニ（中谷）　ニシタニ（西谷）　ヒガシタニ（東谷）　アツマンタニ（集谷）　ユヤンダニ（湯屋谷）　オヤステコステ　ショウヤヤマ（庄屋山）　ユノガシラ（湯頭）　シンデン（新田）　カンノセ　カシゴ　ユノカミテンマングウ（湯上天満宮）　ユノシモテンマングウ（湯下天満宮）　ドウノマエ　ウッポガシ　ゲンゾウコバ　ヤクテン（薬店）　テランモト（寺元）　デミセ（出店）　イセキ　マルオ（丸尾）

千束せんぞく
話し手：平田満（大正 7）
聞き手：山下つくみ、宮地由紀子
カワルダ（川原田）　マエダ（前田）　ミョウケンダ（妙見田）　ハルマキ（春蒔）　スガンタ　ハタケダ（畠田）　ゴジンダ（御陣田）　フナバル（船原）　マカド（魔角）　カワクボ　コウノス　イジリ　千束ダメ

山崎やまさき
話し手：木下正和（昭和 23）
聞き手：稲吉大輔、上野勇夫
シモウラ（下浦）　ムコウノヤマザキ（向山崎）　シンデン（新田）　ナカシマ（中島）　ヤクサマ（役様）　タケシタ（竹下）　マエダ（前田）　タニゴ（谷郷）

長部田ながへた
話し手：吉松一（昭和 8）
聞き手：原野由美子、福山亜希子
シモノドバ（下土場）　タカトリオンセンウラ（高取温泉裏）　シモノハル（下ノ原）　タンノマエ（谷の前）　ネンプダ（年賦田）　アテノキダ（秋の木田）　ツル（鶴）　タカトリヤマ（鷹取山）　シモダニヤマ（下谷山）　サンジュウロクヤマ（三十六山）　ボタヤマ（ボタ山）　シモダニ（下谷）　ドウコダニ（ドウコ谷）　オゴシノタニ（尾腰谷）　ゴンゲンダニ（権現谷）　シモダニガワ（下谷川）　チャワンガワ（チャワン川）　オゴシガワ（尾腰川）　サンジュウロクカワ（三十六川）　ゴンゲンダニガワ（権現谷川）　ドバ（土場）　エガシラケキネンヒ（江頭家記念碑）　ヒノカミサン（火の神様）　ベンテンサマ（弁天様）　ダイニチニョライ（大日如来）　コンピラジンジャ（金毘羅神社）　フルヤシキ（古屋敷）　ソクリョウキテン（測量基点）　カヤッコ（火薬庫）　ボタヤマ（ボタ山）　ゴンゲンジンジャ（権現神社）　オゴシ（尾腰）　タカトリグミ（鷹取組）　シモダニクミ（下谷組）　オゴシグミ（尾腰組）　デンガヤマグミ（煉瓦山組）　サンジュウロクグミ（三十六組）　タカダグミ（高田組）　ゴンゲンダニグミ（権現谷組）　カミナカグミ（上中組）　カミグミ（上組）　口の坪

鷹取　梶山（上園）
話し手：山口一正（昭和 2）、山口まさひろ（区長）（大正 15）、吉松一（昭和 8）
聞き手：佐々木裕子、濱田百合子
シモノドバ（下土場）　タカトリオンセンウラ（鷹取温泉裏）　シモノハル（下ノ原）　タカトリヤマ（鷹取山）　チャワンガワ　シモダニ（下谷）　ドウコダニ　ロクノツボ（六ノ坪）　ゴノツボ（五ノ坪）　ヨンノツボ（四ノ坪）　デアイバシ（出遭橋）　ヒワタリバシ（日渡橋）　オオミゾ（大溝）　シンイデ（新井手）　ミドリヤマ（緑山）　ナガヘタイセキ（長部田井堰）　ヨコマクライデ（横枕井手）
聞き手：服部英雄

佐里越　押川野山　納屋　亀の戸井　押川越　米ノ山　緑町　キツネ谷　井手の川井　新井手井　緑山　四ノ坪　五ノ坪　六ノ坪　西　東　日渡橋　上園　表上園　裏上園

田頭
話し手：市丸国男（昭和 2、当時 70 歳）
聞き手：安本和美、山野礼子
タタラ　シンデン（新田）　ツジバタケ（辻畑）　サンゲン（三軒）　セトヤシキ　イマデガワ（イマデ川）　トクワカダニ（徳若谷）　ユノカシラダニ（湯頭谷）　ヤマグチダニ（山口谷）　ガッコウバシ（学校橋）　イデモトバシ（井手元橋）　ムタバシ（牟田橋）　ヤシキミチ（屋敷道）　ヒラノカイドウ（平野街道）　ヤシキアト　フルミチ（古道）　フルアン　山口　小松　黒木　市丸　牧原　吉松

〈浜玉町〉　明治 22 年大村〜明治 29 年〜玉島村　昭和 31 年〜浜崎玉島町　昭和 41 年〜浜玉町

南山上・南山下
話し手：楢崎正秀　楢崎悟視　尾崎敏和
聞き手：飯田州人　眞田珠里
テラノマエ　クルマンマエ　ナカンヨリ　コガバタ　セトグチ　カラト　イシノマチ　ブショウデイ　タマシマ　アサイ　ウシロンサコ　ナカナワテ　タンジリ　ヤタロウ　ウシキ　ゼンモンイシ（禅門石＝ヒニンイシ非人石）　イタヤ　タケンシタ　トキナガ　ネコイシ　テラヤマ　ナマルダン　イワランサコ　イノサコ　チャエマ　ウシノミネ　ノミタ

土井・玉島・南山下
話し手：下川一幸（昭和 37）、吉村宗一（大正 3）、深堀達夫（明治 43）、稲毛さん、ガソリンスタンドのおじさん、藤井さん、上野寿彦
聞き手：井寺洋、今村崇、梅津由理、王丸京子、西野真美子　　ウシロンサコ　オエ　カラト　ゴタンダホリカワ　シキマチ　ショウブ　シロイシ　セリダ　タマシマ　タンジリ　ナカナワテ　ニシヤマ　ノミダ　ヒエザカ　フチガミナカナワテ　ミナミホリカワ　ミナミヤマナカナワテ　メヌキ・目貫　大江　中縄手　渕上中縄手　南山中縄手　五反田堀川　堀川　敷町　比恵坂　田尻　白石　西山　芹田　目貫　昌蒲　ナマル　カワバタ

南山上
話し手：吉森栄（昭和 7）、野田廣仲（大正 11）
聞き手：園田純子、道場亜矢
猫石井手　ガブロ井手　茶屋　飴屋　桶屋　車屋　新宅三宅＞＞　サカイダ（境田）　裏＞＞　トンモト　ナカンヨリ　名丸＞＞　サダヘイダ（定平田）　ナワシロナラビ（苗代並）　ヨシムラダ（吉村

田）マエダ（前田）　クルマンマエ（車前）菖蒲坂＞＞ナマルダン（名丸段）　ウシミネ（牛峰）　イワランザコ（岩乱坂）（シラカガヤマ（白賀山））上木場＞＞ヒエンザコ（比恵坂）　シラカガヤマ　ニシノ（西野）

### 千原・南山
**話し手**：佐々木静男（大正10）
**聞き手**：末継智章、徳永義行

センギダ　ドウマエダ　テラダ　ヤシキダ　マエダ　サンダク　マツモト　チワラ　タキモンヤマ　ヤタロウ　イザコ　チワラ　ガブロ　ヒガシ　タカイシガキ　カキノキノイエ　モウモウノ家　ヤエザクラ　ますノ木　おおいわ　クルマゴヤ

### 岡口
**話し手**：久保田新（昭和22）、渡辺大吉（大正7）
**聞き手**：荒木和憲、久保琢生

バクチイシ（博打石）　タチンカワ（太刀川）　ドンドンバシ　ゴホンクス（五本楠）　タタミイシ　カクシバタケ（隠し畑）　オニガジョウシ（鬼ヶ城趾）　オオチリダメ　ムックリダシ　フルタ　マツモトサマ（松本様）　アナカンノンサマ（穴観音様）　タタミイシ　カクシバタケ　オオチリダメ　ムックリダシ　アナカンノンサマ　フルタ　オニガジョウアト　サジ　ドンドンバシ　タテイシ　マツモト

### 谷口
**話し手**：池田群治（大正13）
**聞き手**：本田みどり　松木亮子

ヤマダ　ハゼノキデェ　マエダ　ナガタ　シショウマキ　ハッショウマキ　ヒロモン　タタラ　テンジンダ　タタラバシ　川崎水路　川崎井手　立中井手　イノコザキ　キョウヅカ

**話し手**：江里繁紀（昭和20年）　草場甫紀（昭和15年）　草場隆（昭和15年）　横山恒雄（昭和10年）
**聞き手**：幸野和之　古賀大貴　吉野泰
地名の記録を欠く

### 渕上ふちのうえ
**話し手**：佐々木弥寿（大正8）、佐々木信綱（昭和18）、佐々木正訓（昭和23）
**聞き手**：森田寿子　山中麻理

クランウエ　ナルタキ　シャーポージ（西方寺）　イワブネ　サヤンモト道祖ん本　マエダ（前田）　ウオミダイ魚見台
**組合名**：奥祖　谷ノ浦　上組　中組　下組　宮本
めくらおち（盲落ち）＞＞　梅谷＞＞
**話し手**　中山勝政 s23
**聞き手**　服部英雄

ナカノハマ（中ノ浜）　ゲンバ（ゲンバノ鼻）　ワダ（和田）　タテイシ（立石）　オキノセ　シモノセ　マツウラゼ

### 金草かなくさ
**話し手**　内山伊代助（大正10）
**聞き手**　音成久美子、緒方由美子

カサネイシ　アカイシ
マツビラ（マツベラ）松平＞＞スゲンタニ・スガンタニ　ナカンヤマ　シンナシホウ　ムコウヤマ
オオビ（大肥・太肥）＞＞ヒノクチ
ウチダ（内田）＞＞カワバタ（川端）　キシダカ　サガリ
ダイラ（台羅）＞＞トオゲ
ボシガワ（帽子川）＞＞タノカシラ
狐石＞＞カゲンヤマ
**聞き手**：服部英雄
トウゲ　タノカシラ　シンナシホウ　ムコウヤマ　サガリ　キシダカ　カワバタ　ヒノクチ　カゲンヤマ　クロダミチ黒田道　アカイシ

### 渕上（金草、金草平）
**話し手**　福本博夫妻
**聞き手**　服部英雄

タコンデン　キシダカ

参考：佐賀県小字名調
大江組　川原　勝川　丸尻　大江　三角　堂ノ元　梅ノ木元　中縄手　沖田　目貫　牛島　丸駒

### 五反田
**話し手**　重勝（昭和4）
**聞き手**　久我高広、斎藤司

簗場＞＞　サガリマツ
川上＞＞ウノクビ（鵜の首）
五反田＞＞　シロヤマ（城山）
南山＞＞
一本松南山上＞＞　チバル
**話し手**　楢崎正巳（大正6）、田中稔（生年月日不明）（区長）
**聞き手**　兼行浩平、川添竜二

サカタ（坂田）　井手端しいど　ドンドン橋　ダイモン（大門）＞＞シンデン（新田）　タシロ（田代）
はぜの木出井　ヒキジ（引地）＞＞　シロヤマ（城山）＞＞　イナヨシ（稲吉）　ヤマダ（山田）　ニ
オウ（仁王）＞＞　シマダ（島田）　井手端　シイド（水戸）

**話し手**　大場昭博 S11　岩田千二 S15
**聞き手**　服部英雄

オタイショガワラ（御旅所川原）　タチ（太刀）　ナカンクルマ　スイド（水戸）　天神山＝ウエンシュ
ウジ　シタンシュウジ　クルマ　ゲンソバ　カミ　ミヤノモト　いでばた道路　ジョンタニ　ショウ
ノヤ　サコガシラ

**話し手**　小形剛（昭和 7）、田中稔（昭和 10）、川崎護（昭和 8）
**聞き手**　磯辺貴志、今村一樹
地名の記録を欠く

## 平原ひらばる

**話し手**　田中幸一郎（大正 3）、脇山シズエ（明治 43）
**聞き手**　内野美穂、小早川真理

オオソマガワ（大杣川）　今坂＞＞ヒョウシロ　ホカドノ　ハラダ（原田）　ムダ　カミナゴウ　ジョ
ウゴ　カンノンザコ（観音迫）　ウダ　サンシュウ　ウラダ　オオソマ（大杣）　カナクボ（金久保）
ホリキ（堀切）　シタガマエ　ミョウジモト（明治元）　チカミチ（近道）　コソマ　スギ　タワライ
シ　ナイシ　シカノ（鹿野）　タケ　タテイシ　イワダ　ホソンザコ

## 平原・古瀬

**話し手**　筒井勲（大正 10）、青木盛雄（明治 43）、田中博敏（昭和 18）、国分スガノ（大正 11）
**聞き手**　下東由紀、久光元貴

コウバタ　ナカノ　カンノサコ　ナナマガリ　コウタワライシ　サンカクベラ　イツガタ　タワライ
シ　クラサコサマ　シボ　ヤンサコ　イッポンマツ（一本松）　シロボ　サボコイシ　オツタワライ
シ　タケンヤマ　オオサコガシラ　シンメイギョウジャ　ヒロバ　アンシャンバタケ　コウジンドウ
テンジンサマ　ビシャモンサマ　カンノンサマ　ションザンサマ　ハツマサマ　シンヤ　ホンヤ　ヒ
ケジ　マエ　ウチ　ウラ　カミゴセ　アオキマエ　イシワラ　カラツマ　オオゼマチ　ナコダ　ドウ
ノシタ（堂の下）　ツメンフチ　アタゴサマ　イホリノタキ　ナナマガリ　サンカクベラ　ヒロバ
ソノダ

## 平原・柳瀬

**話し手**　加茂静夫（大正 9）
**聞き手**　樫山修、児玉亮一

ウノクビ　トオリヤナギ（通柳）　ウメンサコ（梅んさこ）　ウダ　シマダ

## 平原・辺保

**話し手**　岩宗富美子（昭和 40）、岩宗力（昭和 13）、岩宗ミエコ（昭和 9）
**聞き手**　朝稲忠信、宮内洋子

辺保＞＞ウラ（裏）　ウランタニ（裏谷）　ヤボグチ　ヨスケダ（好助田）
辻＞＞フジオ（冨士央）
前＞＞ハルダ（春田）
東井戸原＞＞フカサコ（深迫）　トノンカゲ　ワスダ（ワセダ）
北井戸原＞＞イドワラ（井戸原）

## 座主・平原

**話し手**　吉村直喜（生年月日不明）
**聞き手**　高月勇介、田中洋一
地名の記録を欠く

## 保坂・平原

**話し手**　浦田洋一（大正 9）　前区長の奥さん　吉村一彦（明治 43）　浦田政史（昭和 28）
**聞き手**　田口美由紀　田中美奈子

ツジ　ミズノンバ　トノンヤマ

## 戸房・平原

**話し手**　加茂定国（昭和 10）　加茂和子（昭和 14）　加茂サヨ（明治 36）　平尾友枝（昭和 11）
**聞き手**　丸山金満　瀬戸紘美

ユノシリ（湯ノ尻）　サンダタ　ヒノサカ（日ノ坂）　マエダ（前田）　ヒノモト　キシダカ（岸高）
トリゴエ（鳥越）　テラノオ（寺野尾）　イワゾエ（岩添）　テラノ　ハチロウモリ（八労森）　前田井
手　サンダタ井手　アブチ井手　テラノ井手　ホンケ　アンノモト　カマエ　シタガマエ　カマエン
サキ　カンネワラ　マゲモンヤ　カシラ　ハシ　サガリ　ヒガシ　コーラ　ドンウラ　アタラシイ
（イ）エ

## 中原・平原

**話し手**　諸岡進（明治 41）　諸岡正人（大正 13）　諸岡義之（昭和 11）　諸岡三江子（昭和 15）
**聞き手**　高尾英和　高橋将晃

キタゾノ（北園）　コウジンドウ（コウジン堂）　ヘイタロウザカ（兵太郎坂）　ネコイシ（猫石）　ワ
クドイシ（ワクド石）　フナイシ（舟石）　イッポンマツ（一本松）　スキサキ（鋤先）　ナカオダ（中
尾田）　カミナカオダ（上中尾田）　タツノシタ（辰の下）　ナカバル（中原）　マツヨシ（松吉）　ハ
ルノタニ（春ノ谷）　カミグミ（上組）　ナカガワダニ、ナカンダニ（中川谷）　ハナミネ（花峰）　病
院　油屋　コウジヤ（麹屋）　カラスマル（狩集丸）　玉屋　飴屋　マゲヤ（曲屋）　カシラ（頭）　シ

モガマエ（下構）

### 大野・平原
**話し手** 脇山敏枝
**聞き手** 佐野裕子　水原菜穂子　水田春子
ホカゾノ（外其）　ナルタキ・ナルタケ（鳴滝）　ジョウミョウ（上妙）　ニシノオトシ（西のおとし）　ヤマグチ（山口）　タケンマエ（嶽の前）　タテイシ（立石）　アラバタケ（あらばたけ）　タカイシガキ（高石垣）　タンダ（反田）　ウエンカド（上の角）　イデンマエ（井手の前）　ナカノ（中野）　タケ（嶽）　オオソバ（大杣）　シタガマエ（下構）　ホリキリ（堀切）　カナクボ（金久保）　ヒガシ（東）

### 飯塚・平原
**話し手** 脇山一美（昭和13）
**聞き手** 佐野裕子　水原菜穂子　水田春子
オオゼマチ（大ぜまち）　イシワリダ（石割田）　タロラ（たろら）　ウエンタ（上の田）　タツノツジ（タツの辻）　ウランサコ（裏の坂）　エンシャンダ（えんしゃん田）　ハルダ（原田）　コウラ（こうら）　タニ（谷）　シンタク（新宅）　オオサコ（大阪）　オオサコガシラ（大阪頭）　ハライハタ（払畑）　ナルタキ（鳴滝）　マツオ（松屋）　イワノ（岩野）

### 鳥巣とりす＊鳥巣山
**話し手** 吉原伸治（昭和16）（区長）、吉原洋子（昭和13）
**聞き手** 井上裕子、井本有香
ユミオリ　キシタカ　ナミノキ　アツマンダ　コバ　ウーホキ　ウウブケ　ウシロ　ウド川（宇土川）　グミノキ　ケイカンダ　コイド　サブダ　シンデン（新田）　ナガバサコ　ヌカリ　ハルノサコ　ヒラキダ（開田）　マエダ（前田）　ムカエノ　ユルキダ　サブダ（平野岳）　アツマンダ　キシダカ　ムカエノ　シモヤシキ　コバ　ナシノキ　シンデン　グミノキ

**話し手** 田中静夫（昭和5）
**聞き手** 相田怜子、荒川久美子
椿山ため池
鬼杉＞＞オノスギ　ジョウセンダ
クスノモト＞＞クスノモト　ヤマノタニ
オトノマワリ＞＞シイノキ　日当＞＞タニゴンサク
原田＞＞ムカエウラ
木下＞＞オオジモ（大下）
岡四郎＞＞ムカエマエ
前田＞＞マエダ　ヒコッチ
向大□＞＞マツノモト

烏木＞＞ジャーラ（平）
中ノ平＞＞ジコ　コトゲ真木＞＞ハルダ　アマガマ　カンコダ　ナシノキ
スイモン田＞＞スイモンダイ　宇土川＞＞ウドカワ　ゼンカイダ　山口＞＞ヤマグチ
**話し手** 田中元二（昭和12年）
**聞き手** 鶴本克也　原田俊介
ムコウ井手　タカイシガキ　中ドリ　タンノシタ　タンノウエ　サカ　コウジヤ　役場　シンヤ　カミノハシ　インキヤ　ミセ

### 横田上よこたかみ　上横田
**話し手** 有須田津義（75）、阿部タカシ（76）、川上朔子（76）、内山キヨコ（76）、有須田智恵子（74）、岸山峯代（70）、松永ハルミ（79）、新郷ヨシエ（76）、松永ミヤ子（70）
**聞き手** 藤井綾子、井上登美子、森田章子
ミドリ　シラノ（城野）　オオゾノ（大園）　ウッシマ（牛島）　スガワラ（菅原）　ヤンモト（山本）　シタンタニ（下谷）　コゾンダニ（小園谷）　フカマチ（深町）　サヤンカミ　ナカナワテ（中縄手）　モチヤス　スギマツ　エガワ　カナタケ（金竹）　テリダ　アリノマイ

**話し手** 内山直樹
**聞き手** 服部英雄
びわの木　かぎた

### 横田下よこたしも　下横田
**話し手** 吉原朝子（明治43）、進藤睦雄（昭和6）、脇山淳（昭和13）
**聞き手** 竹原あゆみ、田中千賀子
後ノ谷＞＞カイゴミ（貝込）
大谷＞＞フカサコ（深迫）　ホトケンタニ（仏谷）　ヒラケダ（平ヶ田）　キシダカ（岸高）
小山田＞＞（なし）
桂＞＞クアンサコ（桑坂）　タチベ（立部）　ビタイテンサマ　ジョウゴダケ（城ヶ岳）
金ヶ坂＞＞ヨシノサコ（吉野坂）
草場＞＞エンジンボヤマ　クルマヤ（車屋）　ミヤンモト　テンジンヤマ　ニタンカミサマ　コウジヤ　ゲンソバ
隈本＞＞オオツジ（大辻）
通木＞＞コバサコ（古坂）　イワブネ（岩船）　ニシコロシ（西殺）　トウロキジモ（通木下）　タカトリ　カゴタテ　ミュウトイシ　ワクドイシ　シンナシ（新梨）
中道＞＞（なし）
灰久保＞＞（なし）
羽子坂＞＞（なし）
花峰＞＞ナカンツボ

**話し手** 横山達男（昭和10）
**聞き手** 森上二三香、渕上由香利
トウジンガワイゼキ（唐人川井堰）　アリソイセキ（有祖井堰）　テンジンノウラ（天神裏）　センギダ（線議田、詮議田）　コウマチ（耕町）　スナダ（砂田）　ヨシダ（吉田）　シモタジマ（下田島）　ヒラヅカ　平塚　オオリャゴ（オオリャーゴウ、大荒後、大荒川）
**話し手** 阿倍日吉（明治44）ヒイバル（干居）　ツキオカ（月岡）　ヨシダ（吉田）　ニシダン（西谷）　ニシタジマ（西田島）　ヒッテンジン　タカニシテンジン　トリゴエテンジン　トンボヤマ（十棒山）
**話し手** 宮崎辰生（区長）　宮崎和美　宮崎義則　吉岡照晃　横田下の班長
**聞き手** 大嶋健司、太田尾剛
記録を欠く
**話し手** 加茂晃生
**聞き手** 服部英雄
岩坂　東田島　西田島　寺山　寺坂

〈浜崎〉　明治22年～現在の大字名。初め浜崎村。大正11年～浜崎町。昭和31年～浜崎玉島町。昭和41年～浜玉町。

浜崎
**話し手** 重俊雄（昭和20）、近藤甚三（大正3）
**聞き手** 井上結、伊東優子
ヤマノシタ（山の下）　ゴンゲンダニ（権ゲン谷）　ムカシコバ（昔木場）　アラダニ（荒谷）　ビワノクビ（びわの首）　ウノクビ　ヒガシヤ　ニシノヤ　ナカ（テンチョウヤマ）　クスリヤ　コウジヤ　マツバヤ
コウヤ長畝＞＞コッテシンガイ（コッテシンギャー）
松原口＞＞
ツキオカ沖田＞＞
カギタ下砂＞＞
シモニジバヤシ干居＞＞ムタ
**話し手** 川上文伴（昭和20年代）
**聞き手** 柿原知美、小林浩子
ニシンクチ（西ノ口）ゴンゲンヤマ（権現山）ハタケンナカ（畑ノ中）　タバタ（田畑）　ツギショ（継所）　ナカドオリ（中通り）　イママチ（今町）　コッテシンガイ（男牛新開）ムタ（牟田）マツノシタ（松ノ下）　スザキ（州崎）　クボドオリ（久保通り）　ウラモン（裏門）　ケンノショウジ（見ノ小路）　オウゴンヤ（黄金屋）　モリドンショウジ（森戸ノ小路）　バンジュヤ（萬塩屋）　ハシグチ（橋口）　ヨコマチ（横町）　ガンギ（雁首）　サンゲンヤ（三軒屋）　デグチ（出口）

横山達男（昭和10）　森上二三香、渕上由香利
ヨコダ（横田）　コッテシンガイ（男牛新開）

●大江
昭和50年～現在の浜玉町の大字名。
浜玉町淵上・浜崎の各一部が合併して成立。
**話し手** 増田寿之助（大正7）、溝江年英（昭和5）、松尾健次郎（昭和8）
**聞き手** 福嶋清佳、吉武千代
キバシ（木橋）　ウノクビ　セメン川　牟田川　椿山溜池

●東山田
東山田村、明治初期～明治22年の東松浦郡の村名。山田・野田2カ村が合併して成立。東山田明治22年～現在の大字名。初め浜崎村。大正11年～浜崎町。昭和31年～浜崎玉島町。昭和41年～浜玉町の大字名。

小山田・峰門
**話し手** 樽崎テルヨ（大正2）、隈本勝（昭和25）、隈本真由美（昭和12）
**聞き手** 佐藤史織、玉川雅裕美
峰門＞＞ヤマンタ　イタヤ（板ヤ）　コヤマタ（小山田）　イタヤンマエ（板ヤン前）　ヤマンタガワ　コヤマタガワ（小山田川）　コヤマタゴエ（小山田越）　カリマタヤマ（刈又山）　スゲンタニ（末下谷）　ウシロンタニ（後谷）　オオツジ（大辻）
千原＞＞タケンシタンミチ（竹下道）

野田
**話し手** 栗原五十男（昭和3）
**聞き手** 武富陽平、田中慎介
シンヤシキ（新屋敷）　シンヤシキシタ（新屋敷下）　ヒガシ（東）　アマツツミ（天堤）　アマツツミノシタ（天堤ノ下）　イデンウエ（井手上）　イデンシタ（井手下）　カゲノタニノウエ（陰ノ谷上）　カゲノタニノシタ（陰ノ谷下）　ハラ（原）　ハジデ（橋出）　ヤリノモト（槍本）　ナカノセト（中ノ瀬戸）　ウシグチ（牛口）　コウジヤ（麹屋）　シトキダ　オオイシ（大石）　ノダンマエ（野田前）　ドウノツジ（堂ノ辻）　ヤマノウシロ（山後）
西ノ迫＞＞シロバ（白場）　大良＞＞コボシノ（古星野）
中河内＞＞ウランタニ（裏ん谷）　長石＞＞ナガイシ（長石）
小原＞＞コバル（小原）　三反田＞＞サンダタ（三反田）
野田＞＞カショバル（カソバル）　カタタ白水＞＞エノキシタ（榎下）　フジント

## 山田
**話し手** 市丸義男さん宅の老婦人　古藤栄記　古藤義明　古藤武　JA松浦東部堆肥センター職員2名
**聞き手** 佐藤裕介、田中康道

鏡山＞＞ムトウ　カガミヤマ（鏡山）
姫小路＞＞ヒメコウジ（姫小路）
二ノ股＞＞クゲンナカ　フタンマタ（二股）
岩根＞＞セド
小山田＞＞コヤマダ（小山田）
小原＞＞コバル（小原）
大原田＞＞ゼダ　オオバルダ（大原田）　ミチバル（道原）
田中＞＞イチノセ（一ノ瀬）
赤野＞＞カタタ　アカノ（赤野）　コウゴウヤマ
外原＞＞ソトバル（外原）　細工作＞＞サイヅクリ（細工作）
古藤＞＞ガランダ　オキャシダニ　上古藤＞＞ドウトクヤマ（道徳山）　カミコトウ（上古藤）　夕利堂＞＞シロイシ（白石）　ヤシロしゅうじ：
イワンネ（岩根）＞＞コトウガマエ（古藤構）　ムコウガマエ（向構）
ナカグミ（中組）＞＞タケンシタグミ（竹ノ下組）
シモグミ（下組）＞＞

＊「東松浦郡村史」に記載の字畑工作（はたこうさく）は細工作（さいくつくり）。字山道（やまみち）は山口。

## 菅ノ谷
**話し手** 川崎八洲博
**聞き手** 田中充久

野田　菅ノ谷＞＞ハシモト　ヤマダグチ　シッタダ　フジノト　クギノ　ゴマダ　オオマタ　ドキテ　コマタ　ヒラノヤマ　ヒエイダ　デミズ　サンタダ　アマノツヅミ　シンヤシキ　ハシデ　カラキザコ　ナカノセゾ　ナガイシ（長石）　シロバ（白原）

## 瀬戸
**話し手** 中村一男（大正14）　匿名希望3名
**聞き手** 櫻井菜穂子　高木茂子

セトマエ道　ヤブレ溜　ケンカ溜　ヤマグチ　セトマエ橋　カミノキデ　ジュンコガ　セトマエ　セトマエノイデ　ジュンコガイデ　ダイライデ　ナカオイデ　ナカオ橋　セトマエ道　ボウゲットウ山　タケンコガ山　オオヒラ　ワダメ山

## ●山瀬
山瀬、もとは星領村（厳木町）のうちの字山瀬。
明治22年〜現在の大字名。初め浜崎村。大正11年〜浜崎町。昭和31年〜浜崎玉島町。昭和41年〜浜崎町の大字名。

## 下山瀬
**話し手** 岩村しまこ母（明治44）、岩村三郎（大正11）
**聞き手** 上村太一

カラツワタデ　寺ヤシキ　アゼノハシ　キト　アラコダ（荒川田）　ウラノサコ（浦ノ迫）　山ノ上　ウシロンダラ　ナナマタダメ　クロ　キトウ　先ノ高木屋　□成　キラヤ　アブラシメ谷（アブラメ谷）　サジロウノカマ　ウシウン平　山ノ上　川ガアワヒケンカラ（？）　ナカゾ　キシダカ

**話し手** 矢野（昭和6）　溝部（昭和11）
**聞き手** 上村太一　上田優子

山上　立石　荒川　道ノ下　マリ石　浦ノ迫　山田坂　油メ谷（油しめたに）　川口　畦ノハシ　キトヲ

**話し手** 蓮池さん（大正8年）　宮崎さん（区長）
**聞き手** 土屋萌子　本田恵理
地名の記録を欠く


## 〈厳木町〉　明治22（1889）年〜昭和27（1952）年

## 天川あまがわ
**話し手** 山田利幸（大正11年生）、草場準吉（昭和4年生）、草場勝美（昭和15年生）
**聞き手** 本吉大介、一田、富田

オオマタ　サカイムタ　メクラフチ　ヤマインガクラ　トオリイシ　スミヤマノタンナカ＊　ムギミヤノタンナカ＊　カツラギノタンナカ＊　コトウゲノセキ＊　オサキノセキ＊　イデマエノセキ＊　ヤナギノモトノセキ＊　フルコノセキ＊　オオヒガシノセキ＊　オイノクマイデノセキ＊　ハタケダノセキ＊　タカオノセキ＊　タノシタノセキ＊

## 中村
**話し手** 山田利幸（大正11年生）、草場準吉（昭和4年生）、草場勝美（昭和15年生）
**聞き手** 半沢深雪、町永千佳

ワカミヤジンジャ＊　ベンザイテン＊　ヤマジンジャ　トオリイシゴンゲン＊　ギオンシャ＊　ヤフサジンジャ＊　クロウシャ＊　カワガミサマ＊　シラコカンノン＊　サンゼンミゾ＊　ミョウケンダイボサツ＊

山口
**話し手**　山田利幸（大正11年生）、草場準吉（昭和4年生）、草場勝美（昭和15年生）
**聞き手**　半沢深雪、町永千佳
ヤオテノダイラ＊　カケカンノン＊　シチロウモリ＊　イシドウサマ＊　シラカバミチ＊

榎之元
**話し手**　山田利幸（大正11年生）、草場準吉（昭和4年生）、草場勝美（昭和15年生）
**聞き手**　半沢深雪、町永千佳
テンセイジ（天聖寺）＊　シラタマダイミョウジン＊　コンピラサマ＊　ユウトクインサマ＊　コウサツバ＊　カヤノキ＊　コウシンサマ＊　ロクメンジゾウ＊　ダイニチニョライ＊　コウジヤ＊　ミズグルマ＊　ヤフササマ＊　ツエトリボトケ＊

田久保
**話し手**　山田利幸（大正11年生）、草場準吉（昭和4年生）、草場勝美（昭和15年生）
**聞き手**　半沢深雪、町永千佳
アマガワショウガッコウアト＊　ヤオテノカンノン＊　テンジンサマ＊　ホンリュウジ＊　シチメンダイミョウジン＊　ベンザイテン＊　バンヤノモト＊　タクボケセンゾノヒ＊　オンタキ＊　ミズクチデラヤシキ＊　アマカワクボチ＊　ジンノヒラ＊　ゴニンヅカ＊　ヨナキザカ＊　タチアライガワ＊　バイラヤマ＊　コオリヤマ＊　オトワガタキ＊　タクボ　イコイバ　オオヒガシ　ヤオテノカンノン　テンマングウ　ケエドンタオ　オイノクマ　オカンフチ　イビンクチ

厳木　キュウラギ
**話し手**　三塩正次（昭和17年生）、中島亀夫（昭和7年生）、戸川好司（昭和13年生）
**聞き手**　種村新、財部修平、砥綿啓晶
ギオンヤマ＊　コビキダニ＊　トクブチダニ＊　ツルゴンゲンサマ＊　ゴロウバシ＊　オオタニ＊　フルミヤ＊　ムロゾノジンジャ＊　オッタチョモリ＊　フルデラアト＊　クビナシロクジゾウ＊　チョウゲンジ　ヤマベタ　ヒノカミサマ＊　ヤフササマ＊　ソヤンカミ＊　ヤマンシタンミゾ＊　アテノキ　ホッカイドウ

瀬戸木場
**話し手**　渕上さん他2名（記録を欠く）
**聞き手**　入江宏一、南野朋樹
ヤマジンジャノモリ＊　カミヨセノモロカミ＊　チョウジャタン＊　イチノタン＊　シモ＊　ヒガシバル＊　マツノモト＊　ヒランコバ＊　ヒロミ＊　エボシワ＊　ホカオダニ＊　オオタニ＊　ミズノモト＊　ウウオヤマ＊　メハズ＊　ウランツツミ＊　マエンツツミ＊　マルヤマ＊　マエダ＊　マルオ＊　クロカワ＊　モトウラ＊　タカオ＊　ナカノマ＊　マコシロウコバ＊　カゴタテバ＊　ナカベ＊　ウツコシ＊　ヤシキノハタケ　フルハカ＊　フダドコロ＊

鳥越
**話し手**　荒久田宝（大正11年生）
**聞き手**　波多江俊介、堀之内良太、森崎大地
ヒガシ＊　ミナミ＊　キョウヅカ＊　セト＊　タコウ＊　タキノエ　オオウエ＊　オニノテガタイシ＊　ベンテンジン＊　ギオンカミ＊　イナリジンジャ＊　アミダニョライ＊　ヒャクマンサマ＊　コウボウタイシ＊　ケタヤマ＊　ヤマナカ＊　クタンダニ＊　ウツボダニ　オオクエ＊　ウソ＊

中島
**話し手**　島昭敏（昭和3年生）、市丸通儀（昭和5年生）、堀江普左男（昭和4年生）
**聞き手**　西村旦
ヤンタン＊　クスノキダニ＊　ミズアライ＊　ヤクジンモリ＊　フナバシ＊

平之　ひらの
**話し手**　秀島（大正15年）
**聞き手**　野島義敬、松迫知広
ジョウノ　トオシゴンゲン　ホンカド　ダミチ　ゴコクジンサマ　ミョウジンヤマ　イワツミ＊　サクラダケ　サクレイザン　サクレイジンジャ＊　ホキノカワ　オオタキカンノン＊　タイコウイワ＊　テングイワ＊　オオトウアザ＊　ゴウシガシラ　ヤシキ　オオダアラ　コダ　アカマツ＊　ワラホシバ　サカグチ＊

広瀬
**話し手**　真名古ケサヨ（大正12年生）
**聞き手**　長嶺哲郎、岸川淳見
マツンモト＊　オオヒラ＊　ミザナ（水穴）　イシゴロビ＊　カクレコバ＊　ムカイヤマ　アナテ＊　イリュウガワ＊　ハリイデ　カンノンイデ＊　カナブチ＊　ツキモシ＊　オチヤ＊　ナカガワラ＊　シモガワラ＊　ノドノフチ　ユブネ＊　タテイシ　ハチニンカガミ＊　ハイバラ＊　ミッチリダニ＊　シラキノタニ＊　アマリノタニ＊　ムジャナタニ＊　イシハラ＊　ヨコテイシ＊　テンジンモリ＊　ショウヤシキ＊　イイン＊　ニシノウド＊　ミヤジダケジンジャ＊　ミヤヤシキ＊　ヒロセショウヤヤシキ＊　タコウラ　サカイノ＊　ヤマノウエ＊　タクノ＊　ヤケノ＊

本村・前田
**話し手**　平形唯利（昭和6年生）、平形ますえ、藤木（昭和2年生）、大塚としえ（昭和5年生）
**聞き手**　松田亜由美、割鞘優子
イッポンツバキ　シシヤキ　ヘボノキ　キクロ　ウランジャラ　ホンヤ＊　インキョヤ＊　ヤクバ

＊　ナカドオリ＊　シモ　ヤクロウ　ハルダ　シシヤキ

### 片原
**話し手**　平形唯利（昭和6年生）、平形ますえ、藤木（昭和2年生）、大塚としえ（昭和5年生）
**聞き手**　松田亜由美、割鞘優子
クロンモト　ウランタニドン　アセビドン
**話し手**　藤木為郎
**聞き手**　松田亜由美、割鞘優子
楮原カゴバル＊　片原カタハラ＊

### 新屋敷
**話し手**　野田憲治、中尾安政
**聞き手**　景山貴昭、川上雅史
オトメガイケ＊　ゴケンイワ　ワンノセ＊　シンヤシキ＊　ゴンゲンサン＊　ゴンゲンブチ＊　ドンドンブチ＊　ビョウブイワ＊　ヒラヤマトウゲ＊

### 杉宇土
**話し手**　家原正光、家原久海
**聞き手**　景山貴昭、川上雅史
シタガタ　ムカイタ　オムカエ　マエダ　ヤマダ　カゴグラ　タカヤマ　ウラヤマ　マエヤマ　サラシヤマ　ミョウガセイデ＊　ホンタン　ホンタスイロ＊　シンヤ　ホンヤ　タコ　ホンケ　ワタヅミ神社　ギオンサマ＊　クマヤマサマ＊　ウシガミサマ＊　タブノキノイシガミカミ＊　ミョウケイサマ＊　オオヒラ

### 牧瀬
**話し手**　三塩正人（大正8年生）
**聞き手**　清水朋美、藤原友基、向江彩乃
イシワラ　シモグミ　ナカグミ　ヒトオドリ　シモマキセ＊　イデノハタ＊　ウラガワチカワ＊　カミノモト＊

### 本山・高倉
**話し手**　新開明雄（大正9年生）、新開ハツ（大正8年生）
**聞き手**　川嶋拓恵、金淑美
イデンダニ　イチリヅカ　ノギサンイワ　コウシンサン　スミヨシジンジャ　イワヤユウビンキョク　イワヤタンコウ　スイシャ

### 椋の木・舟木谷フナキダニ
**話し手**　笠原三代次（昭和5年生まれ）、松尾瑩彦（昭和5年生まれ）
**聞き手**　石橋秀基、黒川雅俊
イデノタニ　ダイカンシモヤシキ　イチリヅカ　ヤナモト　ノギサンイワ　イセキ　ゲキジョウマチ　コウシンヅカ　スミヨシジンジャ　イワヤエキ　イワヤユウビンキョク　テイシャバマチ　マツンモト　ウラタ　モトヤマムラムラナカ＊　カイジマタンコイウ＊　ノチウラタ＊　ウラタガワ＊　サツマヤマ　イワヤタンコウ　ショクニンマチ　ビョウインニコウマチ　ヤマンカミサマ

### 浦河内
**話し手**　篠原鶴太（昭和12年生）、嶺川隆敏（昭和7年生）、秀島安さん（昭和14年生）
**聞き手**　松澤博幸、深川正樹、松雪和倫
コンゴウベラ　クリノキゴラ　コウチカンノン　コオチ　ドウノシタ　ロクジゾウ　ドウゾノ　テラハッタ　テンジンモリ　ウメゲンサカ　ゴウシキセキ　ヒラバタケ　フロンモト　ゴウシキフロ　ヨコデ　アイノキ　ケンサコ　タケノシタ　ナカジマゴエ　ウラサコ　ハッタ　シブエサマ　ショウヤヤシキ　ツツミノアト　ゴコクジンサマ　マンゾウ　ウエマツ　ウウサコ　オチアイブチ　ヤマジンジャ　ナカゴラセキ　ノオコツドウ　ゴカヤマリドウキネンヒ　サライデセキ　シモナカバル　ドウリャウ　ミズカケ　テンジンサマ　カモジンジャ　オケンクチ　ヤクシサマ　シヒ　ヤツソサマ　ヤナギ　セキダ　ナカヤシキ　フジオ　マツオ　タヌキヤマノミズ　タテカミセキ　ボウスイシ　ショウセン　ネコンタニ　ロウタニ　ベンテンヤマ　アカハゲ　コロメキ　ツメンバル　クマンヤマ　ツメンハルイデ　イデガンノンサマ　タテガミセキ　ヨボシダケ　ナカムラ　ミナミキョウドウブロワレイシ　カミナカバル　ナカムラ　カミナカバルキョウドウブロ　ナコラカンノン　キタムキノサカ　カイワセキ　ベニヤシキ　ツメンサカ　ハチンクボ　カヤバ　ヨケヤシキ　モトヤシキ　ハタケダ　カイコ　アカンタ　ハツソウノモリ　テラヤシキ　ハシカメ　フグラシバ　キリノキ　ヘエダ　ショクリンキネンヒ　アカンタセキ　クロカキ　ネンバタケ　ハンドウガネ　イネンウチ　ミネンクボ　タカンクボ　ツメンリアラ

### 岩屋
**話し手**　百武友二（大正15年生）、志氣武（大正11年生）、池田哲也（昭和5年生）、松崎和人、池田求（昭和4年生）
**聞き手**　下瀬耕三郎、宗卓哉
ゴンゲンヤマ＊　ハクサンジンジャ＊　ゴンゲンブチ＊　ヤクシサマ＊　ワンノセ＊　カサノタニ＊　イヌノタニ＊　五間岩ゴケンイワ＊　ビョウブイワ＊　ナナマガリ＊　十二曲　桃ノ峠　ノウメンドウロ＊　マタシロウオトシ＊　オトメガイケ＊

# 玄海町
昭和 31（1956）年～

〈値賀村〉 明治 19（1986）～昭和 35（1960）

## 今村　中通　普恩寺
**話し手**　八島常吉
**聞き手**　山本万平　後藤清彦　河合勇治
ウラヤマ（浦山）　タチノウエ　シモマエダ（下前田）　オノンマエ（尾ノ前）　マユド　タキノシタ（滝ノ下）　シロノヤマ（城ノ山）　カシタケ（加志竹）　イシハラ（石原）　クボ（久保）　ヤマムラヤシキ（山村屋敷）　フルゾノ（古薗）　タナカ（田中）　テンジヤマ（天神山）　コウガシラ（甲頭）　カミモンゼン（上門前）　シモモンゼン（下門前）　＊コウガシラタメ　＊イマムラタメ　＊ヤマムラヤシキ（山村屋敷）
**話し手**　女性（昭和5）　男性（大正10）
**聞き手**　森田雅子　吉田恵理
ウラヤマ（浦山）　タチアザ（立字）　シモマエダ（下前田）　カミマエダ（上前田）　ウラヤマ（浦山）　シモマエダ（下前田）　ヤマグチ（山口）　ミヤノシタ（宮下）　シモマエダ（下前田）　クギワラ（釘原）　ウラヤマ（浦山）　フオンジモンゼン（普恩寺門前）　ヤマグチ（山口）　今村川（前田川）

## 中通
**話し手**　八島一郎
**聞き手**　竹田吉寛
**話し手**　川内良男（1930年）（池田良男との記載もあり）
**聞き手**　藤本峻平　古川雄大　奥山恭子

## 普恩寺
**聞き手**　服部英雄
ミュート岩（メオト岩）　池崎　カゲビラ、しらせ・しろせ（白瀬）　コマイシワラ（コマイ石が多かった）　駄菊境（ダギクザキ）　クズレ（崩れ）
以下は平尾地（平尾分）　丸瀬　船だし　貝殻瀬　小森　三つ瀬　沖の瀬　センチンゼ（雪隠＝便所）のように平行して板状の石、その間が深く抉れる）

## 外津ほかわつ
**聞き手**　服部英雄
アゼノハナ　ハゲンシタ　オリクチ　イッポンマツ　シャアオ　シャアオノハナ　タタラ　ウウダ　アサゴ　ナガバタケ　シライワ　ビワゼ　コジマ（ユウレイジマ）
**聞き手**　柳川春名　岩淵梢
タンナカ　ツジガタ　ヒダガタ

## 下宮
**話し手**　多数から（氏名年齢不明）
**聞き手**　村上陽子　山本久美子
マエダガワ　シモマエダ　カンマエダ　ウラヤマ　クギワラ　＊ハチノツボ　＊サンノツボ　＊ナナノツボ　＊クチノツボ
**聞き手**　服部英雄
ゴノツボ（五の坪）　オサキ　イシガメ　アッカンネ（アカニャー）　マエダ　セキブシ　シモセキブシ　ミズタレ　メザキ　ハッタ　ゲンネタメ　ナカヤマダメ

## 平尾
**話し手**　敷田剛
**聞き手**　川越武志　後藤敬人
ナカガミ（中神）　ナガタ　ツジ（辻）　ハタケナカ（畑中）　コヤマ　フルノ（古野）　シンヤ（新家）　サジキヤマ　モウダシ（孟ダシ）　タブノキヤマ　サコ（沙子）
**話し手**　中山正活（区長）　長老（名前の記載なし）　嘱託員（名前の記載なし）
**聞き手**　馬場慶彦　能木慧
船出　わくど瀬　せんちん瀬　三ツ瀬　キャワラ瀬

## 石田
**話し手**　山口米男「S3年生」、山口光夫「S5年生」
**聞き手**　鈴木洋太・石田英和
タナカ　イチマイダ　カンノンダ　リュンソンナン　モタセ　シモバ　エノシモ　ショヤダ　マエダ　ババンツジ　ドンサカ　ロカジ
**話し手**　岩下初（T15年生）
**聞き手**　肝付祐子　山岡由希
ナックミ　エナカ　ヒガシガタ　ウラガシラ　ウシテバ

## 仮屋
**話し手**　岩下初（T15年生）
**聞き手**　肝付祐子　山岡由希
タタミイワ　オサカケマツ　ハナレダタミ　アカバタケ　コッポヤボ　シシノクチ　ニシガタ　サクイチマツ　センニチマツ　テランシタ　トリツキマツ　ジュウゴロサンクンチ

### 仮立かりたち
**話し手** 片山（不明）
**聞き手** 竹田祐貴　山崎秀則

ヤマムラヤシキ　ジョウノヤマ　テンジンヤマ　モウダシ　キジノオ　タチキ　ノナカ　タキノシタ　ゴウヤ　タケヤマ　ヤクシヤマ

### 花ノ木
**話し手** 八島正人（T4）、八島常雄（T14）、加藤一（T14）
**聞き手** 高橋将晃、谷口良

オック　マブシ　イチミャーバタ　サンカク　ゴセエバタ　ロクノセ　ナナセ　ハチノクボ　ココノセ

### 鬼木
**話し手** 笹田泰司
**聞き手** 大橋強　小宮通充

イシワリダ（石割田）　イチドウ（一堂）

### 浜野浦
**話し手** 吉田喜人（浜野浦区長）
**聞き手** 栄留卓哉　矢野貴寛　山根賢典

クツ越　長倉　松ノ尾　下ノ尾　高木場　丸尾　笠山　下川（シモガワ）　西浦　先べ（サクベ）　コウヨケ（大園の方）　先上場（サキウワベ）

ほか調査参加者　中島達也　野田大助

**話し手** 松本弘幸
**聞き手** 服部英雄

ドバ（土場）　フナゴヤ（船小屋）　ハマンウエ（浜ん上）　タンクゼ　アラカブゼ　タナンサキ　ミズノウラ（＊浜野浦での呼称、別位置に大薗で呼ぶ水の浦）　トサキ　カジノウラ　ナガサキガワ　ソベンウラ　シライワノハナ（白岩の鼻）　インモドイ（犬戻り）　フナトンウラ　シライワ（白岩）　シズノウラ　カナメザキ　ミズノウラ（水の浦、＊大薗で呼ぶ水の浦）　コビラセ　オオビラセ　マナイタ　ワクド　ウッソン　ニシ　ヒガシ　シモニシ　ヘイデン　ナカドオリ　ドンモト（堂元）　マルクマ　ヤマカド　アゲタ　ヒラドコ　カグメイシ（賀久目石、頂石）　タチタカヤマ　ハチコク
明治小字で位置未確認のもの
綱多田（アミタダ、納多田とあるが、綱の異体字「綱」カ）　下夕尾（シタオ）　仮谷田（カリヤタ）　大田（オオタ）　長倉（ナガクラ）　和久吹（ワクフキ）　大久保（オオクボ）　落口（オチクチ）

### 大薗
**話し手** 井上勝美（S20）、山口進（T14）、山口博（T10）、前田富幸（S2）、山口チヨ子（T12）
**聞き手** 小島奈緒美　西田早稲子

マツノ　ヤナギヤマ　マルノ　ウシロメ　＊オオゾンコウチダイニダメ　＊オオゾンコウチダイサンダメ　ナカダメ　＊オオゾン　コウチダイ　サンダメ　サンバンダメ　＊ヤナギヤマタメ　コウチタメ　ニュウドンツジ　＊コジマ　＊メザキ

**話し手** 八島強美
**聞き手** 川瀬颯人、城戸倫嗣

ホンムラ（本村）　スワブタ　トリゴエ（鳥越）　カミガタ（上方）　シモガタ（下方）　ハダコノサカ（はだこの坂）　コヤマ　オヤクサマ（おやく様）　ナガタ（長田）　ムカエ　ウシロメ　ショウサマ（庄様）　ウエニシクボノウエ（上西久保の上）　ウエニシクボノシタ（上西久保の下）　ヤマモト（山本）　クロサマ（黒様）　ハチコク　カワバタ（川端）　ミズノウラ（水の裏）　フナコシ（船かこし）　ワクドゼ　スワブタノタノシタ（すわぶたの田の下）　タノシタ（田の下）　イワノシタ（岩の下）　メザキノハナ（目先の鼻）　オキビラノハナ（沖びらの鼻）　オキビラ（沖びら）　タンコウシタ（炭坑下）　オスワサマ（おすわ様）　オオミヤサマ（大宮様）　テンジンサマ（天神様）　ハザコ　コウチダ（耕地田）　ミミキレ

**聞き手** 服部英雄

### 値賀川内
**話し手** 谷丸磯男（大正10）
**聞き手** 百田武夫　森正喜　小峰健　稲田典子

ドバ（土場）　クルマヤ（車屋）　アブラヤ（油屋）　イマムラダ（今村田）　イチノセ（一ノ瀬）　サカンネ　スミカンダ　カンダ（神田）

**話し手** 徳永博明　徳永映一
**聞き手** 福田康亮　松本裕太郎

しこ名記載なし

### 志礼川（値賀川内）
**聞き手** 服部英雄

ニシノヒラ　モリギ　ヒノデ　トンノヤマ　ミナミノワダ　ニセマチ　ホウライ　ヒノクチ　オグラ　オノマエ

〈有浦村〉　明治22（1889）年～昭和35（1956）年

有浦上
話し手　渡辺正一（昭和28年）　山口アイコ（昭和6年）　中山遙（昭和3年）
聞き手　三重野寛之　登貴信　赤崎光
有川内（アリカワウチ）　猪の爪（イノツメ）　今里（イマザト）　後山（ウシロヤマ）　梅の迫（ウメノサコ）　大久保（オオクボ）　大迫（オオサコ）　京野（キョウノ）　クレ石（クレイシ）　小返答（コベントウ）　三石（サンゴク）　下田（シモダ）　高江（タカエ）　滝の上（タキノカミ）　力石（チカライシ）　寺の上（テラノウエ）　長田代（ナガタシロ）　菜切（ナキリ）　西の股（ニシノマタ）　畑の迫（ハタノサコ）　日の出松（ヒノデマツ）　日焼（ヒヤケ）　平山（ヒラヤマ）　返答（ヘントウ）　松尾（マツオ）　山添（ヤマゾエ）　山神（ヤマノカミ）　山の田（ヤマノタ）　山本（ヤマモト）　横道（ヨコミチ）

有浦下
話し手　青木正之（S12）
聞き手　堤忍　石川裕基
ホキノマエ　ハチノクボ　カサヤマ　フカタ　コダンシタ　ムカエノ　ウチボシ　ミズノゲン　シモビラ　フカサヨ　オクインボエ　ハル　タンコウアト　ヒラノ　イエンシタ　ナガマツ　コウミンカンノシタ　白畠（シロバタケ）　影谷（カゲタニ）　梅小屋（ウメガヤ）　潟（ガタ）　小加倉（コガクラ）

新田シンデン
話し手　鬼木次郎「M44年生」、清水盛夫「T3年生」、徳永磯喜「T15年生」、宮崎ミキ「T10年生」
和田倉末雄「T14年生」、和田倉スミエ「S3年生」
聞き手　山中麻衣子、吉田優
三本松　ユビント

長倉
話し手　脇山正雄「T8年生」
聞き手　内藤隼人、服部洋輔
ヒラガタ　ヒラガタカミ　ヒラガタシモ　デイノウチ　イチノツボ　イガシラ　テイトウ　シュクノウ　イワサキ　ハギノ　ワリカケ　オニノカマ　ヒヤクチ　クマトコ　ナルタキ　タキノカミ　タキノシタ　ノツキ

諸浦
話し手　宮﨑廣美（昭和24年）
聞き手　青柳瑠那　川上尚子
ソウベエザカ（惣兵衛坂）　イチノツボ　オンノカマ　チャワンガマ　イシキ（石木）　ハマノタ（浜ノ田）　ニシノタニ（西ノ田）　ソウダハラ（宗田原）　イシクボ（石久保）　ソンダ（尊田）　カタヤマ　ババガミサマ　イデグチ　カミガタ（上潟）　シモガタ（下潟）　ヨコヤマ　ウマンフンボガシ　タカエジョウ（高江城）
話し手　宮崎忠夫（S2）、宮崎キヨエ（T15）
聞き手　志賀慈子、塔野重治
オミヤンウエ　オオミチ　ヤマンナカ　ミナミンウエ　スイゲンチンウエ　タメンハタ　ナカンツボ　＊ハマノタ　＊オオイワ　スギヤマンシタ　アカマツ　スイシャイデ　ドウトナガレ　ヤマノタイデ　カワノシリ　オオミナミイデ　ヒノクチイデ　ツジイデ　＊カケモチバシ　＊ガッコウバシ　＊ナカンツボバシ　オオミチ　チョウド（町道か）　カナカブチ　センダンブチ　カワンウエ　ナガサキ　タキノヤマ　ソウベエザカ　キチノザカ　チャワンガマ

轟木
話し手　中山松雄（T3）　中山政敏
聞き手　鈴木、久保山、長友
ムラグチ　セイダグチ　ヒロヤマ　イチノツボ　サカイマツ　シミズサコ　ホシバ　タバタ　ヒコカミダ　ナリガワラ　ウケツケ　ウシロメ　ツボンダ　ツジグチ　ヒノクチ　ナナマガリミチ（七曲道）　ヒッコシミチ

小加倉
話し手　平田英人
聞き手　後藤孝幸　藤林J.尚孝
話し手　山口清貴（生年月日欠）　他3名（名前の記載なし）
聞き手　井上蔵人　岡本惇志
いずれも地名の記録を欠く

牟方
話し手　竹下ヤヨリ（T2）、林田密之助（M45）
聞き手　古冨真奈美、力石恵美子
ミミトリ　イワハナ　フルデラ　ツキワタシ　ムカイバナ　イヌモドリ　ミミトリゴクデン　ナカタ　ヤマノカゲ　アカセド　フルタ

大鳥
話し手　峰茂光（S7）、他
聞き手　内藤隼人、服部洋輔
ヒラオ　トウゲ　タテバタケ　サカイマツ　テツンタンナカ　タメムコウ　クビキリ

以下座河内、湯野尾、田代、藤平は切木村から編入

〈切木村〉

**田代**（＊玄海町）
**話し手** 山口恵（T13.1.8）、岡本定雄（S4.11.25）、山口次義（S26.2.15）
**聞き手** 寺尾義範、富永譲
サカマツ（境松）　オニシ（大西）　サキオニシ（先大西）　ナナセタ（七畝田）　イチノサコ（一の集）　ツツミダニ（堤谷）　ミチエダ（道枝）　シモノハル（下原）　アカミズ（赤水）　シモノマエ（下の前）　サコノカシラ（集の頭）　マエダガワ（前田）　ツジノシモ（辻の下）　カンノン（観音）　ヒノクチ（火口）　タンナヤマ（たんな山）

**藤平ふじひら**（＊玄海町）
**話し手**　中島敏雄（T13）
**聞き手**　西崎望、本川喜庸
ツバキノキ　カミノマエ　コゴヤシキ　ムラノマエ　ノチキ　モチダ　エンドウ　ヤジロ　トンノウラ　マノカシラ　オオダコヤマ
**話し手**　中島正男（80歳）　中島秀雄（昭和31年）
**聞き手**　今村公裕　荒武見希
アーギャリ

**湯野尾**（＊玄海町）
**話し手**　坂本清治（T11）
**聞き手**　日岡英一、古里高博
サンダンダ　トウゲンヤマ　ミズグチ　エゴヤマ　ハチバタケ　フタツガワ　オオツケガワ　タメノシタ　オオバタケ　イチマイダ　タメノサコ　ユウヤマ　フチノウエ　コンピラサマ　カイパ　シモゴビラ　ナカグマ　シモコバ　＊ムコウイデ　＊テマエイデ　＊ナカクマイデ　＊シモグチイデ　＊カミグチイデ

**座川内そそろがわち**（＊玄海町）
**話し手**　山口恵（T13.1.8）、岡本定雄（S4.11.25）、山口次義（S26.2.15）
**聞き手**　永田和久・伊達木孝輔
タメウエ　ウウクチ　タメウエ　ウメガタニ　マヤシカリ　シャシャカリ　マヤシカリ　コババ　キャーハリ　タキノシタ　カブラ　サンヤサン　コウシンサマ　ムカイダセン　ワリワセン　オオイデセン　ミナクチ　サボダム（砂防ダム）　タキノシタ

# 七山村

七山村（明治22年〜）

〈**白木村**〉（江戸期〜明治22年）
**大白木**
**語り手**：中村豊吉（昭和8）
**聞き手**：渡辺綾、山本万平
ヒラバルダ（平原田）　スガノタニ（菅ノ谷）　ヒラタ（平田）　ジョウベット（上別峠、ジョウベットウ）　キタムキ（北向）　ナナツブキ（七ツ吹）　タテイシ（立石）　ハブケ（羽吹）　トウゲ（峠）　フクミチ（福道）　シンデン（新田）　コウチ（高地）　ハギノウチ（萩ノ内）　ドウダロウ（道太郎）　ヒラタイデ＊（ヒラタ井手）　ハルタイデ＊（ハルタ井手）　ジョウベットウイデ＊（ジョウベットウ井手）　ヒラバルダイデ＊（ヒラバルダ井手）　ナカドノイデ＊（ナカドノ井手）　フクミチイデ＊（フクミチ井手）
**語り手**：中村豊吉
**聞き手**：服部英雄
フキノサコ　オオヤマ　タロウカシラ（タロウラ）　ハルタ　ハルタヤマ　バンサコ　カミ　ウドドウノオ　カゴワラ　イワンハナ　タロウラ井手　シンヤ　ナカドノ（中殿）　オオトンボ　コトンボ

**狩川**
**語り手**：草場武一（明治43）、草場武一の息子（昭和12）、中村嘉吉（大正60）
**聞き手**：河合勇治、後藤清彦
アサバタケ（麻畑）　ヒエダ　タクゾウバタケ（タクゾウ畑）　キョウヅカ　マエダバル（前田原）　ウチコシ　トウゲシタ（峠下）　シンヤ　タカイシガキ（高石垣）　バンバ　タナカホンヤ（田中本屋）　タナカシンヤ（田中新家）
**語り手**：加茂久之、種岡敏行、女性2名
**聞き手**：不明
コウブリ　ハギノウチ　オオタニ（大谷）　コダニ（小谷）　サンゴウダニ　ウソ　チゴイワ　オッコシ（打越（うちこし））　ホドモト　クルマヤ　ガメンフチ　ニタゴシ（二反越）　ウランヤマ

**樽門**
**語り手**：三吉野津直（昭和9）、山崎喜八郎（大正5）
**聞き手**：園田規正、高木徹
イマモダニ（いまも谷）　マタジャイシ（またじゃ石）　サンジュウダ（三十田）　ホッタ（堀田）

アガリキリ（上りきり）　オオダ　キシダカ　トウボシダ　チョウジガダ　コウジノキ（糀の木）
オウマンハヤマ　ヤマギノモト（柳のもと）　カネンウチ　ハギノサコ　タキノウエ（滝の上）
コウラダ　マツヤマ　イケバノサコ　タニノサコ　ヒノシタ（ひの下）　ヒノイワ（ひの岩）
ダジ（大地）　トウノモト　クボノサコ　ゼエナギ　スゲンタン　ノボリオ　フケンサコ
トノサマヤマ　マタエダ　サソラ　マルゴマ　ゴロウ　ゼンケデグチ　ナカナサコ　ウシロミチ
イワミズゴ　トビイシ　ヤマノシタ　ヒヤキダ　オオイシノモト　フクリュウ　ゴウカンサコ
コゴ　ジョウミョウ　ムカエダヌキ　マカエダ　カサネイシ　ヤンサコ　ニジュウ（二又）
マンタニ（又谷）　カッケンモト　ナカダイラ　クギレグチ　ハナガタ（花形）
イッポンバシ（一本橋）　オオヤマグチ（大山口）　アラシダ　カワバタグミ（川端組）
ニシグミ（西組）　ナカグミ（中組）　カミガタグミ（上方組）　ヒガシグミ（東組）
イワグミ（岩組）　キツネイシ　キタムキ（北向き）　ズイドウ
語り手：記録を欠く
聞き手：渡辺大祐
ヒヤミズ
語り手：鬼塚秀喜（昭和32）
聞き手：服部英雄（上記の位置を確認）
クジラヤ
蟹川
語り手：岡本晴幸　大正15、山崎薫　昭和2、岡本和博　昭和12、岡本敏彦　昭和15
聞き手：服部英雄
スギタニ（杉谷）　カタタ　タノキノモト（狸の元）　林の上田　クロキンジャーラ
ヨボシ（エボウシ（烏帽子））　マルゴマ（丸駒）

〈藤川村〉（江戸期〜明治22年）
藤川
語り手：鬼塚カヅエ（大正10）
聞き手：横石正和、吉井智子
シロモト*（城元）　サコノウエ*（佐古ノ上）　タッソエ（立添）　トラコ（虎子）
テラノウエ（寺上）　オオマエダ（大前田）　ナメル（滑）　ハク（迫）　タニ（谷）
ドウバル（堂原）　ヒガシグミ（東組）　ウキダケ
語り手：大幡次男（大正12）
聞き手：横石正和、吉井智子
ワタヤ（綿屋）　アブラヤ（油屋）　ナガサキヤ（長崎屋）　クルマヤ（車屋）　オオイデ（大井手）
野井原（ノイバル）
語り手：岡本信一（区長）（当時65歳、昭和7）

聞き手：大原弘光、黒川真悟、黒木仁
ナカオ（中尾）　ヨボシヤマ（ヨボシ山、ヨエボシ山、ヨエボシヤマ）　クギヤマ（釘山）
ウキタケ　ウルシサコ　フタマタ（二股）　ミズナシ（水無）　ホリキリ（堀切）
タキノウエ（滝の上）　ハクバタケ*（迫畑）
語り手：岡本晴幸　大正15、山崎薫　昭和2、岡本和博、岡本敏彦　昭和22
聞き手：服部英雄
マルゴマ（丸駒）
林ノ上
語り手：富岡龍太郎、富岡英治、富岡国広、富岡秀次、富岡敏行、富岡恒夫、富岡岩雄、富岡格治、富岡正治
聞き手：小倉愛子、高良聡美
マテイシ　タブチ　ヨコバタケ　ニシノウエ　イシワラ（石原）　ミヤモト（宮元）
ウエニシ（上西）　ケンヤン　ウルシモト（うるし元）　ヤシキ　フルタチ　ハナゴ
クリワラ（くりはら）　ミヤマエ（宮前）　カシラ　オック　タカイシガキ　タンナカ
シタナカダ　ナカダ

〈馬川村〉（江戸期〜明治22年）
馬川
語り手：川添健一（区長）（昭和24）
聞き手：小園晴美、山脇志乃
ミヤンマエ（宮の前）　クンノキ（栗の木）　テランマエ（寺前）　シモンカド
ジュウバル（十原）　イデンクチ（井手口）　タケ（岳）　ミズナシ（水無）　ユアナ（湯穴）
ミツエダ（三枝）　ウシロガワ（後川）　マツサコ　シモンカド　マツサコ　カシラ　スギノキ
クルヤマ　タバユヤ（タバコヤ？）　ハヤマ　ノバルダ　チャヤ　テランマエ　キュウヤクバ
コウジヤ　コウジヤンウエ　シンヤ　ハチリュウ　ミヤンマエ　ヤシキ
深入
語り手：吉村和隆（昭和9）、中山福寿、吉村薜、府川和泉、中山忠
聞き手：大園一磨、小林顯太郎、坂井優子
コウグチ（溝口）　スサキ　コバタ　タダブ　シモダテ　マツナダテ　ゴンジュダ（五十田）
ナゴサ　フエダケ　ワラベオ（童辺尾）　トナリノマエ　マンカミ（馬上）　イデンシタ（井手下）
語り手：吉村利隆（昭和9）
聞き手：服部英雄
ジョウバルダン　タブノキ　ウセンサコ　ノウシロダ
松阪
語り手：吉原保喜、吉原寛慶、吉原正人、吉原晴海

聞き手：小倉愛子、高良聡美
ノヤシキ　セダ　オミヤノハタケ　ヒガシノマタ　ヒラバタケ　ヒラタ　スギノキノウエ
マエノキノウエ　マエノタンナカ（前田）　ツツミノシタ　ツツミノウエ　カシラ
スギノキ*（スギノ木）　ツツミ

## 〈荒川村〉（江戸期〜明治22年）
### 荒川
**語り手**：青木時義（大正10）、前田隆之（大正11）
**聞き手**：松元梨英、森本笑美
トウゲ*（峠）　タカイシ*（高石）　タキヤマ*（滝山）　ヒライシ*（平石）　トクマサ*（徳正）
トウザブロウ*（藤三郎）　マツダイラ*（松平）　イチノセ（一ノ瀬）　タナサコ*（棚迫）
キタムカイダイラ*（北向平）　オギサコ*（荻迫）　クロニタ*（黒仁田）　キタムカイ*（北向）
キョウノハラ*（京ノ原）　オオゾラ*（大空）　キシダカ*（岸高）　ヒライシダイラ*（平石平）
カミマエダ*（上前田）　テンジンマエ*（天神前）　ミヤモト*（宮元）　ウシカシラ*（牛頭）
ヤスミイシ*（休石）　ムコウヤマ*（向山）　マエダ*（前田）　ホソカワ*（細川）
タキノウエ*（滝ノ上）　マツオ*（松尾）　ノボリタチ*（登立）　キズメ　キリズメ　オック
シンヤ　ヒガシ　ニシ　コウジヤ（麹屋）
**語り手**：青木明（昭和5）
**聞き手**：服部英雄
ウチヤマ（内山）　ウエクエンモト（上崩えの本）　シタクエンモト（下崩えの本）　ノゾキダ
コバヤシ　マキバ（牧場）　ヒエダ　クズノモト（葛の本）　バカタニ（バカタン）　イノキゾン
コフケ　ウスギ　ヒョウタンヤマ（瓢箪山）　ウエベットウダ（上別当田）
シタベットウダ（下別当田）　ジョウキンダ　ミズントウ（水頭）　ホンヤ　シンヤ　ヒガシ
タニノシタ　ニシ
### 峠（荒川）
**語り手**：長尾みゆき
**聞き手**：服部英雄
シカタン　フカタ（深田）　オオゼマチ（大畝町）　マエダ（前田）　カワヒガシ（川東）
**語り手**：古川俊子（昭和17）
**聞き手**：服部英雄
ジュウバコダ（重箱田）　クリノキダン　オオゼマチ（大畝町）　ヨンタンゼマチ（四反畝町）
### 細川
**語り手**：吉村博　昭和8
**聞き手**：服部英雄
ノボリタテヤマ　ウエンサコ　タニゴウ　タキノヤマ　ヒガシ　マエダ（前田）

### 平野
**語り手**：記述を欠く
**聞き手**：服部英雄
イケイシ（休石）
### 細川、平野
**語り手**：吉村ますみ（昭和9）、青木時義（大正10）、前田隆之（大正11）、
その他3名（80代男性、70代男性、80代女性）
**聞き手**：養毛まりえ、山下祐美
イワナ*（岩名）　ナナヨシ*（七良）　イシボトケ*（石仏）　ハセ*（長谷）　ナガサコ*（長迫）
ワカショウブ*（若菖蒲）　ノボリタチ*（登立）　ムコウヤマ*（向山）　ヤスミイシ*（休石）
ドウマエ*（堂前）　マエダ*（前田）　マツオ*（松尾）　タキノカミ*（滝ノ上）
ミヤノモト*（宮ノ本）　ウシカシラ*（牛頭）　キリヅメ　キヅメ　コウジヤ　オック　シンヤ
ニシ　ヒガシ　シラギ　マノカワ　タケガワ　キュウラ　フジカワ　アラカワ　ニブ
テングイワ*（天狗岩）

## 〈池原村〉（江戸期〜明治22年）
### 桑原
**語り手**：村山正輝（区長）（昭和13）
**聞き手**：原田佳代、吉長美佳
シモ　デグチ　フゲダケ　マツノモト　ミヤンマエ　カシバル　ヤマグチ　マメンスゲ
アサンサコ　コバヤシ　ニシノハタケ　ミズガシラ　ヒガシ　ニシ　ムカエ　コウラ　ウーチ
イデンシタ　ナカタ
**語り手**：加茂優（昭和23）、加茂コウジ（昭和24）、加茂福男（昭和28）、石川勇治（昭和36）
**聞き手**：大山智美
チョウスグルマ　イワノウエ（岩の上）　サカノヤマ（坂の山）　オリグチ　ムタゼ
オオサコ（大迫）　タニシチ（谷七）　オオイシノモト（大石の元）　マルヤマ（丸山）　サソラ
カラスダケ（からす岳）　ババノサコ（馬場の迫）
### 片田
**語り手**：山崎成元
**聞き手**：大山智美
ゴウシギリ　ワサダ
### 北向
**語り手**：山崎成元
**聞き手**：大山智美
ハシカタ　ハシカタノツツミ

生木
語り手：加茂優（昭和23）、加茂コウジ（昭和24）、加茂福男（昭和28）、石川勇治（昭和36）
聞き手：大山智美
コバサコ（小場迫）

下毛
語り手：生木に同じ
聞き手：生木に同じ
カワノボリ　イケバ（池場）　ムカイコウラ　ワランボ

横道
語り手：生木に同じ
聞き手：生木に同じ
オナカオ（大中尾）

山口
語り手：生木に同じ
聞き手：生木に同じ
タジロ　カミヤマ（神山）　イシワラ（石原）　フジワラ（藤原）　オオトウ（大塔）
ヨナゴサコ　タケンジャラ（竹平）　ウスノモト　クサズミ（草ずみ）　ヒアテビラ（陽当平）

麻ノ迫
語り手：生木に同じ
聞き手：生木に同じ
ヤブタ（薮田）　キタムキ（北向）　ウゲンサコ　ネベッソ　タカムネ　シマンタケ

樫原
語り手：生木に同じ
聞き手：生木に同じ
ホリキリ（堀切）　ハシロリ　ミズナシ　ウマオトシ（馬落とし）　ヤナギタニ（柳谷）
ヒフナイケ（日鮒池）　ナガサコ（長迫）

大屋敷
語り手：松隈隆雄（大正14）
聞き手：中岡福久、川内裕子
キウラデン（木浦田）　トモタロウデン（友太郎田）　オザキデン（小崎田）
マンヨシブン（万吉分）　マツクマモトブン（松隈元分）　タツマサブン（辰正分）
マサルブン（勝分）　イソヤスブン（磯康分）　ノボルブン（登分）　カズヒデブン（一英分）
ヒロキブン（博基分）　アキコブン（昭子分）　フミコブン（二三子分）　ウエノブン（野分）
ヨシナガブン（吉永分）　カズオブン（一夫分）　ショウジブン（昭二分）　ヨシカズブン（義一分）
ツギオブン（次男分）　ユキヤスブン（行康分）　ツネイチブン（常一分）　コウチガワ（川内川）
ナカガワ（中川）　ホカンガワ（外川）　フカサコ（深迫）　ミネイチ（峰一）

オオシカジンジャ（大鹿神社、大志加神社）
語り手：川添多賀雄（昭和22年生）
聞き手：佐藤佳子、高柳佳奈
センドウニギリ（船頭握り（センドニギリ）とも）　ヨナキサコ（夜泣坂）　ゴロメキ　コウチイデ
ナゴサイデ　タイランイデ（平井出）　ニヤトギリ（むこう坂とも）　イワガワ
ヒガシバタケ（東畑）　バンショノモト（番所の元）　ウドトウゲ　イケンモト　タケンタ　オブケ
サイマタ　シロンタニ（城谷）　ヤカタ　ホンカワ

中原
語り手：中島さん
聞き手：村上大祐、宮本和弥、宮下幸輝
しこ名の記録を欠く

語り手：吉村儀一（大正10）、天川俊文（昭和21）
聞き手：當房健志、遠山純
マエダ（前田）　ツジタ（辻田）　ガッコウバシ（学校橋）　ユノモト（湯ノ元）　ヒヤテ（ヒヤテ）
ナカノ（中野）　パンサコ　ホキタ（ホキ田）　キヤワラ　オオブケ　ドウノマエ　ノボリダテ
ミモリ　カキノバル（柿の木原）　シモガワ　タテヤマ（立山）　ウシロカタ（後方）
ヤマガミ（山上）　タケ（嶽）　ニシダ（西田）　ハギノモト（萩ノ元）　ヤマダ（山田）
ヨコミチ（横道）　コウバル（広原）　サイコン　イサミダケ（勇嶽）　クボイデ　コウバルイデ
ヨコミチイデ　サイコンイデ　ナカイデ　シタイデ　ウワイデ　オオタニ（大谷）
ナガハギダニ（ナガヘアダニ）

語り手：吉村茂伸（昭和15）
パンサコ　ウドノカワ　トオイシゴンゲン（通り石権現）　コクフドウ　シンチャヤマ　タンノカワ
ヤジラ　ゴニンヅカ（五人塚）

岳の川
語り手：岩村博基（昭和22、当時50歳）
聞き手：西田博
マエダ　ハタケダ　フルヤシキ

柳
語り手：岩村三治みつはる（昭和15）
聞き手：服部英雄
ウエンヤマ　タカオヤマ　ササントウ　ムコウヤマ　スガンタヤマ　スガンタ　トオノツジ
マルクマ　モンノシタ（森の下）　ササヤマデグチ（笹山出口）　ムタダコ　イイダサンダ
モウソウヤマ（孟宗山）　イシアリダ（石有り田）　ムコテンジンダ（向こ天神田）　キベットウ
キベットウミチシタ（木別当道下）　インボダ　マツノモト

〈木浦村〉（江戸期～明治22年）

**井手ノ上**
**語り手**：市丸ヨシコ（大正3）、諸熊チクシ（大正3）、吉村重彦（昭和21）、岡本富市（明治42）、岡本虎次（昭和12）、加茂西海人（昭和11）
**聞き手**：水谷直人、水野順二

フケ　タキガワノタニ（滝川の谷）　マエダ（前田）　ソノダ（其田）　ヒノクチイデ（日ノ口井手）
ソノダイデ（其田井出）　トウジノイデ　ムカエイデ　カジヤイデ　サブダ　ヒノモト（日ノ本）
マルヤマ（丸山）　ミヤマエ（宮前）　カミノフケ　カゴワラ（神守原）　ヒアテヤマ（日当山）
ニタノ（仁田野？）　ツジ（辻）　シモ（下）　タケダ（竹田）　ボウダ（坊田）
ハシカタミチ*（ハシカタ道）

**東木浦、坂口**
**語り手**：中島隆雄（区長）（昭和22）、中島隆雄の妻と母（年齢不明）、岡本東（昭和23）、その他数名
**聞き手**：藤山聡、森岡智

ノグルメ　ウスギ　ヒロラン　ヒロオカマエ（広岡前）　カシラマエ（頭前）　オバナダ（尾鼻田）
マルオ（丸尾）　シリオイ（尻追）　ヤマカラシ（山辛）　コダ（古田）　ヤチダ（八千田）
ハルダ（春田）　テラ（寺）　ヒラ（平）　ダイラ（大平）　ダイロク（大六）
モリノシタ（森の下）　ソナノシタ　ヒコタ（彦田）　ホリタ（堀田）　ヤマゾイ（山沿）
クサキリザコ　マルクマ（丸熊）　キヤノキ（喜屋の木）　ナガエリ　センド　カミセンド
ヨシノタニ　ハシガタ　キベット

**古村**
**語り手**：中島肇（昭和4）、中島照雄（大正4）、吉村一俊（昭和8）
**聞き手**：塩谷和幸、畑島優子

キヤノキ　タロウバタケ（太郎畑）　ノウゴツドウ（納骨堂）　マルクマ（丸熊）
テラノウエ（寺上）　イワナノモト（岩名元）　ツジタ（辻田）　ツジタノカゲ　ユミオリ
マトイシ　ゴウシギリ　ムカイショウザ　ウランタ（浦田）　ニシノコ（西ノコ）　イモンヘタ
エノキザコ

**博多、柳**（柳は池原）
**語り手**：山崎繁久（前の区長）（昭和18）、山崎一布（大正13）、
**聞き手**：大原誠司、松本和之

キノウエ　アカダツ　ヤマグチ　フジノウチ　ヒラノ　ユミオリ　マツタロウ　ゴウシギル
タツノモト　ワサダ　ウラノハタケ　サコ　キノウエ　タカオヤマ*（タカオ山）
ゴケンヤヤマ*（ゴケンヤ山）　フエガタケ*（フエガ岳）　ウキダケ*（ウキ岳）
マツウラバシ*（松浦橋）　ナカジマバシ*（中島橋）　ササント*（ササント）
ゴウシイデ*（ゴウシ井手）　ヤマグチイデ*（ヤマグチ井手）

**語り手**：中島肇（昭和4）、中島照雄（大正4）、吉村一俊（昭和7）
**聞き手**：塩谷和幸、畑島優子

マトイシ

〈滝川村〉（江戸期～明治22年）

**滝川**
**語り手**：阿部平六（大正2）、その他通り掛かりの人多数
**聞き手**：川越武志、蔵谷ゆかり

イシダ（石田）　ホトケビラ（仏平）　ヒラバタケ（平畑）　マエダ（前田）　アマミズ（雨水）
ミョウジン（明神）　コガウラ（古河裏）　ロクタンダ（六反田）　キトウジ（祈とう寺）
オンザカ　カミナカオ　ヒラバタケ　シンイデ*（新井出）　オオイデ*（大井出）
アマミズデ*（天水出）　ウチノイデ*（ウチノ井出）

**語り手**：集まりの人多数
**聞き手**：大山智美

コウヤ　シンザカヤ（新酒屋）　サカヤ（酒屋）　テンジンモリ（天神森）　コガノサコ（古河の迫）
カタギハラ

〈仁部村〉（江戸期～明治22年）

**岩屋ノ下**
**語り手**：竹下仁孝（昭和13）
**聞き手**：宮島伸一郎、森義和

ヒザコ（日ザコ）　タテイシ（立石）　コシチ　オオニシ（大西）　コダ（小田）　ヤボタ（ヤボ田）
ウドノマエ（宇土の前）　イワヤ（岩屋）　イケバ　イワヤノウシロ（岩屋の後）
ヒトギレ（人切れ）　ブケダロ　クロシ（黒石）　タオ　コーラ　ヤナギノウド（柳の宇土）
コヤシキ（小屋敷）　オオヤシキ（大屋敷）　ヨシャクダ（用尺田）　ナガセマ　カミ（上）
カミノシタ（上の下）　ヒラ（開）　パズル　セド　セドビラ　コヤシキイデ（小屋敷井手）
ヨシャクダイデ（用尺田井手）　コダイデ　カクレイデ　タオイデ　オオニシイデ　ウドイデ
キワダ

**下門**
**語り手**：中島俊一（明治40）
**聞き手**：斎藤世嗣、木村悠二

マエカワウチ（前川内）　ゴウノウエ（郷の上）　ドウカク（道角）　キトウチ（祈祷地）
タニ（谷）　キタノマエ（北ノ前）　ナカオ（中尾）　キタノサカ（北ノ坂）　キシダカ（岸高）
マエダ（前田）　ニタンヤマ*（ニタン山）

**語り手**：記述なし
**聞き手**：記述なし

モリノキ（森の木）

**鮎返**
**語り手**：吉原武雄（明治44）

聞き手：黒田哲弘、小林孝裕

アユガエリ（鮎帰）　コトウゲ（小峠）　シュウボク（船木）　フナキ（船木）

ウマノリゴエ（馬乗り越え）

**柳瀬**

語り手：小形敬太（大正12）、小形一男（当時50代）

聞き手：石田倫識、山口浩樹

ハンベイダ　ツラワリ　ヤマタ　キリノキ　サカンタ　タシロ　エノキダ　ナガレガワ*（ナガレ川）

ヤカシロ（八頭）

## 2　西松浦郡

### 伊万里市

〈波多津村〉　明治34年（1901）～昭和29（1954）：明治33年大岳村を波多津村に改称

**木場コバ**

**話し手**：松下初男（T.11）、松下用助（T.5）
**聞き手**：原田尚志　前田知志

ナガミネ　※スキサキ・鋤先　※クワタ・鍬田　※カンダ・神田　※アトヤマ・後山　※フジワラ・藤原　ナガサコ　※タテイシ・立石　※マエダ・前田　※シロノウチ・城の内　※タメナカ・溜中　ヒラキダ・開田　※ゴンゲンヤマ・権現山　※カンネガサカ・カンネが坂　スズレイワ（クズレイワ・崩岩）　※ウトンタニ・ウトン谷　イケヤノガワ（行合野川）

**話し手**：末長進　松下藤男　前川正義
**聞き手**：服部英雄

◎デジタル『波多津町誌』集落史・木場

マツバンハナ　トッケンイシ　ハギノサコ　イワガミ（以上葉山）　アテンタニ（以上七目）　カンコバ　カンザン　ゾウゴンゲン　マエダ　シミズ（以上清水）　マツヤ　ヤマゾエ　サコンタニ（以上中田）　イワンムレ　ウナタロ　ミドウ　タジモ　イワンタニ（以上栗田）　ウトンタニ　ウエンクボ　カンネガサコ　ナガオサ（以上大西）　クロキノモト　スキザキ　アブラダ　ゲンゴダ　トンコダ　シロヤボ　タバタ　トウシシ　オオバタケ　サコンタニ（以上開田）　スズゼンバル　サルマブシ　ハコバ（以上十九石）（三十六石には通称なし）　ワクドダニ（小字長峰）　タキノシタ　トリゴエ　チョウダ（以上大坪）　カワヨケ　ナカバル　スミダ　タテダ　イノシリ　ニシヤマ　ヒラマツ　マルヤマ　トンコダ　ウシロヤマ（以上藤原）　マツノモト　フジワラ（以上西山）　ゴンゲンヤマ　ゴウナダ　ナカシマ　フルコウジ　ミョウトイシ（以上無連：ムレ）　メアラ（以上古川内：ふるごうち）

ウウサコ　オヤダ　トラボウ（以上大阪：ううさこ）　ヒノクマ（小字日の熊）　イワガミ　ゴリンドウ　ムコワリ　クマノゴンゲン　カラウスバ　カミダ（以上大知木）　カイタクチ（開拓地）、（字前山）　イデンヒラ　ウランタニ（以上稗木場）　カミヤマダ　スヅホンダニ　シラマエダ　キシダカ（以上加倉）　バブンヤマ　イチマイダ　ウマステバ　デンロク　タテイシバル　ミョウトイシ　カミノキダ　マサキチダニ（以上立石）　フウヅキダニ　ヒゲダニ　チイタテ　ヤマインダニ　タキノウエ（以上築立：つきたて）　タキノヤマ（小字口の平）　サカンキド　ヒジザカ　ヒロタ　カマダ（以上白岩）　コトウゲ　フジザカ（以上守戸）　ジャガフチ（小字鏡石）　オオトウゲ　チャノキダニ　ヒジザカ（以上深谷）

**筒井**

**話し手**：古川功（75歳）、市丸幸男（64歳）、奈良崎稔（62歳）、古川秀夫（82歳）、宮口虎太（60歳）
**聞き手**：竹俣佳世子、立石麗

テンモト　イワモト：岩本　マタイダ：又いだ　ガンバル　アラコ　ヨコマクラ：横枕　サカイマツ：境松　カワダ：川田　イワモリ：岩森　ドウデ　カクラダニ：加倉谷　タケノシタ　アメフリザコ　デンウチ：殿内　ジュンケイマツ：順慶松　ジョウゴヘイ：上戸平　イチノタニ：一ノ谷　タンカンマエ　サク　ホンドウリ：本道　ナミゼ　ハルベタ　カンジャベタ　コトゲ：小峠　クスノキダニ　チイゴミ　ウシロヅイ：後筒井　イソミチ　ドウイデ　クリヤマ　ハルダバル：原田原

◎デジタル『波多津町誌』集落史・筒井

ハルダ　キョウダイボトケ（以上原田）　トンマツ：飛松　カブトイワ（以上兜岩）　カブラ　ハサコ　タカタケ（以上神田平）　ヤナギタニ　ハルベタ　フダバ　ヒランツジ（以上小峠）　クリヤマ（小字磯道）　ナムゼ　タオ（以上中通）　ウグイスダニ（小字楠木谷）　ウウブトリ　チイコミ（以上後筒井）　トビノス　カナイシバル（以上鳶ノ巣）　ウシガミサマ（小字一ノ谷）　イシハルダ　ヨセマチ　サルクラ（以上下ノ原）　タケノシタ（小字竹ノ下）　コウシンサマ　サキグチ　デンウチ　マツモト　ビシャモンサマ　タシマジンジャ　ロクジゾウ（以上上戸平）　ブット　カンジャ　コウジ　ロクジゾウ　イボイシジゾウ（以上本通）　カンノンディ　ナガサコ　コウノス　マツウラ（以上観音土井）　トマキ（小字川田）　イワンモト　イザカリ　イケダ（以上岩ノ本）　イワンモリ　ドウデ　ヨコマクラ　ナカバル　ランバル（以上境松）　キタムキ（小字仏石）　カンネガサコ　カマダ（以上加倉谷）

**話し手**：奈良崎稔
**聞き手**：服部英雄

**井野尾**

**話し手**：古川重利（T.9）前田久年（S.10）
**聞き手**：原田智子、道行理枝

カンバル上原・乾原　コメダ　イタノハル　ナカヅカ：中塚　タシロダ：田代田　イワンシタ：岩ん下　モチダ　カタムネ　イタリコバ　ヤサブロイデ　オオサコ：大坂　岩ノ本　ダリコバ

◎デジタル『波多津町誌』集落史・井野尾

ツルカケ　アグリヤマ　シシノクチ　ヤブガサコ　カケハシタニ　エノガサコ（以上二杉）　オテコバ　ヤサブロウダニ　ウサギダ　アカフチ　ミナンタニ　ダルコバ　ナカオ（以上畑津道）　ゴンゲンバル　ヤマンカミ　カンバル　イタンハル　ノウテミチ　キョウヅカシタ　ウウタジリ（以上前田）　カミノサカイマツ　キョウヅカ　ウエンコバ　タオンカゲ　トンノヤマ　コバヤマ　オオサコダメ（以上木場山）　タオンカゲ　イモホリ　カノカサコ　オオサコダメ　ヨコバタケ　オオサコダニ（以上大坂）　ミタケ　ヤナギンタニ　アクタニ　ミキレダ　モリデ（以上御岳）　ヤマグチダニ　カワンタニ　ウシガミ　サルクラ（以上山口）　シモノサカイマツ　タシロウエノハル　ノリコシ　トリイバル　ドウンワキ　カンジャ　シミズノモト　ミズゴオリ　シミズガワ　ジンジャ（以上鳥居原）　ススキダシロ　ササミノ　カワラヤキノタニ　ヒャクダ　モチダンタニ　ハジンタニ　ドッタニ（以

上通谷：とおりたに）　ゼンサノ　ウットンタニ　イワンシタ　サカドウ　イシワリダニ（以上黒田代）

## 田代
**話し手**：谷崎寿昭（S.16）、谷崎啓子、福野定治
**聞き手**：村壮太郎、中間葉月

イワミチ　オトシロヤマ　シタンマ　ミゾウチ　ノウテ　マエダ　トンモト　ゴンゲンサマ　カミサマノウチ　アカイヒゲ　アラハラ　ハッチャバタケ　キシノシタ　シラキ　ナクリシ　シャーレン　シラキ　カクラザカ　カンネガサク

◎デジタル『波多津町誌』集落史・田代

ナカタケ　ウメノキダニ　ダイドウゲン　コドウゲン　ヒノクッタ（以上ドウゲン）　オロシバタ　カンネガサコ　オオサコ　オオギマツヤマ・扇松山（以上作道：つくりみち）　ナガオ　イケバノツジ　シャレンヤマ　ヒラコバ（以上フウヅキ木場）　センカンネ　ハナグリ石（以上柳の内）　フタマタ（二双）サコ　アズキコバ（木場）　アラヘラ　ハッチャバタケ（以上後の谷）　オトジロウヤマ・音次郎山（小字大平）　シモノハラ（小字下ノ原）　ナカバル（小字中ノ原）　イノコボリ　キョウノヤマ　エンショウコウタイジングウ

**聞き手**：服部英雄

## 板木
**話し手**：前田房太郎（T.9）、畑山亘（T.14）、前田博行（S.22）、加川周史（S.2）
**聞き手**：山下千妃呂、若月紀代子

トウミダケ　ヒラコバ　アラコ　オオヌゲ　カジノ　エギノヤマ　ハナバタケ　ゴウシ　ホロンカシ　サロウジ　シモノカゲ　コノハル　ホウギョウ　ツキカネブチ　ミヤンシロ　ハバンカワ　ゼンシュウ　キャーダ　ヤマナカ　ウエンコバタメ　カマヤキ　サカド　サカドバシ

◎デジタル『波多津町誌』集落史・板木

ヒラコバ　チャワンガマ　アラコダニ　マツノダニ　タカノス（以上松ノ尾）　トウミタケ・遠見岳　ゴリザカミチ（以上剛里坂）　タキノウエ　タキノシタ　カミガノキ　シモガノキ　カジノ（以上梶ノ尾）　タカノス（鷹の巣）　マルイシダニ　ウウヌゲノタメ・大抜の溜（以上大抜ケ）　オトジロヤマ　ジョウヒラ　ミヤンシロ　ヒノクチ　ババノカワ（以上火の口原・ひのくちばる）　ナガタニグチ　ナガドオリ　ナカワタリ（以上向板木・むこういたぎ）

ハナバタケ　オクノコバ　エギタニ　ウシノヒラ　ヤスミバ（以上長谷・ナガタニ）　ゴウシ　オオオツジ　ホゲイシ　カンコウジ　サダタニ（以上湯ノ木）　カオジ　ナガミネ　サバクサレ　ヤナギノタニ　シモンカゲ（以上屋敷谷）　コウモリイワ　サロジ　ヒワノキダニ　クスノキダニ（以上川宇治：カオジ）　サカド（シャカドウ）　トウゲンシタ・峠下　テンジンサマ　トウゴロヤマ　シイノキノタイボク（以上白木）　ウエノコバ（小字上ノ木場）　テンジンサマ　ババクチ　ツキカネフチ　ガッコウアトチ　ヒラ　タシマジンシャ　ロクジゾウサマ　ショウヤヤシキ　ヤクシドウ　ホウセンジアト（以上前田）　ホウギョシロアト・法行城跡　ニシノカミ　コノハル　ハチマンサマアト（以上小野ノ

原）　カマヤキ　バトウカンゼオン　ウサギダニ（以上梅の木谷）　オベタ　キンダノタニ　キャアダ（以上堀除ケ）　トオリタニ　ゼンシュウダニ　ミノダダニ（以上長田）

**話し手**：前田房太郎
**聞き手**：服部英雄

## 津留主屋
**話し手**：市丸定行（S.22）、市丸義弘（T.12）、市丸康男
**聞き手**：河村健司、荒木慎一

カマヤキ　ニシノカミ　コノムカエ　カンノンド　シモヅル　クボタ　カンコジ　ナカダ　ツツミノアタマ　シオヅル　ウメノキダニ　ハゲラ　シモマエダ　タガシラ　カマンシタ　イエサキ　ナンゴラ　サバクサレ　シモオタニ　タケヤマ　ナカオオタニ　カミオオタニ　タキノウチ　ナカンタニ　メビシャ　ダイラ　ツツミ　ヤマシタ　ウーカワ　マエンカワ　ヤマシタガワ　ナカオオタニ　カマヤキ井手　コノムカエ井手　ツル井手

◎デジタル『波多津町誌』集落史・津留　主屋

カンコウジ　ニシノツル　トリイモト　スキザキ　ハゲラ　タキヤマ　オオツジ　オウウノマ（以上下前田）　セエシベタ　サバクサレ（以上川氏：カオジ）　ムラサキザコ　カタヒラ（以上田頭）　ドンコバ　ユミタ（以上具瀬）　ヤケノヒラ　ナンゴウ　ランサマ（以上下大谷）　ハチヒャンタニ　ナガハタケ　ゼンモンハカ　ヒコジャ（以上中大谷）　シンガリヤ　ナリシ（以上上大谷）　クダケオ　サンジュダ（以上滝ノ内）　イシキリヒラキ（小字中ノ内）・（小字中ノ峠）・（小字目美社・めびしゃ）　コボウ（字小坊）　クボタ　ヤマナカ　ニシノハサコ　ダイラ　コノムカエ　ドウノウエ　コウヤマ　ヤブキタニ　オオヒラヤマ（以上前田）　シゲタ　ウメノキダニ　コヤンタニ　ホタチメ（以上塩鶴）　カタヒラ　ナカシマ　マルシノタニ　フルミチ　ヒカゲビラ　イッポンスギ　ナカノキレ（以上岩谷）　ゴウヤ　ゴンコバ　キタビラ　スオミネ（以上百田）

**話し手**：市丸定行　市丸三男夫人　市丸国重夫人
**聞き手**：服部英雄

## 中山
**話し手**：田中茂雄（S.3）
**聞き手**：木下陽介、伊勢田泰助

ナガタバル長田原　クボタバル久保田原　カキノウチ柿ノ内　ヒエダ　カゲダニ　シオヅル　ゴヒャクダ五百田　ミズアライ水洗　トノコバ　ナタオトシ　ジゾウ井手　ワサジ井手　カミノカワ（上ノ川）井堰　ヒガシダニ井堰　シオヅル井堰　ゴイノキ（五位ノ木）井堰　ミズアライ井堰　ノダ（野田）井堰　シロヤマ城山　ウーサコ　コヅカガハラ小塚ヶ原　エイバダラ　ハチノクボ八ノ久保　カゲタニ川　ベットウ川　ハタヅ峠　ナカヤマ峠　マトバゴエ的場越え　シオヅルのタメ

◎デジタル『波多津町誌』集落史・中山

ヒルメシダ　チュウゴクイワ　シロヤマ　テラノカワ　カダンノハナ　イソミチ　ヒエダ　オトガタ

ニ（以上西平：にしひら）　ジゾウイデ＝ジゾウイケ　ナガタ　コマダ　フルコ（以上久保田）　カマヤキ　フウフウイワ（フウフイワ・ミョウトイワ＝夫婦岩か）　カラツマル（以上東木場）　コヤシキ　シチジュウダ（七十田）　ロウサコ　イッチノキ（以上上ノ原）　ベットンガワ　タツシ　ドウココバ　エエバルダイチ＝エエバルダラが正しい　ニヒャクダ（二百田）（以上立石）　マツバンコシ・（的場のこしか）　アヅキコバ　シマンモト　シヤクダ　ヤマシタ（以上東谷）　タロゴロ　イソヅル　フッコバ（以上蔭谷）　ミザラ　ヒエコバ　ヘボタニ（へご谷か）（以上野田）　カキノウチ　ヒヤンサコ　シジロタニ　アキヤギ　ナカンタニ（以上五位ノ木）　フネイワ　キンゴヤカタ　ミノカケ　ヒワタシ（以上本耕地）　ゴウヤ　タキノウエ　ハチノクボ　ミツシ（以上大国＝ダイコク）　ナタオトシトノコバ　イワノウエ（以上上ノ耕地）　コッカ　マツノモト　ヨコミチ　モモノタニ（以上早椎：わさじ）　アナンタニ　トヤ　ゴヒャクダ（以上巻戸）

**聞き手**：服部英雄

### 畑津

**話し手**：原田良知（S.12）、金子典（T.9）／大久保萬

**聞き手**：木村浩幸、今村真志／窪正和、大仲修、氏永泰光

ミノコバ　サヤモト　ツジガミ　ヨレダ　キヨミズダニ・清水谷　アンノハル　スギゾノ・杉園　カマエ　トリゴエ　ボウノコワ（ボウノコバか）　オチャイテ　オオトリゴエ　ヤシキノハル　スウダバル　アコハタ　ツルカケ　アラコチ　ナゲヤリ　トコロダイラ　カキノコバ　トビノス・鳶の巣　ヤジロウ　センドウヤシキ　ロクロウチ　オッケゴウ　カジゴヤノヤマ　ゴンゲンヤマ　コウダヤマ　ダイラヤマ　センドヤシキ　ウシロゴチ　オトハダニ　イデン　フナツナギ　ナカシマイセキ　スウダ　トウノサコ　タニグチ　カサヤ　コウヤ・紺屋　ヨレダ　テングマツ　ムラマツ　タニグチタメイケ・谷口ため池　ミタケ　＊タテワタメイケ・立輪ため池

◎デジタル『波多津町誌』集落史・畑津

シンデン　カミシンデン（以上新田）　ゴタンマ　トリゴエ　カマエ　イワノモト（以上八斗田）　タザキ　ヤマグチ　カジゴヤダニ　チョスケタニ　セントヤシキ　アンノハナ（以上中島）　マエダ　カサヤ　タニグチ　ミョウガンタニ　トンサコ（以上前田）　シミズガタニ　ヒラキダ　ダイラヤマ　ワラビノ（以上蕨野）　トビノス　ウシロゴチ（以上大谷）　ロクロ　ナゲヤリ　オオギザコ（以上松ノ尾）　イワシタ　ウチバ（以上麻畑）　シシガタニ（小字猪ケ谷）　ウウヒラ　ハゲンダイラ　オッケゴ（以上萩平：ハゲンダイラ）　フタマタケ（フタマタゲか）　トコロガタイラ　ヨコイン（以上二又）　エノキ　ヒャンサコ　カキノコバ（以上水洗）　スウダハル（小字立輪）　アトガタニ　ウウトリゴエ　ヤシキノハル（以上黒牟田）　トオリタニ（小字通り谷）　小字に芒谷　三岳　棒ノ木場　荒粉

**聞き手**：服部英雄

### 内野

**話し手**：藤森武志（69歳）、原田弘司（69歳）

**聞き手**：奥田泰造、井上寛文、田中尉

サンビャクダ・三百田　ナンデグチ　カクシダ・隠し田　ヒトツバシノタンナカ・一橋の田ん中　ヒルメシダ・昼飯田　ドウウラ・堂裏　ヒャードコ・灰床　メカシギ　ザギタメ・材木溜　サカモトダメ・坂元溜　タカミ・高見　カキノキハル・柿ノ木原　シキチ・敷地　フルヤシキ・古屋敷　ニホギ・二本木　ヤオナン　タニ・谷　ハル・原　ナカハル・中原　マツバラ・松原　ツツミノハタ　ケシロコウジヤ　ウータニ・大谷　マンダ　ナカンイエ・中家　クビレ　ウソンダニ　コウソンダニ　チグロダニ　タケンダニ　ミズアライノタニ・水洗いの谷　ウズクシ　ミャギ　ヨコンダイド・横ダイドヤマナカ・山中　ジョウノ・上野　ヤキヤマ・焼山　イロハイシ　イボイシ　シロコノサコ　タタカリ　ゴウヤ　マゴダ・馬小田　ニシゴチ・西口　コゼカミ　※ウマカンノンヤマ・馬観音山　フナガワ・船川　テンジンバル・天神原　ニホギデ・二本木手　セキドノハル・石堂ノ原　※ハンドイワ・ハンド岩　ウシロゴチ　カミヤマ・神山　ナカオンタン　イノウエ・湯ノ上

◎デジタル『波多津町誌』集落史・内野より

**話し手**：金子隆夫妻、藤森昇ほか

**聞き手**：服部英雄

フルカワ　ナシノキダニ　ヒウコウラ　タケンシタ　カナイシ　カイガミネミチヤマ（以上高尾）　カッキ（＊根株の意）　ヒノクチ　マツノモト　ウウクジモ　コクダシ　ホトケノダイラ（以上大久保）　ビクリンヒラ　アナンサコ（以上山前：やまのまえ）　ナガミノ　ヤマインダニ　ワラベホツダ　サンビャクダ（三百田）　ヒヤドコ　ホンダニ　コウノス　タブノキダニ（以上永田）　ニシンタニ　ヨコンダイド　ドロメキ　エンシュウイワ　ミヤーギ　ムサシイワ　ワリシダニ（以上菜切：ナキリ）　ザギノクチ　タメシタ＊溜め下　ノゾエ　オロシバタ（以上材木：ザギ）　シマンモト　ウソンタニ　ウソンハル（以上佐矢中：さやなか）　コウソンタニ　ハシリヤガリ　イシドンハル　ツグロダニ　カキノキバル（以上柿原：カキバルただしカキノキバルか）　ハカヤマ　ヨコバタケ　バンバ　タカミ　ナギャリ　ウウサコ（以上は上野：じょうの）　ニホギイデ　カタヒライデ　ニホギ　トオノ　ヤケヤマ（以上は岩下）　ヒトツバシ　フジノモト　キドイワ　イガクラ　イロハイシ（以上池ノ谷）　サルマブシ　カクシダ　イノシモンタニ（以上大谷）　カジヤ　ハンドカメド　オンウラ　ウウタニ（以上谷口）　テランマエ（タカミ）　テラノシタ　フルヤシキ　タニ　カミヤマ　ウマガミサマ（以上内野）　ナギャリ　ハンドイワ（以上山頭）　ゲシロ　ツツミノハタ　ツツミノマエ　フナガワ　コウジヤ（以上、原）　テンジバル　スギゾノ　ヤガタニ　イノウエ（以上下田）　マルダ　クビレ　マツノウエ　テノコザ　ワタウチ川（以上山下）　エンノモト　コバエ　ゴンゲンヤマ　オチャイデ・落合井手（以上河下：コウシタ）　ウメノキダニ　カセドリ　フタミチ　ヨコミチ　オイセヤマ（以上土屋）　ススヤセイクボ：煤屋清久保　カンネガサコ　ヒルメシダ　ウマゴダ　ゴーヤ　ニシゴチ　トウゲ（以上万田）　サカンモト　ミズアライ　ヒョウゴロウ　ゴゼガミ　タタカリ（以上柳ン谷）　シラコンサコ　イボイシ　アカシ田（以上西ノ谷）

### 煤屋ススヤ

**話し手**：田中健一（S22）、田中静男（T13）／田中恒範、田中静男（大正15年）、田中勝利

聞き手：板井充彦、大坪桂輔／鶴田丈士、佐伯健太朗
参考：伊万里市史民俗編134-136項

ゼニクラ・銭倉　ウメヤ新田　バンニンノタニ・番人の谷　ヤクシドウ・薬師堂　センボウシヤマ・千望視山

※ウメヤシンデン　シオアソビ　ドゴウチ・土河内　ヒロガリ　ダジ・駄路　ドウフ・道府？　ムラヤマミチ

コシミチ・越道　アナガサカ・穴ヶ坂　カミノシタ・神の下　オオシマ・大島　ウシステバ・牛捨て場　タケシマ　タツノセト・タツノ瀬戸　ウシロツ・後津　竹生島　イセノモト・伊勢ノ元　石原　上灰浦　マエガタ・前潟　ススヤサキ・煤屋崎　トシヤキ・渡崎（としゃき、か）　アカハナサキ・赤鼻崎　皆治ヶ浦

◎デジタル『波多津町誌』集落史・煤屋

バンニンノタニ　コイイモリ（以上飯盛：イイモリ）　コバンタニ（小字木場江）　ヨシンタニ（葦の谷；小字清五郎）　カミヤマ　コシミチ：越道（以上田ノ浦）　クロイワノハナ　ヒヤンダ（以上向潟）　シミズ　アガリグチ（以上岳ノ平）　シンデングリ：新田組　オキダ　ヒャンダミチ；灰田道（以上下平浦）　イソミチ　ゼングチ　ドウンタニ（以上殿ノ浦）　ヒノウラダニ　フルダ　ススヤザキ　ワタシザキ　ワタリザキ　タツノセド（以上後津）　トクスエシンデン　スエザキ（以上前潟）　ヒャートーミチ：拝戸道　コウサツバ：高札場　ツジヤマミチ　フナトヤマ　コバマミチ（以上煤屋）　ドウフウ　シロイワノハナ　イセサマ（以上伊勢ノ元）　（小字上灰ノ浦）　オジガウラ（小字清水ケ浦）　オキノシマ（小字皆治ケ浦）　ゼンモンイワ　ダジ（以上大坂）（小字石原）　コンツミ　キツネツカ　コマツボリ　カミヒロカリ（以上広狩）　（小字四畝町）　センボシ　キジノクボ（以上峠）（小字八郎）　カンネガサコ（小字清久保：せいくぼ）　小字土ノ川内：ツチノゴウチ　ビャンコ（子字白木）　タカヒラ　イボイシ（以上穴ケ板）

馬蛤潟マテガタ
話し手：井手悟（T.11）、井手伝（T.12）、柴田辰己（S.3）
聞き手：渡辺貴子、星晴子、黒木美紗
参考：伊万里市史民俗編134-136項

シンデン・新田　コウシモ・河下　シラガタ・白潟　イモノシタ　ノウシロ（ナワシロ、ナエシロ）・苗代　マエンタンナカ・前田　ダナカ　フルカワ（ガブロ）・古河　テアバル・田平　ムカエ　ウマノキ・午ノ木　ゴセモン・五畝もん　シンオキ・新沖　ナカンマ・中間　ウチカンタクチ・内干拓地　オキダ・沖田　タテミチ・立道　ムカエンシタ・向かえん下

ヲシンダニ　ウーダニ大谷　クロダ・黒田　セイゴロウ・清五郎　リキタケシンデン・力武新田　コイモリ　ムカエンヤマ・向かえん山

ヲシンダニ　タテカワ・立川　イビンマエ・水門前　シンデンミチ　タケヤマミチ　ハカミチ・墓道　サコンマエ　イモンノシタミチ　ヨセドコロ　ウマノキミチ　ガンワラミチ　セイゴロウミチ　リュウゴサマ・竜宮様　オチアイイデ（オチャイデ）　※カミイデ上井手　※ナカイデ・中井手　※シモ

イデ・下井手　コウシモ・河下　ウワガタ・宇波潟　ウーダニ・大谷　はたつ・波多津　ひやあくばな（ひゃあくばな）・焼灰（灰焼き鼻か）　まつのもと・松本　みたけ・嶽岳　ウーソネ・ウー曽根

◎デジタル『波多津町誌』集落史・馬蛤潟

オオタニ（小字小灰ノ浦）　オキダ（小字蒲原）　ムカエ　イワンモト（以上先ノ塩屋）
イイモリシタ（小字白潟：シラガタ）　イワノシタ（小字午ノ木：ウマノキ）　カンタク（力武新田）
マエダ　カシノキビラ　ヒャアクバナ　マツノモト（以上馬蛤潟）

辻（辻村、浦辻、本辻）
話し手：酒谷新（T.13）
聞き手：清澤崇、海老名亮彦

エビス　シモ　ナミウラ　カミ　ナカゼ　ウラガタ　モリサキ　ナカドオリ　イビノクチ　ゴウノウラ　カミノバヤシ　ナカノバヤシ　シモノバヤシ　ナカマチ　アタゴ　シンマチ　ナカノオグチ　ホンデン　ホケンタニ　オオゾノ　アグリヤマ　ヤラブネ　モチノキ　タカオヤマ　エビスザキ　ウーゼ　ウーゼノウラ　ヒラグシ　フカウラ

◎デジタル『波多津町誌』集落史・辻

ミスミ　ホンデン　シンデン　ビワンメ　ホケンタニ（以上深浦）（小字竹山）　タンオヒラサガリバタ　バセンバ：馬洗い場（以上大平）　カワンタニ（小字餅ノ木）　オオゼ　コゼ（以上辻）　ニタノ（小字古木場）（小字宿）（小字百崎）　ウラ（小字中倉）　シユウゴエ　トリゴエ（以上上田山：コウダヤマ）（小字太田、鶴掛、黒岩）　イチノサカ　イワンシタ（以上鞍鍔：クラッパ）　ヘエダンタニ（小字大畑）　シリキリザカ　ゴヨンダ（以上猿神）（小字池ノ平・小園）　コンニャク　ナカゾン（以上大園）（小字岳）　タケンツジ（小字夕舟）　フツガサコ　ナガサキノデ（以上永田）　カキノウラ　シンデン　リュウグウタ　カミノハナ（小字前山）　シンデン　シライワ　タチアライバ（以上立場ケ浦）　シミズガワ　タニゴ　オタキバ　サカグチ　ムカエヘ　ドウドガワ　コウヤ（以上平串）　コウキヤダニ　キツネダニ　ダニヤマ　ウウダニ（以上鍛冶谷）　シシノクチ　カナイシテングマツ　アグリヤマ　センバタキ　クロカミサマ（以上鳶ノ巣）　ナカミノ　シラガイケ（以上浦谷）　コノダフネバタケ　ヒロミノムコウ（以上南ケ坂）　ユウヤ　ユヤンタニ　クルマキ　シコッタ（以上鞍ノ谷）　ウウマツノキノシタ　シシバナ（以上鷲狩）　オクツ　ウウヒラ　ナカドウリ　アカマツ　コゾノミノンジ　ヒゴ（以上弁賀：ベンガ）　トンマツ　タチバガウラ　ガンゾグラ　ヒャアサキ　シロヤマ　シライワノハナ　カツボ（以上池ノ本）　サキノツジ　クラト　ヒッチャバタケ　ケード　ササビヤシ　フルデ　ベンガサキ　カワンハタ（以上浦山）　クビト　シロヤマゴンゲン　ツグロゼ　フナガクシ（以上角串）

浦
話し手：杉本茂助（S.5）、酒谷新（T.13）／井手武明（70）、篠崎喜久男（76）、西谷新（84）、大塚一男（82）、津田幸男（72）

聞き手：入江毅、尾上周平／江藤洋香、角田絢
モチノキ・餅ノ木　フカウラ・深浦　ナカノオクチ　オオヒラ・大平　ウーゼ　ウーゼノウラ・ウーゼの浦　ホンダ・本田　タニノウラ・谷ノ浦　エビス・恵比須　エビスザキ・恵比須崎　シモ・下　ナミウラ・波浦　カミ・上　ヤラブナ　ドロンガミ・ドロン神　イシガミ・石神　ホケンダニ・ほけん谷　イビノクチ　ナカドオリ・中通　ナカゼ　ウラガタ・浦潟　モリサキ・森崎　ゴウノウラ・郷ノ浦　シンマチ・新町　シモノバヤシ・下野林　ナカノバヤシ・中野林　カミノバヤシ・上野林　アタゴ・愛宕　ナカマチ・中町　タカオ・高尾
／
ツルクギ　ボウガサキ　マエシマ　ウシジマ　シジュウガシマ　デンシチジマ　サコンタロ　タケノコジマ　マツシマ　ニシガクレ　キャーズキ　ネズミジマ　ヒラセ　オオラノハマ　コジマ　オオウラ　ツノクシバナ　セノアキ　イロハジマ　シジガシマ　ウシジマ　ノジマ　ツルクギセドウ　＊カクレダ　ウシゼ　ベンガ
◎デジタル『波多津町誌』集落史・浦
チュウラビ　クチノセ　クロイワ（以上瀬ノ脇）　ウラ　ケンナ（以上戸尺：トシャク）　ウラゼンノジョウ（以上小湯ノ浦）　ウラ（小字高尾）　ウラ（小字野林）　ウラ　アカサキ　ウラガタ（以上浜新田）　ゴンナ（小字郷ノ浦）　オキノショウヤ　ナカノショウヤ（以上柳谷）　エビスサマンハナバセンバ　ゴリンドウサマ　アミダサマ（以上五本松）

〈西山代村〉　明治22年（1889）～昭和11年（1936）山代町

## 楠久クスク
**話し手**：山浦常助（S.3）、牧瀬宥一（S.3）／中島章、小島宗光／中島章（74歳）
**聞き手**：豊福喜美雄、武内久典／草野淳一郎、草場康文／山口峰頼　渡大樹

オキノタ・沖の田　シモフク・下福　カヤノガラミ・茅野搦　シンデン・新田　クシノキ・楠の木　タカハラ・高原
マエダ・前田　ヤマサキ・山崎　ムネダ・胸田　シケンヤガラミ・四軒家搦　ヤマザキ・山崎　ムネダ・宗田
サカタエンデン・坂田塩田　ホゲイワ・穴岩（保ヶ谷）
／※ギオンザキ・祇園崎　※オオギョウジハマ・大行事浜　スズメイワ・スズメ岩　※ゼンモンダニ・禅門谷　バンショノハタ・番所の端　ウシロンハマ・後の浜　ウラハマ・浦浜　※ツジ・辻　トトウ・渡頭　キンツジ・金辻　ドンマエ・堂前　※マエヒラ・前平　※ウエ・上　※ミフネヤ・御舟屋　キリヨセ・切寄（霧寄）
ナルイシ（ナルイワ）・鳴石　モリャゴゥ　馬洗川　サカタエンデン・坂田塩田　ホゲイワ・穴岩
／城山　キリヨセ・切寄　城　切寄の堤（斬寄の堤）　峰　狩場　腹千場　牧島　小島　さよたばる・佐代田原　さよがらみ・佐代搦み
ナルイシ・鳴石　サカタエンデン・坂田塩田　シケンヤガラミ・四軒屋搦　カヤノガラミ・茅野搦
楠久津　バンショノハタ・番所の端
竹の古場

## 福川内
**話し手**：川田嘉治（S.5）
**聞き手**：越智琢磨、橋本治幸

トドロキ　ニマイダ・二枚田　サンビャクダ・三百田　ノダムコウ・野田向　シモハエ・霜生え　ソンダ　マツリダ　カミサンダ　カシキバ　シライワ　ナガタ　カマサキ　イセコシ　オオミチ・大道　オキモリドウロ　ツジノドウ　トドロキガワ　ノダイデ　フクイデ　カワイダニノツツミ　ナガタバシ　ウエンイエ　ナカンイエ　シタンイエ　タテイワジンジャ・立石神社

## 峰
**話し手**：山浦布治雄（S.2）
**聞き手**：後村政治

カミ・上　ジョウミネンタニ・城峰谷　フナゴヤ・船小屋　オサキ・御サキ　マエダ・前田　マードンハカ・間戸墓　ノボリアガリ・登上　ウボヤマ・乳母山　ヤズマ　ウイデゴー・大井道口　コウラ　ツワヒラ　サガリ　ナンマツ・南松　ナンゴヤ・南小屋　メリケンウチ　ヌードンヤシキ・楠殿屋敷　ムーリャゴー・馬洗川　ウカワ・大川　ナカノイエ　ヨコマチ

## 鳴石（峰）
**話し手**：力武時雄（84歳）　高峰請雄（86歳）　同夫人　同弟
**聞き手**：西村健次朗　三原信介
地名報告なし

## 久原一区
**話し手**：西山市郎（T.4）／金子禎輔、中尾、宮地滋、川内、川久保好喜
**聞き手**：有吉幹文／荻野裕矢、高橋慶太

ダヂ・駄地　ヒラオ・平尾　ウートウ・大藤　ヤノムネ・矢の宗　ヤフサ・矢房　ハラ・原　ホリタ・堀田　カンノクボ・管野久保
ミズノテ・水手　マドコロ・間所　イイモリ・飯盛　シロヤマ・城山　モーリャゴ・馬洗川　ガスタ・ガス田　ガッコウノヤマ・学校の山　シンデン・新田　タヂ（タジ）・田次　クボタ・久保田　コウクチ・河口　カンノクボ・菅野久保　ヘギ・平木　ヒラオ・平尾
ホミタ・ほみ田　カミノダン・上の段　ナルイシビラ・鳴る石びら

／　フラン・布蘭　タンサキ・炭崎　タニゴウ・谷郷　サンゲンチャヤ・三軒茶屋　ミノヒロ・巳ノ広　ナキハラ　アゲタ　＊ヒーラギヤマ・ひーらぎ山　ゼンモンツジ・禅門辻　ヘーノウシロ　＊ヤイモンヤマ・やいもん山　＊タカイワ・高岩　ヤナギヒラ　コマツバラ　ヤクッタニ　ミュウトイシ・夫婦石　コウダ・高田　ノンサキ　ウカエ　ノンボイ　ヨコミチ　ブンネン　タケンモト　オサキ　コバル　＊カワミチ・川道　イハバル　イオキ　ハンノソン　＊ツジ・辻　タカヤマ　ハンタニ　サンタヤマ　マツバラ　ヨネヤマ　ジュウカン　ナナマガリ　モウリャーゴウ

久原二区
**話し手**：西山市郎（T.4）／川久保好喜、宮地滋
**聞き手**：有吉幹文　南里香、大島千明、松本吏子
ニシビラ・西平　クハラコウチ・久原高地　カミアゲ・神揚　ツツノハル・筒の原　オオイデ・大井手　シモバ・下場　ハシノモト・橋の元　ハザマ・波佐間
／
シゲサキ　イワノシタ・岩の下　ハゼヤマ　タイタイ　ウドンモト　ウマンコウ　チャノキバヤシ・茶の木林　ハンゴイワ・はんご岩　ヤシキンマエ・屋敷前　ドウノウエ・堂ノ上　ムカイヤマ・向山　オバガツクラ・姥がつくら　タンサキ・炭﨑　タニゴウ・谷郷　ヒイヤケダ・日焼田　ウタニ・大谷　ヤマグチ・山口　ツグロ　ダイノハナ・台ノ鼻　ツジ・辻　タンガシマ・種子島　ハゼンタニ・波瀬谷　ヘーノウシロ　アゲタ　＊オトノヒロ・己ノ広　フラン・布蘭　キサキ・御﨑　コウダ・高田　ながいこう・流れ江　ひだらんさき・干潟の崎　ゆびんくち　さかや　たかいしがき　とーふや　ちゃや　どば／土場

久原・小島地先
『伊万里市史民俗編』134頁
ヤマンカミダシ・山ン神出シ　アカハゲダシ・カンノンダシ・カンネ出シ　ミョウトイワ・夫婦岩　ナカワダシ・川出シ　ウーセ・大瀬　カモセ

追崎（波瀬）地先
『伊万里市史民俗編』134頁
ベンジャーダシ・弁財天出シ　ウーサギダシ　マナイタ　チョケン

越木島周辺
『伊万里市史民俗編』134頁
コゼ・小瀬　スクボゼ

城（山代町城、ジョウ）

『伊万里市史民俗編』99－101頁
タケノシタ・竹ノ下　クチノマ・口ノ間　ヤセダ・八畝田　タニ谷　ツジ・辻　イセコウタ・伊勢講田　カンノンタ・観音田　ネコシマ・猫島　シモノハラ・下ノ原　ハタケノナカ・畑ノ中　キタノマエ・北ノ前　スエヤシキ・末屋敷
サビイデ・錆井手　キタヒラ・北平　カバラ・かばら　イワイデ・岩井手　クジタ・くじ田　コウクボ・こうくぼ　ユルキタ・ゆるき田　タライガワ・たらい川　サガリ・さがり　ジゲンダ・神源田　ジヤアラカシラ・平ノ頭　カジワラ・梶原　ナカゾノ・中園　オノウエ・尾ノ上　サントウイケ・山頭池　レイスイガワ・冷水川　チゴンゴエ・ちごん越え　クジタ・くじ田　キタノマエ・北ノ前　エノキザカ・えのき坂　ホウシンタ・ほうしん田　ヘゴドイ・へごどい　ヅウメキツツミ・づうめき堤　コンピラグウ・金比羅宮　ナカバヤシ・中林　フルバ・古場　イワノシタ・岩ノ下　ヤマノウエ・山ノ上　ウソンタニカワ・うそん谷川　ジヤアラ・平　ナキビスサカ・泣きびす坂　コンコンヤマ・こんこん山　ドゼンコヤ・どぜん小屋　ミッタイ・みったい　ナナマガリ・七曲り　フタツヌゲ・二つぬげ　テングイワ・天狗岩　ドウノウエ・堂ノ上　ソウベシ・そうべし　カミノウエ・神ノ上　カンノンタ・観音田　ダイコクヤマ・大黒山　ゲナクボ・げなくぼ　マドコロ・まどころ　マルヤマ・丸山　タテカレ・たてかれ　カキノキタ・柿ノ木田　ニシノマタ・西ノ股　ヨニンコロビ・四人転び　ホットンジイ・ほっとんじい　ナカウマ・中馬　ウンバタ・馬田　イソミチ・磯道　カドワキ・かど脇　コガンタ・こがん田　カンダ・神田

城ジョウ
**話し手**：山下義朗／黒川正機（S14）
**聞き手**：鍋壮一郎、小宮大輔／森下志織、山崎貴大、小林俊雅／石橋道秀
ハラホシバ・腹干場　キリヨセ・切寄　タヌキヤブ・狸藪　カリバ・狩場　ヨシナヤ・吉納屋　ニシガワチ・西河内　ナカドオリ・中通　ナカ・中　ナルイシ・鳴石　タケノコバ・竹古場　ウマイシ・馬石　ヨシノヤ　ヅーメキ　ツベシ・坪石　ヒヤミズゴー　エンドロス　ツバキドオリ　タケノシタ　トビイシ・飛石　タノノシタ　ナカンミチ　マルミネタメイケ　コウグチ　ヒラダニ　ヒライシ　ナガレガワ　ヤマガシラツツミ　ダイジングウサン　コンピラサン　ミョウジンサン　タンノシタ　ネコジマ　ジョウミネバシ　コガンタ　マエダンツツミ

野々頭（東分）ノントウ・ノントン
**話し手**：貞方善延（昭和15年）、永尾章（昭和24年）、九重路純二（昭和24年）／前田二三四（昭和5年）　前田卯佐治（大正15年）　幸松秋男（昭和6年）
**聞き手**：吉田梨菜／安藤大起
カキンダ・柿田　モウレイゴウ・馬洗川　ツツンハラ・筒ノ原　ハンノマエ・原前　ハンノウシロ・原後　ウシロコバ・後古場　ノントンスミ・野々頭隅　ヤマンテラサン・山ノ寺　ウウヒラ・大平　ナナマガリ・七曲　ジゾウサン・地蔵さん　カブタ　トクボ・徳房　カミヒガシ・上東　ホキ・保木　キワダ・木和田　ハシンモト・橋ノ本　ナカノ　ハンノマエ・原前　ノントンスミ・野々頭隅　カク

ゼマチ　フカタ・深田　カンボキンツツミ・上保木堤　ナガタンツツミ・長田堤　タジモ・田下　ナカンクミ　クルベシ・栗林？　ヤクシサン　カンボキ　上保木　カミキワダ・上木和田　シモキワダ・下木和田　ハラノウシロ・原後　ハラノマエ・原前　ナカノ・中野　カブタ・株田　ホキ・保木　カキンタ・柿田　キワタガワ・木和田川

### 東分
**話し手**：金子汎佑（昭和19年）、松永吉三郎（大正15年）、前田義郎（昭和13年）
**聞き手**：上山真友菜、岩本朝子
ミヤタノツツミ・宮田の堤　ヒガシカワ・東川　イシミネ・石峯　イソミチ・磯道　ミチコシ・道越　オオマルタ・大丸田　イタギ・板木　シモコバ・下古場　コタシロ・小田代　スガタ・菅田　ムロ・室　カワゾエ・川添　オオギリ・大切　ハシモト・橋本　ゴウヤマ・郷山　ナカノハル・中野原　カンマツタ・上松田　オノウエ・尾上　タワラカク・俵角　クリヤマ・栗山　ウシロコバ・後古場　カシワギ・柏木　ミズノゼキ・水除　ミヤタ・宮田　ヒチタ・七田

### 楠久津
**話し手**：樋口國昭（昭和14年）、中島正郎（昭和5年）、山口康博（昭和5年）、掛橋利美（昭和13年）、福田昭子（昭和12年）、小川秀雄（昭和7年）、小島宗光（昭和16年）
**聞き手**：高妻信哉、藤木道昭
オフナヤ・御舟屋　イチノツボ・一の坪　カミ・上　マエビラ・前平　ドンマエ・堂前　キンヅシ・金辻　ツジ・辻　トトウ・渡島　バンショノハタ・番所の端　ウシロノハマ・後の浜　ゴカヤ・五ヶ山　オオゾノ・大園　マタゴロウヤマ・又五郎山　ドバ・土場　スズメイワ　スクボ

### 川南
**話し手**：松永勝美（昭和14年）
**聞き手**：田代智史、中村貞雄、前田明徳
＊ヤマノテマチ　山の手町　＊アカツキマチ・暁町　＊カワバタマチ・川端町　＊サヨノオカ・佐代ノ丘　＊サヨヒメ・佐代姫　＊オフネマチ・御船町　＊ボタヤマ　ぼた山

### 向山（西分）
**話し手**：平石嘉人・山本春男・吉田弘介（T13年）　同夫人／原田忠昭（S5）多久島繁　岡部洋次
**聞き手**：角谷友梨香・加留部紘子・木下加奈子／梶原啓太　八尋由典／筒井伸一　河野太郎
＊カミサヨカワチョウ・上佐代川町　＊カミサヨカワチョウ・下佐代川町／モトヤマ・元山　イデバタ・出端

### 浦ノ崎（立岩）・西大久保
**話し手**：林平吾（昭和4年）
**聞き手**：川上秀次郎　河村裕隆／和久田昌浩　原田芳博
地名記載を欠く

### 上古賀
**話し手**：中島三男（S.9）、池田安一（T.1)、山下恒夫（S.10)
**聞き手**：池松路子、朝来淳子
イカリ　チュウチュウコバ　クラタニ　ウランタン・裏の谷　カキウチ　ジンダロウ・カシキグチ・ウエノヤマ・上山　ヤンベタ　カミナミセ　シモナミセ　チューバー・田原

### 下古賀
**話し手**：中島三男（S.9）、池田安一（T.1)、山下恒夫（S.10)
**聞き手**：野田倫子、出口友穂
ガンダン　ヤマダニ　ウウフケ　オチアイ・落合　サゲンクボ　サキンクボ　カシワケ　カンネオ　ドオノモト・堂本　チャーバ　ゴホンマツ・五本松　ニホンスギ・二本杉　トゴロウ・戸五朗　ウエンヤマ・上ノ山　イトヤシキ・糸屋敷　クスノキバ　タヌキヤマ・狸山　クロギンダニ・黒木谷　ウメノキダニ・梅木谷　イデンカワ　ガブロ　ゲンギャロ　ウドランツツミ　イマダケンツツミ

### 白野（大坪町乙）
**話し手**：小松一夫（S.4)、吉原豊次（T.9)、川原富夫（S.4)、前田信義（S.9)
**聞き手**：有浦芙美、榊原裕
※マイレガワ・間入れ川　イデンノコウ・井手の川　シチンゴウ　※シマ・島　タッチョ　バンショ・番所　ババ・馬場　ヒャアコンガワ・内笑川　ナカドオリ・中道　※アメクボ・雨くぼ　ゴウシロ（ゴツシロ）　ゴケタンクボ　マーコバ　フクノクボ　※ウメノキタニ・梅ノ木谷　ヒラキダ　ムカイグミ・向組　ナベカクラ　ヤンボシズカ・山法師塚　ニシノクボ　マエンデ・前んで　クウヤ・紅屋　ゴタロウ　チャエンバシ　タイタニ　トックリタニ　タカミ　オックー　フネオ　トノサマミチ

### 永山
**話し手**：松尾重臣
**聞き手**：小井手武治、霍田将享
カバノキ・樺の木　インドヤマ　インゴウ・犬川　センガンクボ　キャーマガイ　ヨシノモト・吉野本　ナガヤマ・永山　セケンドウ　フゲンドウ・普賢堂　ミヤタケサン　ヤマノカミ・山の神

### 屋敷野
**話し手**：樋渡輝雄（大正5)、片岡輝次
**聞き手**：田口公成、田中照剛久門義明、藤木清志／服部英雄
ウマオウ・馬追　セイガクレ・勢ガクレ　カクレガタニ・隠れヶ谷／

シンダチヤマ　ヤマノカミ　タニ　コウラ　タニゴウ　イデノヒラ　オオビラキ　キャーノキ

東円蔵寺、西円蔵寺

話し手：山口良行（S.4）、田中謙之（T.12）、德永三郎（T.14）

聞き手：久門義яких、藤木清志

コモンナリ・小物成　モンボヤ・門外　シタンカワ・下ノ川　カンチョウ・官長　チュウグミ・中組　オオミチ・大道　ヤマダ・山田　サンゲンチャヤ・三軒茶屋・ニケンチャヤ・二軒茶屋　マルオ・丸尾　ヒガシマルオ・東丸尾　スイゲンチ・水源地　ガンタケ・元岳　カミビラキ・上開　シモビラキ・下開　ミネ・峯　イッタンゴセ・一反五畝　コシキバル・小式原　ワンゴウ・腕郷　ハマノウラ・浜の浦　ガタ・潟　ヒグチノボチ・樋口の墓地　ニシボチ・西墓地

〈牧島村〉　大正9年（1920）〜昭和25年（1950）（伊万里町）

木須東（戸ノ須）

話し手：前山俊夫（T.6）、前山博（S.6）

聞き手：宮田誠、米沢和孝

トノスガラミ・戸ノ須がらみ　フルトトシマガラミ・古戸渡島がらみ　ヤジエモンガラミ　トトシマガラミ・戸渡島がらみ　ハマノクリ　ケンジョウガラミ・見上ガラミ・カミケンジョウ・上見上がらみ　シモケンジョウガラミ・下見上がらみ　ガヤデイ　ナンコシ　イビンクチンイクミチ　ハッタダンイクミチ　ウサギヤマ　クリザキ　シンガエ　イキズシ・生通石　イビンクチ

木須東（馬臥マブセ）

話し手：井上照彦

聞き手：服部英雄

ユノタニ・湯の谷　イデンハタ

木須東（辺古島）

話し手：池田久利（T.9）

聞き手：宮田誠、米沢和孝

フルトトシマ・古戸渡島　マツシマガラミ　ゴドンデイ　セッキョウゼ　イワバリ・岩張　シマグニ・島国　マガリメ・曲目　イセコシ　ナキリンツツミ　ボンメキンツツミ　ゲーデンツツミ

木須西（駄地、多々良、里）

吉牟田正巳（T.15）、松尾竹四（T.10）、松尾キリ（T.3）、河原

聞き手：平野恭仁尋

ゲンゴロウ・源五郎　ケンジョウ・見上　ナンマツ・南松　ジョウシ・城址　ユワンノ・岩ん野　チャアバル・茶原　ハマチタ　ウタンウチ　ウシロンクボ　アカヤマ・赤山　ババ・馬場　マエンデ・前出　ツジヤマナカ・辻山中　ハマ・浜　ハマウチ・浜内　シミズウラ・清水浦　ジョウザカ・城坂　アミダザカ・阿弥陀坂　ハマウラミチ　ハタンダミチ・八反田道　ババンツジ・馬場ん辻　ドウゾノヤマ・道園山　リュウオウサン（リュウオウダケ）・竜王岳　ドウゾノイケ・道園池　イノキダイケ・猪木田池　シンツツミ・新堤　ケンジョウガワ・見上川　ババ・馬場　ヨシダヤマナカ・吉田山中　アタラシエ・新家　レンガヤマド

木須（多々良）

話し手：鳥山清（S6）、鳥山キヌエ（S10）、松尾竹四（T10）、松尾キリ（T3）

聞き手：野口智子、野口悦子

ウタンウチ・大谷内　ハマ・浜　ハマウラ・浜浦　マエンデ・前出　ババ・馬場　アカヤマ・赤山　ツジ　ウシロンクボ　ツジヤマナカ　シミズウラ　ダジ　ウーザカ　ハマウランミチ　アタラシエ　ヨシタ・吉田　ケンジョウ・見上　ユワンノ・岩野　ナンマツ・南松　チャーバル・茶原　アミダザカ　レンガヤマト

木須西

話し手：副島強（昭和13年）

聞き手：川野雄佑、熊抱広之、竹田津敏史

＊タタラウラ・多々良浦　＊ミゾミズウラ・溝水浦　＊ミゾミズウラエンデン・溝水浦塩田　＊キスシンデン・木須新田　＊キスカラミ・木須搦　＊トウキシマ・戸浮島　＊トノスカラミ・戸ノ須搦　＊コウチドカラミ・耕地土搦　＊マツシマカラミ・松島搦　＊カワクボエンデン・川久保塩田　＊ウレシノエンデン・嬉野新田　＊シラハマエンデン・白浜新田　＊ウエハマ・上浜　＊グンヅラ・海面　＊シンハマ・新浜　＊セトハマエンデン・瀬戸浜塩田　＊カワゾエエンデン・川副塩田　＊イチノカク・一の角　＊ニノカク・二の角　＊サンノカク・三の角　＊シノカク・四の角　＊ゴノカク・五の角　＊イワノカラミ・岩野搦　＊シオガミ・塩神

脇田西

話し手：内海一利、岩永融、井手民夫

聞き手：田中信吾、津平公彦／服部英雄

クラセド・暗瀬戸（倉瀬戸、鞍瀬戸）　ジンニャーサカ・陣内坂　ジンニヤンフロ・陣内風呂　コークボ　クボノイニキ　コークボンツタイ　イッポンスギ・一本杉　ダゴジュヒヤシ・団子汁冷し　ショーノーゴヤ・樟脳小屋　エンショウグラ（ウ）・焔硝倉（煙硝倉）　マツヤマ・松山　ウランタン・裏の谷　カミスギダン・紙漉谷　ウエンヤマ・上の山　マーヤマ・前の山　アブラヤ・油屋　ジュートコ・柔床（汁床）　ユノシン・湯の尻　ムカエ・向家（向辺）　ジュウトコンガブロ・汁床の河風呂　ナガノ・長野（中野）　ナカノンジャーラ・中野平　カノキゾイ・桑の木添え（桑の木末）　ヤマゴー・

山郷　ミヤンマエ・宮の前　ウメノキテンジン・梅の木天神　ハマダンツツミ・浜田の堤　ジャーミツサン・五社大明神様　ツチバンヒラ・土場の平　オサキ・尾崎　ゴーグラ・郷倉　ガツコンヤシキ・学校の屋敷　ヤマサキ・山崎　キシンシタ・岸の下　チャーバイ・田原　チャーバイ・田原　タカマツノウラ・高松浦　ノゾエ・野添　野末　ホッタゴ・堀田河　カミヤ　ツツミンハタ・堤の端　カミヤンツツミ・瓶屋の堤　ツツミンガブロ・堤の河風呂　ウエンツツミ・上の堤　フタマタダン（フタマツダン？）　ワキダンヤマ　タイノシタ・垂木の下　ホーチョーダン・包丁谷　ウータン・大谷　ウマノアシカタ・馬の足形　ナギタ・凪田　クラタニツツミ・鞍谷堤　シンツツミ　モノヒキツツミ・物引堤　タカミノハラ・高見の原　ウボーダニ（ウンボーダニ）・祖母谷　ジジガダン・爺が谷　オヤジノコバ・親爺木場　コマツバラ（コマツワラ）・小松原　イソミチ・磯道　マプセ　チョージヤマ・丁字山（長者山、長寿山、長恩寺山）　ロクロダン（ドクロダニ）・髑髏谷　ベトンツツミ・別当の堤　ナカンツジ・中ノ辻　※コレラハカ・コレラ墓／　ウマノアシカタ・馬の足形　ナギタ・凪田　クラタニツツミ・鞍谷堤　シンツツミ　モノヒキツツミ・物引堤　タカミノハラ・高見の原

## 脇田東
**話し手**　松尾香
**聞き手**　岸良　陶山
コマツバラ（コマツワラ）・小松原　※ジジステヤマ・じじすて山　※ババステヤマ・ばばすて山　アナグマ　※ホトケダニ・仏谷　※カミスキタニ・紙すき谷　イソミチ・いそ道　※ウマノアシカタ・馬足跡

## 平山
**話し手**　池田徳男（平山区長）
**聞き手**：礒谷賢志、井上博之
ヒロタ・広田　ネリコムタ　クンセキ　ミチガエ　ナカミゾ・中溝　コクダシ・フジノダンチ　ウダニ・大谷　ホッタゴウ・堀田川

## 岩立
**話し手**　東光廣（S.8）、廣川（S.6）
**聞き手**　税所信仁、平川貴一
マッテンザカ・マッテン坂　ナコミチ・ナコ道　カバノキミチ・カバノキ道　ショウイダ　ヒットデグチ　コウチノサカ　オンノクズ　ハギノモト　萩ノ元（小字）　ハチノウエ　マーオウノツジ　セガクラ・添ヶ倉（小字）　※コクンドヤマ　コクンド山　ジョウゴ岳　シイノキヤマ・シイノキ山　※ハンジョウタニ・ハンジョウ谷　シゲンタン　ヤケヤマ　ゼンモンイワ・禅門岩

## 瀬戸（瀬戸町本瀬戸）
**話し手**　岩本利之（S10）
**聞き手**　太田真平、林博徳
セトシンデン・瀬戸新田　ハマンクリ

## 瀬戸（中通）
**話し手**　石井昭吉（S10）中島勘一郎（S21）井手口弘（S7）
**聞き手**：山本耕平、市本誠
セトハマ・瀬戸浜　カワソイシンデン・川副新田　セトシンデン・瀬戸新田　とんごとう・屯衛島　ぐそくいし　まきしまやま・牧島山　しおがま・塩竈　牧島山の堤　中通池　はまんくりの北の堤　はまんくりの東の堤　新堤

## 瀬戸（早里）
**話し手**：松尾美知子（T14）島本、松尾道之介さん一家、犬塚さん、津上さん
**聞き手**：山口哲、森井伸夫
タコボチ・蛸ぼち　キドングチ・騎渡口　マキシマヤマ・牧島山　デンボリ・連堀　シンドテ・新土手　フクボトケ・福仏　ラクセッキ・落石　オオボク・大木　タカイワ・高岩　タカイワミチ・高岩道　ヨシワラ・吉原　マキシマガラミ・牧島搦　デンデンガラミ・塩田搦（田々搦）　ハヤリザキ・早里岬　オオフナヅリ・大船づり　ロッポウザカ・六方坂　ウレシノシンデン　うれしの新田　カワゾエシンデン・川添新田　エゴ　シオアソビ・潮遊び　サカイガワ・堺川　ユビノクチ・指の口　ハヤリハマ・早里浜　ハマ・浜　ナガバタケ・長畑　ヒトギレ・人切れ　ウマゴメ・馬込　ゴンベダニ・ごんべ谷　ヤゴノウラ・やごの浦

## 瀬戸（釘島）
**話し手**：釘島辰男（T13）
**聞き手**　前原茂雄
ウシロノタニ（ウウダン）・後の谷　キタビラ・北びら　ニシビラ・西びら　タンセ・たん瀬　ヒガシノ・東の　ニシノ・西の

## 瀬戸（築港）
**話し手**：満江リョウ（満江リュウ）（M41）
**聞き手**：前原茂雄
ナナツジマ・七島

## 瀬戸（牧島）
**話し手**：西伊予吉（T13）
**聞き手**：前原茂雄
ジョウヤマシリ・城山尻　ワタシバ・渡し場　セノハナ・瀬の鼻　ウマオイバ・馬追い場　コウシャ

ホウアト・高射砲跡　ウレシノシンデン・嬉野新田

**瀬戸町**
**話し手**：満江洋介
**聞き手**　立井孝則　坂本一生
グンズラ・海面　アツガマ・上浜

**松島**
**話し手**　前山博　中村いさを（56歳）前山さん
**聞き手**：福原武史　松崎友祐
松島絡み（搦）　耕地絡み（搦）　本田

**馬伏**
**話し手**：前山博　中村いさを（56歳）　前山さん
**聞き手**　福原武史　松崎友祐

〈黒川村〉　明治22年（1889年）黒河村　明治37年（1904年）　黒河村を黒川村へ　昭和29年（1954年）伊万里市

**花房**
**話し手**：岩野誠（S.17）　杉山信夫　佐志重信（S.19）　杉山仁（S.5）
**聞き手**：印藤真哉　岩永崇史
シンヤ　シイノキヤマ　ジンレ　クラタニ　インキョブン　アナダ　スゲタ　ミツシオ　ダルコバノシロダ　フナグラ　ウエヒラダ　シタヒラダ　ドウエ　カシヤマ　ウエザクラ・上桜　マツノオ

**畑川内**
**話し手**：前田徳一（T.7）　梶原菊夫（T.7）　柳本常尚（T.13）　坂本勝利
**聞き手**：植田美穂、大山智美
アリムタ　ウサギダ・うさぎ田　カミヤンタニ・神谷谷　クラタニ・倉谷　コシコバ　コブイシ・疣石　シイモモ　ショウヤヤシキ・庄屋屋敷　ダァラ　タカノス・鷹ノ巣　ドーキュ・道急　ナガサコ　フヂンタニ・ふぢん谷　ヘゴノ　ミズナシゴウラ・水無ごうら　イリフネヤマ・入船山　オオヒラヤマ・大平山　キャーガミネ・貝ヶ峰　デフネヤマ・出船山　マルヤマ・丸山　ウータニ・大谷　ヒコジュ　ヤナギンタニ・やなぎん谷　アシガライケ・足柄池　カジゴヤ・鍛冶小屋　カモイイケ・鴨居池　ショウヤガワ・庄屋川　ドーキュ・道急　フルミチ・古道　カンノンヂャヤ・観音茶屋　クルマヤ・車屋　サガリ　ヒワレ　フルミチ・古道　ワサダ　オガミマツ・拝み松　カンソウゴヤ・乾燥小屋　ジゾウ・地蔵　ハカ・墓　マスイワ・桝岩　ワクドイワ・わくど岩　アズキコバ・あずきこば　カンネモト・かんねもと　コモリイワ・子守岩　コーゲダケ・こーげ岳　ジュウジボ・じゅうじぼ・ハチノクボ・はちのくぼ　ヤマガシラ・山がしら

**塩屋**
**話し手**：長野貢（S.10）　森戸吉昭（昭和11年12月13日）、岩下勝實（昭和18年5月12日）
**聞き手**：加治里佳子　加藤恵　吉岡聡　富田倫史　牛島久
ハマビラキ・浜開き　カミシンタ・上新田　ドイガシラ・土井頭　ウラシンタ・裏新田　セントウツ・船頭津　タテデイ・縦土居　ウラブン・浦分　コウゴウジマ・金剛島　ビョウビラ・城平　マキノチ・牧ノ地　マエダ・前田　ワケザキ・分崎　ハイザキ・灰崎

**塩屋地先**
伊万里市史民俗編134-136頁より
ジャガセ・ジャガ瀬　コジャガノセ・小ジャガノ瀬

**立目タチメ**
**話し手**：古竹繁雄（S.11）
**聞き手**：衛藤朱里、久保田資子
カミナリマツ・かみなり松　オオヤマジンジャ　大山神社　クサキリヤバ・草切り場　オオヒラタメイケ・大平溜池　ニシ　サキ　カワノウエ・川の上　シンデン・新田　コウチデン・耕地田　ツツミイシタメイケ・包石溜池　イシクラタメイケ・石倉溜池　サンカクタメイケ（三角溜池）

**小黒川**
**話し手**：黒川紀夫
**聞き手**　岩永圭子　浦底愛子
ウラシンタ・裏新田　トクスエシンタ・徳須恵新田　ナベヤシンタ・鍋屋新田　マエシンタ・前新田　マエダ・前田　トビタロウ・飛太郎　ハゲヤマ・はげ山　カワカミカワ・川上川　ハトノハマ・はとの浜　マエガタ・前潟　デイ・道　センサカ・千坂　カミタチミチ・上立道　ヤマナカミチ・山中道　コンゴウミチ・金剛道　ネセノタメイケ・根是の溜池

**浦分**
**話し手**　小島陸老
**聞き手**　口石良、小谷洋平、木村一美
ハトノハナ・波止のはた　デーグミ　土井　イゼンクチ　コンピラサン　ワカミヤドオリ・若宮通り　トクセシンデン・徳須恵新田　ナベヤシンデン・鍋屋新田　シラハマイナリ・白浜稲荷　ナベンツル　ジャガゼ　車が瀬　タケノマエ　ノタル　ナカゼ　ヌケノマエ・ニホンマツ・二本松　コテボガウラ

オオイワ・大岩　フクルムギ　ホゲイワ　ノミゼ　ナガシカンジョウ　オオイワセト　ジョウトク　＊ヒモン・樋門　＊ヒラドヤ・平戸屋

釘島地先
七ツ島
金剛島地先
浦潟地先
福田地先
伊万里市史民俗編 134-136 頁より

タチセ・タチ瀬　フダンセ・フダン瀬　コゾネ・コゾネ　フクレムギノセ・フクレ麦ノ瀬　タケンマエセト・タケンマエ瀬戸　オオイワノセト・大岩ノ瀬戸　ノミゼノセ・ノミゼノ瀬　ガタセ・ガタ瀬　コンゴウセ・金剛瀬　テラダシ　ズーセ　ウノトリセ　ナカセ　ナゴンハエ・ナゴン碆　カマブタセ・カマブタ瀬

### 黒塩
**話し手**：近藤力奥、久保川俊孝（94歳）
**聞き手**：古賀拓也、岡野真一

シラハマシンデン・白浜新田　ウラシンデン・裏新田　イリエ・入江　イシボトケ・石仏　ロクタンバ・六反場　ゼンモンダニ　ナベンツル　ヌゲンツツミ　ヤマガミ・山神　ダイモンザカ・大門坂　サカイガワ・堺川　フウカブリヤマ　アカミチ

### 清水
**話し手**：前田徳男（区長）
**聞き手**：大渡崇志　奥平雅之

オオタニ・大谷　カナイシ・金石　ウメノキ・梅の木　ウマノセダ・馬の背田　タノウエ・田の上　トリゴエノシタ・鳥越の下　ツジ　マエダ・前田　クボバタケ・久保畑　カワノシリ・川の尻　タキノモト・滝のもと　クボノマエ・久保畑　シモコバ　キンベガンネ　オオスミズ・大清水　イデノシタ・井手の下　カミコバ　シンケノウラ・新家の裏　ウナイシ　マコマチ　タンコウノシ・炭坑の下　ハラヤマ　アサヤシキ　マエダ　シンヤ　カワハタ　カワウエ　タケヤマ　クボ

### 真手野
**話し手**：小旗定実（T10）小旗実雄（T12）
**聞き手**：草場友美、熊澤麻耶

トヨミナサマ・豊宮様　ウウタニ・大谷　ササヤマ・笹山　トヤンタニ・戸野の谷　シイノキヤマ・椎の木山　マゴエモン（マゴエンドン）　ハチノクボ・八ノ久保　シレゴダニ　コウヤ・高野　ヤナギノウチ・柳の内　ウウドヤ・大戸屋　コドヤ・小戸屋　カクラ　ヤナギノウチノタメ・柳の内のため（柳内池）　ミチシ　マツノモト・松の元　ウト・宇登　ニシ・西　ナカ・中　ヒガシ・東　ミズノガタ・水野方　デミセ・出店　カミノガタ（カミノホウ）・上野方　ビザイテン・弁財天　セデケポンプ　トヤガタ・戸屋方　セデケ　ハチリュウサマ・八竜様　ヒノクチ・火の口　ハシノクチ橋の口　シイタチゴウノタメ・椎立川のため　シイタチゴウノウエンタ・椎立川の上のため　オクノタニ・奥の谷　テランタメ・寺のため　タケノジダメ・竹の地だめ

### 長尾
**話し手**　前田至（S10）　岩野進（S2）
**聞き手**：銀鏡佳、中野由美子

クボンタニ・久保谷　ウエノツジ・上ノ辻　ショウゴロダニ・庄五郎谷　ハタケダ・畑田　ナガタンタニ・長田谷　ベニザシダニ・紅指谷　オビデン・帯田　ヤシキ・屋敷　キシノシタ・岸ノ下　ウーガッタ・大潟　マルヤマ・丸山　クボヤマ・久保山　ヤマンサコ　ナガハタケ・長畑　テラヤシキ・寺屋敷　カミサマヤシキ・神様屋敷　イデクボ・井手久保　ノダ・野田　ゼンカイ（ゼンギャ）　ホトケイシ・仏石　マイデン・舞殿　イシハラ・石原　ヘラクチタ・へらくち田　ムタ・牟田　タニギャノ・谷ヶ野　ウーヒラ（ウーギャラ）・大平　マエヒラ（ミヤブラ）・前平

### 大黒川
**話し手**　記述を欠く
**聞き手**：山崎秀則、藤代俊、柴昇司、桑山庸史

ドイガシラツバキセン　タカツキ・高月　マエンタニ　マエンタニ　マエダンタニ　カミヤマ・神山　ハチノス　ヒョウタンゼマチ　カワラダ　ゴタダガワ　ノリカンネガワ（シラッチガワ）　シンヤヤマグチ　ヒラキダニ　アコマ　コウラキミチ（アコマミチ）　コウラキガワ　シラキンタニガワ　ホンケ　ワクドイシ　ユミオレツジ・弓折の辻　オシカワ　カワバタ　ツジヤマ　シマダガワ　カンノンサマウエ　マガッタニ　ウマガワ　コメゴメ　ナガタニ　ツツミシタ　ワキンタニ　シンベーカンネ　サクランモト　スウリンダニ　ナマズガブロウエ　コセンモト　シオイリ　ミカド　オウチノサカ・追う地の坂　イッポンマツ・一本松　ヒラコバ・平木場　イワバエ　サンゲンガマ・三軒釜　ヤマサキ　フナゴ　シイノキ　スギンナカ　チンノウラ　ワキンダ　ナカドウリ　サカグチ　ヒラ・平　カミ・上　ホリキリミチ　タニガシラ・谷頭　デイ　カキノモト　＊ネゴロノツツミ・ネゴロの堤　トビタロウ　ヒラキダニ　アコマ　カワラダ　ヒョウタンゼマチ　ハチノス　ナマズガブロウエ　タカツキ・高月　コセンモト　シオイリ　ミカド　オオチノサカ・追地の坂　カミヤマ・神山　イッポンマツ・一本松　ヒラコバ・平木場　モクドンカンネ　サクランモト　シンベーカンネ　イワバエ　サンゲンガマ・三軒釜　ヤマサキ　フナゴ　シイノキ　スギンナカ　チンノウラ　ワキンダ　ナカドウリ　ヒラ・平　カミ・上　タニガシラ・谷頭　デイ　カキノモト　＊ネゴロツツミ・ネゴロの堤　ワクドイシ　＊ドイガシラ・土井頭　＊ゴタダ・伍多田　カワラダ　＊ソデオトシ・袖落

**牟田**
話し手　記述を欠く
聞き手　服部英雄

つくりみち　すずがだに　すずきわら　えんざぶろう（げんざぶろう）・円三郎　まるばたけ・丸ばたけ　あといぬまる　うしろま（うしろまる）・後犬丸　まえんまる・前犬丸　たずのき　＊ながの・長野　うしろごら　きさぶろう　はたがしら・旗頭　横野旗頭　もうたに・馬渡　しょうぶのもと・平田　はら・原　なかのはら・中のはら　たちあらいがわ　＊しみずがわ・清水がわ　おおくぼ・大首　じょうごだけ・上古岳　ななまがり・七まがり　みいわのかみさま　みいわ　なっこば　いろなし　たじろ・大治郎

**福田**
話し手：松尾正（昭和6年）／田中義邦（昭和11年）
聞き手：藤真二郎、橋村京介／広木鑑治　岡史彦

ゴウグラ・豪蔵　グンザキ　タテバタ・たて畑　フッタッタ・深田　ニシゴ　サカヘラ・坂平　マルバ　ウラマル・裏丸　カワシタ・川下　カワカミ・川上　ムカイ・向　ヤマグチ・山口　カリヤウラ　ニシノソノ　ミチギ　シモカワ　シモグミ・下組　マツバ　カセクリ　サカヘラ　フクダ　ウラマル　カミグミ・上組　ナカグミ・中組　カミシンデン・上新田　ムカエ　エンノヤマ　ムカエ　カミノタンイケ　アマクボ

**福田地先**
伊万里市史民俗編 134-136 頁
カマブタセ・カマブタ瀬

**福田（浦潟）**
話し手：吉田啓一郎（昭和14年）坂口松夫（昭和2年）松本信吾（昭和8年）
聞き手：高橋祐希、橋野将茂

オザキノハナ・尾崎の鼻　キリビ　イワトヤ・岩戸屋　カミ・上　ナガセ・長瀬　ヒラセ・平瀬　ヒデセ　ビョウガウラ　コンゴウジマ　ヨシガワラ（ヨウシガラ）　カシガウラ　カヤシマ　コナシマ　カナエ　トンボガハナ・トンボヶ鼻

**干潟**
話し手：兼武秀行（昭和30年）
聞き手：光安健都、和野紗央里

イボイシ・疣石　ヒガシ・東　ナカ・中　ニシ・西　タツタリイワ・たつたり岩タッタリワ　ウマイリガワ・馬入り川　ウマアライガワ・馬洗い川　カミノマチ　カキノキクボ・柿の木久保　ムコウツツミ　エイノシリ　オッケゴ　モモノキ・桃の木　シモ・下　ナカグチ・中口　トリノヤマ・鳥の山　ウエマツ・上松　一里塚　カワノタニ・川の谷　フクダガシラ・福田頭　タイラ・平　カノキノクボ　ペンペンツジ・ぺんぺん辻　ウスノクボ・臼の窪　ハチノクボ　ミツキワ

**横野**
話し手　前田達男（昭和11年）
聞き手　石田多恵子　藤吉由貴　田中俊江

シモダ・下田　ナカダ・中田　タニ・谷　クボ・久保　カミヤマモト　トンノヤマ　スゴンダニ・スゴン谷　ハタミチ・畑道　ハタダ・畑田　オチガクラ・落ヶ倉　カクモ・角茂　ヤキヤマ　サキタ・崎田　カワダ・川田　コダ・小田　ハヤモト・早元　アガリグチ・上り口　トモシロ　キゾウ・喜造　ヒラキ　スズムク　モウタニ（モウタイ）・馬渡　タテヤマ　カンヤマ・神山　オチガクラノ山　ダラ山　ダラヤマ池　モウタニノ山

**椿原**
話し手：木戸正夫（75歳くらい）　小田部久徳（60歳くらい）
聞き手：江島康裕　佐田真徳
しこ名の記載を欠く

### 〈大川村〉　大正9年（1920）〜昭和30年（1954年）

**長野**
話し手　池田達造（T.9）柳田輝次（S.2）
聞き手　松下雄一　山下耕生

ミズモチ・水持　アカサカ・赤坂　ヤツエ・八ッ江　カワハラダ・川原田　ハタケダ・畑ヶ田　ユブネ・湯舟　ソエゾノ・添園　ナカドオリ・中通り　ヨドヒメ・淀姫　ギンペ・吟平　オイカゼ・追い風　ヤマテ・山手　オサカ・小坂　トメダ・溜田　ハコバ・箱場

**井手口**
話し手　ツルダツヤ（90歳）ナカシマミサオ（78歳）
聞き手：松本佳道、渡部真大

ハルグチ・春口　テメシカ　ウラダ・浦田　ナカシマ・中島　シマノハシ　エゴビラ・エゴ平　カメンタン・亀ノ谷　ナカオ・中尾　コバル　マイヤマ　カンノンヤマ・観音山　ツジヤマ　ハル　ヒガシ

**駒鳴**
話し手：平山千年（大正15）、野中広見、平山輝男／芳野さん

**聞き手**：落合純一、野崎忠秋／服部英雄

ヒノト・火の塔・日ノ登　ホトケンタニ・仏の谷　タニゴウ・谷川　アミダンツジ・阿弥陀ノ辻　トンヤ・問屋　イザサヤ　フナバ・舟場　トビイシ・飛び石　ニシダニ・西谷　ムラタメ・村溜（村中溜）　ヒラノタメ・平野溜　チャモトハシ　シイタチゴ　カノク・鹿の奥溜池（廃止）　タキウエ・滝上溜池　ナカヤマトウゲ／中山峠　ウランハル

### 峰・構
**話し手**：草場誠一
**聞き手**：服部英雄

ジョウゴイワ　ウメンタニ　イノタニ　シロヤマ・城山　ヒアリジョウ・日在城

### 山口
**話し手**：東島昭三（S.3）、鶴田シズ子
**聞き手**：行本敦広、料所祐二

デジロ・出城　タチアライ・大刀洗　タチノカワ・太刀の川　サンブザカ・三方坂　ハイダニ・灰谷　カッセンジョウ・合戦場

### 相の谷
**聞き手**：下山博史、属健治

地名の記録を欠く

### 川西
**話し手**：中井一夫（T.12）、中井仁一郎（S.23）
**聞き手**：山口陽介、早谷邦彦

フナグラ・船倉　エゴ・江湖　タタラ・田々良　イデノハラ・井手之原　アミダ・阿弥陀　モリ・森　シミズガワ・清水川　テラノ・寺野　リュウガミ・竜神　ズイセンデラ・ずいせん寺　ミズカミ・水上　フカザカ・深坂　ホリバタ・堀畑　モリ・森　タチ・館

### 川原
**話し手**：古藤悟（S.2）
**聞き手**：原口知子、藤田和子

ナカシマ・中島　オワスダ・大須田　ハタケダ・畑田　マツバラ・松原　カワハラ・川原　カミヤダン・神谷　モクダニ・木谷　アガリタテ・上田手　ビワキ・枇杷木　ハコバ・箱場　タチバナ・立花　ウラダ・浦田　ショウガタニ・生ヶ谷　サジロダニ・佐次郎谷　ユブネ・湯舟　クウゲ・空毛　カタクサ・片草　ダントウ・断頭　オオタニ・大谷　センダンノキ・センダンの木　シラキダニ・白木谷　モクダニ・木谷　クウゲタニ・空毛谷　オオタニ・大谷

### 立川
**話し手**：田代藤夫（S.3）、桑原積（S.2）　丸尾
**聞き手**：酒井洋輔、黒田亮

ホンダニ・本谷　ハル・原　セイゾロイ・勢揃　マルノ　ウラガタ・浦方　オオタニ・大谷　タニゴウ・谷郷　タケノ・竹野　マイブチ・舞渕　ユウスケオトシ

### 戸石川
**話し手**：馬場先実彦（M.40）
**聞き手**：安田雅俊、山田康介

まゆ山　シキ・獅き　モリイエマツ・盛家松　タチアライガワ・太刀洗川　カクレ・隠れ　フクショ（フセショ？）・伏所　セイリュウ（セダマリ）・勢溜　ゲンカケイワ・弦掛岩　ヒアリジョウ・日在城　ムカタ・牟形　マイブチ・舞渕　ヤゴロウ・弥五郎　イシザカバ・石坂場　シライワ・白岩　ソエゾノ・添園　ダイモ　エボシダケ・烏帽子嶽　セイダ　ハラ・原　ホリキリ・堀切　チゾウ　ホオノキ・厚朴　トイシ・砥石　ハラ・原　セイダ・勢田　ナベクラ・鍋倉　シンタメ　コシオリ・腰折　セイダメ・西溜　レンダメ・連溜　ゼンゴロウ・善五郎

### 東田代
**話し手**：松尾勇（昭和22年）　江口政信（昭和25年）／仲尾昭生（昭和2年）
**聞き手**：浜口涼吉　林啓一　前田祐希　原田千都／樋爪葉子　藤井寛之／服部英雄

カタクサ・片草　コウビラ・香平　トヤガワチ・十夜川内　タカミ・高見　ダンノカワチ・段ノ川内　ヤマダ・山田　ツツエ・筒江　オノウエ・尾ノ上　ヤジュウロウ・弥十郎　ナカノコバ・中ノ木場　コブキ・小吹　イワノ・岩野　シカワチ・志川内　ワダ・和田　マエサカ・前坂　フナノモト・船ノ元　キタタシロ・北田代　カワバル・川原　ヤーダケ・箭竹　カミノツジ・上ノ辻　タシロ・田代　ハイガワ・拝川　サカイガワ・境川　カミバヤシ・神林　ナカイデ・中井手　フクイダ・吹伊田　ウラクダニ　ヒザカキワラ　コウチセイリ　ナカノイデ　シタノカワイデ　タカミ　コビラ　クルマイデ　イチノイデ　トヤゴウチ　ショウゴンタニ　ホトケンタン　ホンタニ　ムカイコバ　オクノコバ　コビラノウチ　大溜　中溜　ナカノコバ　オオタキ　コタキ　ビキノスケ

## 〈大川内村〉 1889～1943

### 岩谷
**話し手**：馬場茂（昭和8年）、川原喜一（大正元年）、副島源一（大正12年）、中島亀蔵（明治41年）
**聞き手**：高村憲明、尾形基貴

ジョウノシタ　フルイワヤ・古岩谷（推測）　コイワヤ・小岩谷　ヌゲ　ミゾンウエ　サシキ　マエダ　ヒラキダ　タンカイ（タムカイ）　ヤシキダ・屋敷田（推測）　ハラダ　イッポンダ　タンカン

クリノキタシ　コウラダ　ジョウノヒラ・ジョウノヤマ　ウランヤマ　裏山（推測）　セイラダケ　クロカミザン　イワヤガワ

### 大山、小石原
**話し手**：岩橋八千（大正12年）、下平仙次（明治41年）
**聞き手**：坂田裕樹、濱田尚平

ムクラグカワチ・木楽川内　ヒラバタケ・平畑　ムクロキダニ・ムクログチ　ワリハク・割白　ボンサンダニ・坊さん谷　ツヅミ・鼓　トビヨシ・飛吉　エンツウビラ・円通平

### 市村
**話し手**：川内忠（昭和12年）、前川一男（昭和8年）
**聞き手**：山崎洋揮、前原泰成、米本孝二

シモウ・下　カシヤマ・樫山　ヒノタニ・火の谷　ハッタンマ・八反間　カジヤ・鍛冶屋　コウクボ・河窪　オザキ・尾崎　コザカ・小坂　ウノタニ（アンノタニ）・庵の谷　シノハラ・下ノ原　ウヤマ・大山　ゲンタカ　ニドウ・二堂　ヤキヤマ・焼山　サヤノセ・道祖瀬　カセイ・サンボウザカイ・イチノセヤマ・市野瀬山　ニシノタニ・西の谷　ヒガシノタニ・東の谷　ヒラオ・平尾　カミグミ・上組　ナカグミ・中組　シモグミ・下組　シミッダングミ・清水谷組　ヒガシノタニグミ・東の谷組　シュウジ　オモテ　ミヤンモト　シミッダン　カマンマエ　ジュツゲン　ヒノタニカマアト・日谷窯旧　コウライジンカマアト　シンガマアト　テンジンバシ　アンスバシ・杏子橋　ヒガシンタン・東の谷川　ニシンタン・西の谷川　チャーバル・田の原

### 正力坊
**話し手**：山口定一（昭和3年）、山口一之（昭和2年）
**聞き手**：西野耕輔、野崎新一郎

ツキノカワ・月の川　セイジンタン・青磁谷　イセゴエ・伊勢越　ドウシュウ　マトバ・的場　ホタチ　カリマタ・狩又　ニタンマ・二反間　ヨコマクラ・横枕　ナガオ・長尾　シロイワンタン・白岩谷　カッセンジョウ（カッセンバ）・合戦場　シンガリ・新狩　ムジナ　タカトリ・鷹取　ニダンタン・仁田ん谷　イラタン・刺谷　ホンタン・本谷　アラヒラ・荒平　スガフタ　サカキンタン・榊ん谷　シミズンタン・清水ん谷　オオマガリ・大曲　キョウゲンジョウ・狂言場　ウードシ・大通し　カジノオ・梶の尾　ムカイツキノカワ・向月の川　チョウジュウ　ユダンタン・湯田ん谷　ムカイダ・向田　カミナリッジ・雷辻　ヘーゾウ・平蔵　ハスワ　ウバノツクラ・婆の懐　デケッチ　オオタン・大谷　サンザンマ（サンタンマ）・三反間　ヨコデ　チュウチュウオトシ・チュウチュウ落し　タカミ・鷹見　マンコバ・豆小場　セメ

### 吉田
**話し手**：記述を欠く

**聞き手**：木谷義明、國貞直行

トウリンサン・東林山　イデンハタ　フナタ・鮒田　ビシャモンサン　ヤクジンタニ・疫神谷　マキンミチ・牧ん道　フケタ　ミゾシタ　ヤセワリ・八施割　コウミンカンマエ・公民館まえ　コウミンカンウラ・公民館うら　ドウヤマ・堂山　ナカジマ・中ん島　オオノバル・大野春　ムカイダ・向田　ムカイダノタニ・向田の谷　ツジウラ・辻浦　ユダンタンミチ・ゆだんたん道　ダイコクイデ・大黒いで　ヒロクボダニ　ハイサカ　タニガワ・谷川　ジンドウミチ　ナカガワラ・中川原

### 大川内山
**話し手**：徳永政夫（大正5年）
**聞き手**：溝口隆文、脇秀一

スガフタ　カッセンバ・合戦場　サカキダニ・榊谷　カジノオ・梶ノ尾　ムカイダ・向田　ヘイゾウ・平蔵　ハスワ・蓮端　ヨコデ・横手　ウバのツクラ　ツキノカワ・徒幾の川　マトバ・的場　ホタチ　ヨコマクラ・横枕　シロイワヤ（シロイワタニ）・白岩谷　ナガオ・長尾

**話し手**：小石原、堤（大川内山、鼓）　下平聡（大正15年）
**聞き手**：前原茂雄（D2）、宮原陽子（M1）

ウラ　フカガワ・深川　ヤシキ・シホンクロキ・四本黒木　トビヨシ・飛吉　シンダチヤマ・新立山　カミサシヤマ・髪さし山　クロダケ・黒岳　ミズナシガワ・水無川　ツツミノシタ・八天山　イッポンダニ・一本谷　カキウチ・垣内　エンツウヒラ・円通ひら　ジョウノヒラ　タブノキ・たぶの木　ムカイ　マエコバ・前木場　ウラコバ・裏木場　サカノヒラ・坂の平　カンダン　コサカノイデ・九九坂井手　タブノキノイデ・たぶの木の井手　ミズナシガワ・水無川

### 福野
**話し手**　岩崎高芳　岩崎ヨネ子
**聞き手**　大上晃仙　角谷啓太郎

*イチノカク・一の角　*ニノカク・二の角　*サンノカク・三の角　*ヨンノカク・四の角　*ゴノカク・五の角　*ロクノカク・六の角　*ナナノカク・七の角　*ハチノカク・八の角　カッセンバ　*イセゴエ・伊勢越　ショウブツイデ　ダイコクイデ・大黒いで　フウノキノイデ　ドウヤマ・堂山　シャアブダ　尺札　マツツミ　マゴメツツミ　ヤケヤマ・焼け山　ユタンダニノヤマ・湯田谷の山　コヤンダニノヤマ・小屋谷の山　*ハクヤマ・白山

### 平尾
**話し手**：大久保五郎、内山岩美、大久保孝則
**聞き手**　青谷幸一郎、井上雅晶

ウシカクシ（牛隠）　ゴタンカク（五反角）　チャアバル（茶原）　テンジンサマノシタ（天神様の下）　ゴロウマルデン（五郎丸田）　*サヤンセバシ（道祖瀬橋・前光橋）　*ウシカクシバシ（牛隠橋）

**話し手**：原一雄（67歳）　松本邦夫（60歳）・千恵子（61歳）　森敏子（63歳）古瀬真弓（52歳）

聞き手　古瀬美鈴（別府大学M1）
タンカエ（田向）　タニ（谷）　モモヤマ（桃山）　アソンドウ（阿尊堂）　ホウゲンドウ（法眼堂）
＊以上一本松
チャノキバル（茶木原）　チャヤ（茶屋）　カミ（上）　シモ（下）　テラヤシキ（寺屋敷）　クンダイザカ（下坂）
＊以下の総称はシタンタ
ヒワタシ　シモンマエ（下前）　デエノウチ　ナガタ　テラノウラ（寺の浦）

〈南波多村〉　明治22年（1889年）〜昭和29年（1954年）

**古川**
話し手：井上雪正（1908）、井上みえ（1910）、井上四郎（1920）
聞き手：神一優子、後藤沙智、堤川万奈美
ナシノキダニ・梨ノ木谷　シモンダラ・下平、下多良　カミンダラ・上平　マルタ・丸田　ナナガゼマチ　トウボシダ　オナゴダニ・女谷　イデゴンゲン・井手権現　オニャニヤ・鬼ノ穴　ヒャーゴ・佩川　ニタダン　ミダレバシ・みだれ橋　エザラギトウゲ・エザラギ峠（エザラキ峠）　オオイシガクラミチ　エボシミチ

**笠椎カサジ**
話し手：前田（S12）、山口光義（S9）、梅村（S6）
聞き手：権田初美、西村宏平、林剛一郎
オサキ・尾崎　シキジ　ハギノ・萩野　ナカダ・中田　フジノ　イシバシ・石橋　イデグチ・井手口　ハナバタケ・花畑　シロタニ・白谷　キリノキ・桐の木　セトノク・瀬戸の首　タニグチ・谷口　おとろし谷

**大川原**
話し手：前田徳治（T5）、樋口武俊（S12）、前田喜代二（T8）、前田俊男（T8）
聞き手：斎藤里枝、長谷川真美
ヤンボシヤシキ　シモ　サリヤ　ソノダ　ヤナギノタニ　シタンカワ　ヌゲ　カゲ　アカハゲ　メヤソ　コバシンモト　ソウケダ　ノナカ　ツルノハラ・鶴の原　オオコンダン　ヌゲンマエ　ハチバンメ　ホリキリ

**小麦原**
話し手：野中洋介
聞き手：松浦裕己、山下周一

タカミ　カユミ　マトバ・的場

**府招下フマネキ**
話し手：記述を欠く
聞き手：田畑大輔、小泉直義
ホリタ・堀田　モチダ・持田　ムカイダ・向田　ギヘイダ・儀平田　イワサキバシ・岩崎橋　シンイデシタバシ・新井手下橋　ベンテンサマ・弁天様　ヒコサンサマ（ヒコヤマ）・彦山様　タチ（タッチュウか）・館中　フダモト・札元　タニ・谷　シンイデ・新井手　タイカン・大潅　セキドウ（シャアクドウか）・赤道　シャアクドウ・作道　サクバミチ・作場道　フマネキガワ・府招川　タジロウガワ・太次郎川

**府招上フマネキ**
話し手：武野増見、武野傅
聞き手：河野秀道、熊谷亮宏
ヒラマツ・平松　カマツチ　ヒノタニ・樋ノ谷　ヨケミチ　ハル　ドウゲン・道源　クサカリバ　バンショ・番所　ナガタ・長田　オオサコ・大城　ナカンヒラキ・中ん開き　トンノスギ・殿の杉　ショロンタン・城の谷　シンカマ　フナンゴ・舟ん川　ヤマガシラ　フルミチ・古道　イケノトウゲ　ヤマンタ　ニイドウ　カマンバ　ヤマグチ　クボタ　サクラント・桜峠　ヤケヤマ　トノサマミチ・殿様道　ナゴヤンハラ・和ん原　カヤウラ・香屋浦　アマドウ・天道　セキショ・関所

**府招上（山中、椎ノ峰）フマネキ**
話し手：前田文実（T3）
聞き手：柴垣修平、新海一郎、新海芳浩、園田義人
タチバンタニ・立番谷　フダタニ・札谷　カンパチダニ・勘八谷　テッポウダニ・鉄砲谷　ゴサイダニ・五才谷（御捨谷）　ステガタニ・捨ヶ谷　カズラガダニ・カズラヶ谷　カミサマダニ・神様谷　ムタダニ・牟田谷　アマツツミ・甘つつみ　ヨシダニ・吉谷　ウラダニ・裏谷　ナカノタニ・中ノ谷　ウバノツクラ　フケダニ・ふけ谷　シゲノキダニ・重ノ木谷　ヒヤノタニ・ひやの谷

**原屋敷**
話し手：井手稔（T12）　井手匠（S7）　古賀光雄（T15）
聞き手：宇佐美郁代、小出真司、坂本夏絵、天満類子
エンサブロ　ヒトギレ　ナカドオリ　ムカエ　シロヤマ　ナッコラ　ウマンコネ　カマブタ　タカヤマ　カジヤ　ウーノンゴンゲンサマ　カジヤンマエ　ソンウエ　カッケダ　イエンシタ　サクランモト　マエダ　ヤマンクチ　ヒアンテンハタケ　ヨコンツジ　スウガンタンミチ　オコンゴ

## 井手野
**話し手** 江口強（1920） 江口吉正他
**聞き手** 木幡容子 佐々木英子

ナガリゴ・流川 トリゴエ・鳥越 ナンゴエ・難越 コウラ・川裏 ハタミチ・畠道 ヤリバ シロヤマ・城山 キョウノミネ・京の峰 フカセ・深瀬 ハラガシラ（ハルガシラ）・原頭 ナッコラ・中川原 マツバル・松原 カナシキバル・金敷原 トリイバル・鳥居原 オモテンバル・表原 ウランハル・裏原 ヤキヤマ・焼山 オモテンダニ・表谷 ウランダニ・裏谷 コトウゲ・小峠

## 高瀬
**話し手** 鶴田福男（S23）、吉野義男（T8）、浦田伝（T12）
**聞き手** 入江圭正、武藤徹也

ヤナバウラ ツジバタケ イカリ ジンヤ・陣屋 ナガタ ウエマツ・上松 フチノウエ コウチ・耕地 フカセ・深瀬 コウゴイシ ウマノコダニガワ・ウマノコダニ川 ニシテアバルノミゾ・西田原の溝 クログチガワ・クログチ川 イタグチガ・ワイタグチ川 ハゼノタニ

## 高瀬（櫨の谷）
**話し手** 池田晴男（S27）吉野靖義（S16）池田勇（T8）
**聞き手** 末吉仁 鶴見有貴

ビワイシ・琵琶石 ツノツキ・角搗 フルハタ・古畑 オクノコバ・奥の木場 ヤグラギリ・櫓切り イタヤガワチ・板谷川内 イワサカ・岩坂 カミヤマダニ・神山谷 ウシロダニ・後谷 カリヤガタニ・仮屋が谷

## 大曲
**話し手** 小林春義一家
**聞き手** 櫻井洋介、片村嘉孝

カミガタ・上方 ウラノハラ・裏ノ原 ミャーブラ・前原 イシドーヤマ・石堂山 ヤマノカミ・山ノ神 ツジ・辻 タチノハナ・立ノ花 イデリュー・井手流 マエダ・前田 オクノスエ（オクソスエ）・奥ノ据 カメエビ・亀えび ナカハラ・中原

## 水留ツヅミ
**話し手** 原田久（区長S24）熊川文治（T11）山田文雄（T12）
**聞き手** 伊積弘貴 坂本航一

ヤマギワ・山際 マエガタ・前方 シミズ・清水 ミムカイ・見向 カワクボ・川久保 ダイオ・大尾 ヒガシノマエ・東の前 マツザキ・松崎 ナヒロ *ウリト・瓜戸 ハッケンチョウ・八軒町 ニシノマエ・西の前 ミンカイ イデンガヒラ マルオ・丸尾 ウラノカタ・裏方 イデンガヒライセキ

## 古里
**話し手** 山口幸治 松高九州男
**聞き手** 谷口護 永田修三

*マエヒラヤマ・前平山 *オオヒラ・大平 *ハチノクボ・鉢のくぼ *ヤマンタ・山ん田 *ミズアナ・水穴 *オダ・小田 *ヘタミチ・ヘタ道 *サオタテ・竿立 *ウマノリ・馬乗り *マブシダニ・まぶし谷 *ヒノモト・樋の元 *ノボリクチ・上り口 *イッチョンガワ・イッチョン川 *クロキノツジ・黒木の辻 *ナガタンタニ・長たん谷 *ジョウガタニ・城が谷 ヒラバルトウゲ・平原峠 マテンゴ・まてんご

## 谷口
**話し手**：井手富一（S19）、妻、母（S3）
**聞き手**：小林幸子、時枝彩子

ティーバル・田原 カラツマリ イエンマエ *キジロタ・キジロ田 コゲエ *ヒロタ・広田 *ムラマエ・村前 *ショウヤバタケ・庄屋畑 *ウシロタニタメイケ・後谷ため池 *カジゴヤタメイケ・鍛冶小屋ため池 *ヒロタタメイケ・広田ため池 *クロノタ・黒の田 *マンノヤマ・万の山 *ヤケンドウ・焼御堂

## 重橋
**話し手**：畠山重信（S12）、畠山文子（S15）、田中定幸（S9）、田中節子（S18）
**聞き手**：赤池志麻、荻原聖子

ヒラキダ・開田 ハル・原 ニホギ イデグチバル・井手口原 カラマツリ カミガフチ・上ヶ渕 カヤンバル・神山原 キナイダ カミンダラ ミダニ・御谷 マガリ ナカンダラ カラスダニ モチイシ ヘイゴロウ ゴンジュウダ ヤンボン イチノサカ タカオ カゲンタニ タカノス ウシロンダニ ウシログチ ムカエ・向 タテヤマンタニ コゲエ イシドノスギ ヒラバタケ マドコリ タテヤマ ドヤマ ヤケンド *ハルタメイケ・原溜池 *コゲタメイケ・コゲエ溜池 *ミダニタメイケ・ミダニ溜池 *イタジカワ・板治川 *タニノミズ・谷の水

〈**松浦村**〉 明治22年（1889年）～昭和29年（1954年）

## 山形（真坂）
**話し手** 井手一人（1928）
**聞き手** 木部誠、吉瀬仁彦

ボウズンコバ・坊主古場 サカヤツカ・堺塚 ドウバイ・道梅 ナガタニ・長谷 トウゲ・峠 イワンモト・岩本 ハチノクボ・八ノ久保 スゲンダニ・スゲノ谷? キワダ・木和田

### 山形（久良木きゅうらぎ）
**話し手**　原口武（S.10）　原（T10）
**聞き手**：山根裕樹
イデガワチ・井手川内　キュウラギ・久良木　アンヤシキ・庵屋敷　ヒエコバ・稗古場　フウキン・風巾　モチダ・餅田　コガワ・小川

### 山形（藤川内）
**話し手**　小松正義（S11）
**聞き手**　浦塚昭典　手島智士
アボウ・阿坊　クラセド・暮世戸　ウラコウチ・浦川内　ショウブダニ・勝負谷　テラノタニ・寺の谷　カクシワラベ・隠し童　ヤコダニ・孤谷　テンドウ・天道　イタノサコ　坂のさこ　ツジ・辻　ケンダニ・萱谷　ヒエダニ・稗谷　キョウゲンバ・狂言場　ボウズノコバ・坊主の小場　ハラダノタニ・原田の谷　サンビャクダ・三百田　イヌモチ・犬持ち　ドウソバル・道祖原　イデノコウチ・出野川内　ショウチンコバ・正沈小場　ウメノキダニ・梅ノ木谷　イワノタニ・岩の谷　フジノタニ・藤の谷　カンノンサマウエ・観音様上　ボタモチヤマ・ボタモチ山

### 桃川（下分）
**話し手**　中野武義（T6）
**聞き手**：松木充尚、丸山貴大
調査の結果しこ名なし

### 上原ウワバル（桃川）
**話し手**　斉藤英敏、米田道夫（T8）、その息子（50歳くらい）
**聞き手**　中田伸生、中村宏之
カメイシ・瓶石　シーケーゴー・椎池川　キャンクビ・貝ノ首　ジッケダニ・十ヶ谷　ダントウ・断塔

### 上原ウワバル
**話し手**　松尾利行（S11）、緒方照三（S3）、原口寅雄（S9）
**聞き手**　二江敏之、鴻江亮
ダイコウジ　ウマノカシラノモト（1画~9画）　ウウフケ　ナカミゾ　ナカシマ　イトヤシキ　カヤバル　サカイスギ　ツツミンナカ　マガリ　ミウエノ　ツツミノムコウ　シタンツツミ・上原堤（下溜）　ウエツツミ・上の堤（上溜）　ミカミンツツミ・見上野溜池　フカホリ　クイノケヤマ　カンノタニ・菅谷

### 東分
**話し手**　加々良修作（S27）　松尾初次
**聞き手**　橋本倫宏、原田宏己
ウマノカシラ・馬の頭　ロクロトウゲ・ろくろ峠

### 上分（中野原）
**話し手**　川崎照己（S9）　山口雄三（S5）
**聞き手**　松井宣明　朝井雅剛
イモリ　マゴチセ　ヒラジリ・平尻　タツイシ・龍石　シライシ・白石　ゼニガメ（ゼンガメ）　ダミチ　メガネバシ　ノバ　ムカエ　ジョイダ　カワダ　オオミチ・大道　ウッコシ（ウシコシ）・牛越　グンベダニ　ジュッケダニ　マンコネ・馬んこうね（馬のこうね）

### 金石原（中野原）
**話し手**　山口冨一（S3）原渉（M43）早田光二（T10）
**聞き手**：稲吉健、鈴木孝浩、畠山啓
カマアト　シモガマ　カマンシタ　デクチ・出口　ビョンバヤシ　タカツジ・高辻　スイジンビラ・水神平　ジョッケダニ（ジュッケダニ）・出家谷　ヒョウゴロウ・兵五郎　テンツウ・天通　バショヅカ（バショウヅカ）・芭蕉塚　ゼンモンダニ・前門谷　ドウノヤシキ・堂屋敷　タッツウダ　コヤノハラ　ゲンジュウガワ・源十川　クロギンダニ・黒木谷　ドウゲノチャヤ・峠の茶屋　ジゾウヤマ・イノコダニ・猪子谷

### 岳坂（提川サゲノカワ、サゲンカワ）
**話し手**　副島照雄（S6）
**聞き手**　浦川真二、加藤毅
ビョウソンエ　カキノキラ・柿の木ら　ガチュウ・賀中　ジョウノヒラ・城の平　ミヤノサキ・宮の先　シダウタメイケ・四太郎溜池　アンノウエタメイケ・庵の上溜池　シダロウバシ・四太郎橋　サゲンカワバシ　提の川橋　オオジンダケ・大陣岳　マルクマ　ゴウツケ（カワガシラ）・川頭　イワノ　タニゴウ　ナカノマ（ナカンマ）　メンカ　ゴボウ　ハワサカ（ハヤサカか）　サラシタ

### 村分（提川サゲノカワ、サゲンカワ）
**話し手**　草場正次（S14）古賀誠（S7）
**聞き手**　大保雅人、国寄勝也
ビョウソンエ　カキノキラ・柿の木ら　ガチュウ・賀中　ジョウノヒラ・城の平　ミヤノサキ・宮の先　シダウタメイケ・四太郎溜池　アンノウエタメイケ・庵の上溜池　シダロウバシ・四太郎橋　サゲンカワバシ・提の川橋　オオジンダケ・大陣岳　マルクマ　ゴウツケ（カワガシラ）　川頭　イワノ　タニゴウ　ナカノマ（ナカンマ）　メンカ　ゴボウ　ハワサカ　サラシタ

ジゾウヤシキ・地蔵屋敷　ゼンモンミズ・禅門水　オドウ・御堂　ヒャアゴンガワ・灰児川　タンカシラ・谷頭　マルヤマ・丸山　マイダシガワ・馬出川　テラデガワ・寺出川　オックンダニ・奥谷　ワンアンノシタ・庵下　ジョウノヒラ・城平　タバラ・田原　デクチ・出口　ウンバダニ　ソッチョウコバ・卒丁古場

### 中通（中野原）
**話し手**　山口義美（T14）中島武則（T15）
**聞き手**　大内田伸顕
ノダ・野田　ヤマナカ・山中　ヒロタ・広田　ハイボウ・灰坊　ヤマゾエ・山添　カミムタバル・上牟田原　シモムタバル・下牟田原　ミヤノモト・宮本　マエダ・前田　ヤマグチ・山口　ナカジマ・中島　ナベオトシ・鍋通　カミノノ・上野　タニガワ・谷川　タケンノ・岳野　ヒガシヒラゴエ　ニシヒラゴエ　コンピラサン　タケンノザン・岳野山　フウオウザン・風王山　タツイシザン・龍石山　ナカジマバシ・中島橋　ヤマグチバシ・山口橋・イデノモトハシ・井手之元橋　トンモトバシ・殿元橋

### 〈東山代村〉 明治22年（1889年）～昭和29年（1954年）

### 里
**話し手**　石井澄男（S3）　眞弓貫也（昭和7年）
**聞き手**　和智俊諭、坂梨公一／春田望、松原圭祐、横大路穂香
サト・里　ゴタンマ・五反間　ノイリ・野入　カワムカイ・川向　ショウデ・正手　タカガキ・高垣　ジンノウチ・陣の内　オオツボ・大坪　シチロウミネ・七郎峰　ウシロガワ・後川　シンデン・新田　ワラビノ・蕨野　フルマチ・古町　タチ・館
ウマタテバ・馬立場　オオツボ・大坪　クスツツ・楠久津　ゴタンマ・五反間　サト・里　ショウデ・正手　ジンノウチ・陣内　タチ・舘　テンジン・天神　ナガハマ・長浜　ナヤ・納屋　フルマチ・古町　ヒラヤマ・平山　ロクザン・鹿山　サンタンマノツツミ・三反間の堤　ロクザンノツツミ・鹿山の堤　クウジ

### 長浜
**話し手**　力武保隆／（T14）
**聞き手**　円能寺誠、木本智斗
**話し手**　川内照夫　牧瀬武四（T15）　藤川千里（S4）　藤川繁　末永鉄治　多久島隆一（M42）　松永和子（S7）　多久島寺衛門、多久島竜美／
**聞き手**　平野陽一　菊次慶祐
**話し手**　金子恵子、加藤智巳、石丸巽、古賀又次、武藤秀隆
**聞き手**松崎篤史　森田成人
ヒラドミチ・平戸道　※イマリフジ・伊万里富士　クズノハナ・くずの鼻　シモ・下　カミ・上　ワンドウ・湾道　クジュウクタニ・九十九谷　ランカンバシ・らんかん橋　シガジンジャ・志賀神社　ミミノカミサマ・耳の神様　ウゲジマサン　タドイチガラミ　オスリコスリ・おすりこすり　ワンドウ・湾道　ウラノタニ・浦の谷　イチバンエゴ・一番エゴ　ニバンエゴ・二番エゴ　ワイヤマ・割山　ロッポンマツ・六本松

### 天神
**話し手**　森綾子（T2）、野林ミヨ（14）、田中マツエ（T6）、山口チエコ（S4）
**聞き手**　山下真平、吉田修平
テラダ・寺田　ソリバシ・反橋　ナガタ・永田　テンジンガラミ・天神搦　シンガエ・新ヶ枝　オクウラ・奥浦　ナンキョウダニ・南京谷　シモヤマ・下山　オオイワ・大岩　コイワ・小岩　ドンドロ　ナカンミチ・中ん道　ハカヤマ・墓山

### 脇野
**話し手**　立石元次（M44）、立石節生（S17）、立石巧（T9）
**聞き手**　辻井秀樹、中西亮介
チャアバイ・田原　シモコガ・下古賀　シガシンタン　ヤマンクチ　ニシンタン　スタッキ　カミコガ・上古賀　コウツセイリ・耕地整理　オケダ　オケダノツツミ　ジャオウ　ジャオウザカ　サンビャクタ・三百田　ヨンヒャクタ・四百田　ヒャーシマエ　シゲタニ　アンガクチ　ミズナシキ　タカブネ・高船　イワワキ・岩脇　ワイノ

### 浦川内
**話し手**　前田琢生（60歳）徳永重利（63歳）前田稔（63歳）牧山（74歳）
**聞き手**　杉野麻子、高瀬文郎、田端美保子
ウラガワチ（ウラゴチ）・浦川内　リュウザキ・竜崎（竜岬）　ヨコマクラ・横枕　ウメノマチ・梅ノ町　トオノマチ・十ノ町　ナヲ（マルオ）・丸尾　フヅウ・不通　テラダ・寺田　ウシロメ・後目　カラスガミ・烏神　ホウシャクジ・宝積寺　シロヘビヤマ・白蛇山

### 大久保
**話し手**　記載なし（区長さん）
**聞き手**　飯田広希、有里幸樹
※オオツボ　大坪　※アヤカワ・綾川　※オオノ・大野　※カミヤマ・神山　※シバハラ・柴原　※サカグチ・坂口　※ヒラノ・平野　※クボ・久保　※シチロウミネ・七郎峰　※ヤマスミ・山角　※シガシタウラマル　・東下浦丸　※ニシシタウラマル・西下浦丸　※ヒラナカウラマル・平中浦丸　ロクサン・鹿山　マタイバ・馬立馬

### 東大久保
**話し手** 峯英夫（昭和6年） 池田末雄（大正10年）
**聞き手** 高野智史　竹本元宏
しこ名の記載なし
下分（滝川内）
『伊万里市史民俗編』91項
チュウキチビラキ・忠吉開　ヌノヒラヤシキ・布平屋敷　ナナマイタ・七枚田　ジュウゾウタ・重蔵田　シバハギハラノ・芝はぎ原野　オガタニ・おが谷　ヘイシロウタ・平四郎田　イデカミヘイシロウ・井手上平四郎　ヘイシロウヤマ・平四郎山　イカリノツジ・錨ノ辻　ゼンシロウダニ・善四郎谷　ソウザイデ・惣座井手　マルオ・丸尾　ボウズイシ・坊主石　キッチュウビラキ・きっちゅう開　オオタニ・大谷　ナガオカワ・永尾川　ゲンペイタ・源平田　イワノシタ・岩ノ下　イワノウエ・岩ノ上　ジュウベエタ・十兵衛田　ギエモンダ・儀右ェ門田　ナカシマ・中島　ニホンマツ・二本松　アンノウエ・庵ノ上　オオタニ・大谷　トオノオ・遠ノ尾　ナガタニ・長谷　フルカンバ・古勘場　カンバ・勘場　キチジュウヤシキ・吉十屋敷　ゲンヤシキ・げん屋敷　ヨンホンマツ・四本松　ゴホンマツ・五本松　ゲタノクチ・下駄ノ口　ロッポンマツ・六本松　フルタイデ・古田井手　カンバイデ・勘場井手　ジュウエンヤシキ・重円屋敷　ニシノタケタメイケ・西ノ岳溜池　クスクイデ・楠久井手　カンサク・勘作　イチロウタ・市郎田　ウエバヤシ・上林　ヘビルバ・蛇古場　マンジヤシキ・まんじ屋敷　カワクボ・川久保　カミヤマ・神山　リュウゴロウ・龍五郎　アカイワ・赤岩　ソウザカエリヤマ・惣座返り山　クロキダニ・黒木谷　ソノダタニ・園田谷　オザキノハナ・尾崎ノ鼻　ヤナギタニ・柳谷　アカイワノタニ・赤岩ノ谷

### 下分（滝川内）
**話し手** 福田義晴（69才）
**聞き手** 富田英輔、古川総一／服部英雄
デンシロダニ　カンバンダニ　オンツウザン　ダイツウザン　ムカエ　ウーダニ　フッタノタニ　カネキチヤシキ　エボチシャヤマ　リュウオウザン　オシビガワ　＊オリミチノトウゲ・降り道の峠

### 下分
**話し手** 久保田正弓（昭和6年）　福田竹一（大正8年）　福田厚司（昭和12年）
**聞き手**：佐田祐介　下田久嗣　高倉信一
ジュウベイダ　クボ　ナカシマ　カサンカマ　イナリサンダ　カネキチヤシキ　タブノキダニ　ゴンゲンセキバ　岩神神社　ムカイ　ヘイシロウ　イカリノソジ　アカベガワ　リュウオウガワ　ロッポンギ　テングヤマ　ニシノタケ

### 滝川内
**話し手** 前田武太（昭和7年）前田満野（昭和7年）
**聞き手** 堀越顕、松田大樹
カシヤマ　ヤマナカシモ　ヌゲ　ヤマナカカミ　ニシクボ　タキカンノン　ノトシ　ウダニ　ドージダ　ナガセキバ　クロギンタン　アカハゲ　ヒロコ　アテヌキ　ジローソー　ナカゴー　カイダチ　シンチ　ニシノハル　ジャコビャ　ボシック　ゴンボノヒラ　ウシロメ　マツンモト　コダンシタ　スサキ　イロクヤシキ　ソマコバ　ツバゴ　ンバヤシキ　ヨコネ　コウラダ　コギレ　ソンダ　ヤマンクチ　ドギ　カジワラ　キタンサキ　ンバオトシ　カミヤマ　モンジュサンノカワ　ムラ　ウゾノノゲ　アンモトヤシキ　キョーテ　ヨコネミチ　ネゴロミチ　カミジャラ　サスオ　オッケゴウ　ジギョウミチ

### 川内野
**話し手** 松本啓吉　平川敏男（昭和9年）
**聞き手** 志水奏太　曽根川純也　田上博基　原田慎太郎
＊オオイデ・大井出　＊ツカハラ・塚原　＊ヒワタリ・日渡　＊ニショウダ・二升田　タツイシ・龍石　ホトケダ　ヤナゼ　ジソウヤマ　ケイバショウアト　ドウノアト　イチノゼキ　ジンダ　フルヤマ　クルマダ　ニシカド　ブンテンサン　ヤセオ　ヤシキダニ　イシガキ　モトキサン　フルコバ　ギチウノサカ　ゲンダマツ　タツイシ　ヤマノシタ　オイノダ　ミズアライ　フカタ　スキザキ　タビノキガワ　カドノモト　グズイワ　コウラダ　スズシカイワ　デエラ　ヤナギ　マンソウ　ハフサゴンゲン　アカツパゲ　テラダ　ヒャクマイヤマテ　チヨロブチ　タコウ　ショリンヤマ　カジワラ　シモゴウ　ナカノヌエ　タンノヤマ　ヌゲノヒラ　デエラ　スザノ木　ヤナギ　イシガキ　イトカン　シンノキイデ　大井出　つか原井手　日渡の井手　堀田井手　観音井手　キシノシタ　マエダオドロシ　フナゴダニ　ニシュウダ

〈二里町〉　明治22年（1889年）〜昭和29年（1954年）
『古地図・絵図　二里町の地名』より

### 東八谷搦ひがしはちやがらみ
ろくたんわい・六反割　なかみち・中道　いっちょうわい・一町割　かまや・釜屋　しものみや・下宮　こがた・小潟　いしわら・石原　むねやあ・棟間　ふさ井手　あらいきり・荒切　しまんまえ・島ノ前　ううぼい・大堀　しまんまえせき・島ノ前堰　ひろて・広手　かくわき・角脇　やせわい・八畝割　きょうげんば・狂言場　みすみだ・三隅田　なかんとおい・中ノ通　なかんせき・中ノ堰　ひがしんとおい・東ノ通　にしんとおい・西ノ通　いっちょうわいせき・一町割堰　いっちょうさんたん・一町三反　さんげんぼい・三間堀　さしきんいで・三十間井手　しんいで・新井手

### 西八谷搦にしはちやがらみ
そんだ・村田　さきだんはな・崎田鼻　いわんした・岩ノ下　やましたいび・山下井樋　うまいれが

わ・馬入川　ろくたんわい・六反割
なかしま・中島　こうだ・高田　すなわら・砂原　さしきんいで・三十間井手　しんいで・新井手　たてむね・立棟　ぜんがめ・銭瓶　さんげんぼい・三間堀　ぜんもんばし・ぜんもん（禅門か）橋　はっちょうがた・八町潟　あたまなし・頭無し　わたしば・渡し場　ひおんまえ・日尾ノ前　こがた・小潟　ごけんぼい・五間堀　しんむね・新棟　しんがらみじり・新搦尻　ますがた・桝形　しらはたんまえ・白幡ノ前　しんがらみ・新搦（別名幸兵衛搦）石原・いしわら　なかしまがらみ・中島搦　ふるかわすじ・古川筋　なえしろだ・苗代田　すこでんしい・すこ土居尻　はじやま・櫨山　さんげんや・三軒屋

**金武かなたけ・かんたけ**
しろいわ・白岩　せんじょうじき・千畳敷　くさきじゃあら・草切平　こえんとう・越ノ峠　山ノ神　さくべえばか・さくべえ墓　じゅうごうさん・竜王　よけえば・憩場　はちのくぼ・蜂ノ窪　そうすけ　はじ山
ほいきい・堀切　なかお・中尾　ぶっどう　ひらだ・平田　のうて・納手
　　まきのせ・牧ノ瀬　まきのせいで・牧ノ瀬井手　やなて
かんたけ・金竹、寒岳　にしんはり・西原　せんにんづか・千人塚　てらみち・寺道　さだえもんやしき・貞右衛門屋敷　だいかんやしき・代官屋敷　くらやしき・蔵屋敷

**川東かわひがし**
とくまる・徳丸　たんだ・谷田　まきのせ・牧ノ瀬　まきのせいで・牧ノ瀬井手　とうべえやしき・藤兵衛屋敷　さんげんや・三軒屋
そうべ田　おおいし・大石　ごんげんぶち・権現淵　ふっさんだ・房吉田　しめり田　じんでえ　しゃりこうべ坂　※かわひがしだけ・川東岳　たんごうやま・谷川山　やまんね・山ノ根　きじゃあだ・儀左エ門田　たんたに・うらんたに・裏ノ谷　じゅってだに・十手谷　うめのきだに・梅ノ木谷　こやま・小山　こんげんやま・権現山　じゃあねったん・大日様　とうの・はったんがく・はったん角　いまりびら・伊万里平　ねっぎゃあびらき・ねっぎゃあ開き　馬んこうね　ななまがり・七曲がり　のんなか・野ノ中　てらだに・寺谷　こうこやま・江湖山（高古山、郷古山とも書く）　たぶのきみね・多武木嶺　ほっけごえ・法花越え　ううたに・大谷　ううたにごえ・大谷越え　ぜんがめ・銭亀　うらまちびゃあと・裏町びゃあと　あなやま・穴山　むかえ・向　しもんはる・下ノ原　にしやしき・西屋敷　ちいじんでえ・築地土居　うらまち・裏町　まんねんでえ・万右エ門土居　はかんした・墓ん下　ほうそうばか・疱瘡墓　はじば　すぎたに・杉谷　しゅうびゃあと・宿びゃあと　やきやま・焼山　たびら・ふなかくし・船隠　たびら・かんばやしやま・神林山　こうこ・江湖　伊万里びゃあと　地蔵さん　馬場　しんみち・新道　たちいわ・立岩　きいやま・さきだんはな・崎田鼻　すこでえ・すこ土居　すこでえしい・すこ土居尻　へたんまえ・辺田ノ前　でえ・土居　しゅくどおい・宿通り　かわひがししゅく・川東宿

**大里おおざと（ううざと）*一部範囲に福母を含む**
のうりんこうこうあと・農林高校跡　しずみばし・潜み橋　うなぎ屋　しおい・汐入　しおいみち・汐入道　うしすてば・牛捨て場　どじんじま・土人島　かわにし・川西　はじぐち・橋口　またがわ・又川　そうべし　かわにし・川西　みちんした・道ノ下　ひらまち・平町　うばんつくら・姥んつくら　なかくち・中口（中町ともいう）　ちゃばあい・田原　つちやな・土柳　ちいで・築土居（築井手）　もいまち・森町　てえのかわ・樋ノ川　しょうのごや・樟脳小屋　しちたばる・志知田原　ほかいび・ほか井樋　まんそうだ・万惣田　はった・八田　はしもと・橋本　むかいだ・向田　つばき　たなかんくぼ・田中くぼ　みどりかわ・緑川　はしもといせき・橋本遺跡　にほんくろき・二本黒木　てらやしき・寺屋敷　たかて・高手　あたまなしがわ・頭無し川　のいみち　たに・谷　うちみどり・内みどり　そとみどり・外みどり　むかいだ・向い田　しのつぼ・四ノ坪　こうなみ　ううた・太田　がれきのま　みぞはさみ　てらんした・寺ノ下　ううたんつじ・太田ノ辻　ないながし・苗流し　まえだ・前田　あいのけた・あいのけ田　えのきばやし・えのき林　ごろま　てんじんばやし・天神林　かわらみち　まつば　かわらせいぞうしょ・かわら製造所　やまさき・山さき　ぎっせん　やぼた・やぼ田　やぼたかわ・やぼ田川　わきみぞ（わけみぞのこと？）　にしおいせき・西尾遺跡　つつみんした・堤ノ下　おおくだり　くだりびら・くだり平　ひらだ・平田　かみなりいて・かみなり井手　にしおんつじ・西尾ノ辻　ふろば・風呂場　ふくもきょうゆうぼち・福母共有墓地　のいと・乗門（戸）　まつだんつじ・まつだん辻　じぞうやま・地蔵山　ふうどう・風堂　おにし・尾西　いたいで・板井手　しゃかどう・釈迦道　ばば・馬場　すみや・炭屋　おさき・尾先　じゃあろく・大六　いわんうえ・岩ノ上　かんのき・神ノ木　つじ・辻　たなばた　はすわ　ごくうじ・御宮路　ぜんごろうざか・善五郎坂　なかやま・中山　どうのした・堂ノ下　かみさんかわ（「ごくうさんかわ」ともいう）・神さん川　いわんさか・岩坂　しゅうじ・修路　しもしゅうじ・下修路　どうかんやま・どうかん山（寺屋敷ともいう）　いしどう・石堂　しゅうこうじ・宗光寺　ほちゃあげ　いのきんさか　こうばた・川端　くらやしき・蔵屋敷（郷蔵）　こうしんさん・庚申様　はま・浜　やぶさめ・流鏑馬　よこし　みゃあみ　廻水　はかんした・墓ノ下　ぜんもんみぞ・禅門溝　いっぽんぎ・一本木　じゅうそうじ・類正寺　じゃあめじん・大明神　ひよこん辻・ひよこん辻　しらはたがらみ・白幡搦　いわんした・岩ノ下　ながじゃい　どうどいわ・どうど岩　きたばたけ　ごんげんしゃ・権現社　かきわら・牡蠣原　ひとぎれ　ねふくまき　みやのうち・宮ノ内　としのみや・年野宮　ばば・馬場　うえのはる・上ノ原　きぐちのいけ・木口ノ池　ぜんもんびゃあと・禅門びゃあと　にしおつつみ・西尾堤　とうくろうばたけ・藤九郎畑　あくあげ　てらやしき・寺屋敷　なばやま・なば山　そあんさん・諏訪様　ほいきい・堀切　こっざし　なたおとし・鉈落し　しいかばい・春以可原　じゃあろく・大六　あかちがえ　ささおんひら　たんこうあと　※ひといし・一つ石　※りゅうじんじゃ・竜神社　にゅうどつつみ・にゅうど堤　にゅうど　はんごんたん・半吾谷　なばやま・なば山　ひよこん辻・ひよこんつじ　たんが・丹花　やまのかみ・山ノ神　ちゃぶれつつみ・ちゃぶれ堤　かやんたに・茅ノ谷　ばくちうちば・博奕打ち場　てんじんさん・天神社　ほうかせん・防火線　ぬげんひら　ううそうじ？　ううとうげ・大峠　ひゃあくぼ・灰久保　まえのひら・前ノ平　こまえのひら・小前ノ平　いわのうえ・岩ノ上　いわのうち・岩ノ内　いしやまみち・石山道　ひなつじ・ひな辻　とうへいだに・藤兵

谷　ごうつう・郷通　なたおとし　だいこくいで・大黒井手　じゃあこくし・大黒石　みすみだ・三隅田　ないながし・苗流し　きゃあがらばたけ・貝殻畑　すいてい

## 福母ふくも＊一部範囲に大里を含む

しゃかだ・釈迦田　いちごし　ううごや・大古屋　つづらやぶ　ごくなんびらき・極難開き　りゅうおうだ・龍王田　くろきびら・黒木平　びやんくう・琵琶ノ甲　かんつくろ　※ろっぽんまつ・六本松　どうきゅう・道急　どうきゅうのさか・道急ノ坂　はつびらき・初開き　きんのき・きんの木じろそう　あさみがつじ・朝見ヶ辻　つるのすけいわ・鶴之助岩　はちまんやま・八幡山　ふたまたごう　つうみい　よこくぼ　おおづみ・大づみ　こづみ・小づみ　ゆだ・湯田　わけみぞ・わけ溝やまんかみ・山ノ神　つじ・辻　いっけんやま・一けん山　きたやま・北山　とんつじ・とん辻　じゅうだに・十谷　いないさんつじ・稲荷様ノ辻　とうのう　いでぐち・井手口　つつみんたに・堤ノ谷おいくちやま・追口山　みぞはさみ　てらんした・寺ノ下　ううたんつじ・太田ノ辻　ないながし・苗流し　まえだ・前田　あいのけた・あいのけ田　えのきばやし・えのき林　ごろま　てんじんばやし・天神林　かわらみち　まつば　かわらせいぞうしょ・かわら製造所　やまさき・山さき

## 内ノ馬場

みねだ・峰田　にほんまつ・二本松　ないながし・苗流し　※いっぽんまつ・一本松　うちんばば・内ノ馬場　うらだ・浦田　ぜんがめ・銭亀　どだえ・土台　よいやあ・寄合　むかえ・向　たついし・辰石　いしほとけ・石佛　かんのんつじ・観音辻　ごうやぶ・瓜呂薮　なっごら・中川良　ごうつう・郷通　よけえば・憩場　たくはな・卓鼻　びわんくう・琵琶ノ首　みっじょけ・水除け　※とのさんのかくれいわ・殿さんの隠れ岩　だいじんぐうつじ・太神宮辻　じょあら・平　こめのやま・米ノ山しんぶら・新村　きいやま・斬山　はらやま・払山　ほいきい・堀切　じょうんつじ・城ノ辻　せんにんづか・千人塚　じょうのひら・城ノ平　うまんすてば・馬ノ捨場　かみうえんはる・上上ノ原　ぜんもんざか・禅門坂　ぬくもいびら・温もり平　ふるたんなか・古田　いずみ・泉　もんじゅだに・文殊谷

## 徳納とくのう

みずあな・水穴　とくのう・徳納　※ぜんもんさか・ぜんもん坂　ちょうべいわ・長平岩　しょうぶいで・勝負井手

## 田原

しんぶし　ううみち・大道　しもさんぼんまつ・下三本松　しもよんほんまつ・下四本松

## 三本松さんぼんまつ

ろくじぞうしゅく・六地蔵宿　さんげんや・三軒屋　くうや・紺屋

## 北川

ごいざか・五井坂　つばきわら・椿原　きたこば・北古場

## 一本杉

いいの・飯野　しんかわ・新川　がっこうやしき・学校屋敷　なかしま・中島　にしんそう・西ノ園しょうぶいで・菖蒲井手　いびんうえ・井樋ノ上　ながいで・長井手（永出）　やまのうえ・山ノ上むかえ・向　おとめ・乙女　じんのう・陣野

## 棚古場

しげ　すがふた　すけいで・助井手

## 炭山

いわんした・岩ノ下　とのくぼ・殿窪　あさこば・浅古場　やくたに　みおとつつみ・夫婦堤　せんこば・千古場　ほんぎれ　せんだやま・千駄山　みのわき　おにのあしあと・鬼の足跡　おにのいたわき・鬼の板わき　いしくら・石倉　ううごや・大古屋　たんこうあと・炭坑跡　※ぶんきょうじょうあと・分教場跡

## 泰門

かんびゃあし・神林　つじ・辻　ごくなんびらき・極難開き　まあおう・舞相　じんのう・陣野　じんのうつじ・陣野ノ辻　えだまつ・枝松　※いちのいで・一の井手　ごくなんびらき・極難開き

## 牛ノ谷

ようじゃく・幼若　やまんした・山下　なかぞの・中園　ううたんつじ・大田ん辻　いでんした・井手ノ下

## 三本杉

ふうのきびら・富軒平　くぼ・久保　しもんかど・下ノ角　やしきだ・屋敷田　みちはさみ・道鋏あげ・揚げ　かきぞえ・柿添　ひきじ　いせこし・伊勢越し

## 中田

うえんむかえ・上向　なかのう・中納　はじば　うえんた・上田　かんのかど・幹ノ角　※やまのかみ・山ノ神　きたんむかえ・北向

## 広川

しこ名なし

### 一ノ川
なかんくち・中ノ口　うしんひら・牛平　※いちのいで・一ノ井手　ふかたに・深谷　※やまのかみ・山ノ神　おこながし　こむね　いちのこう　やまんかみびら・山ノ神平　ほんぐち・本口

### 水ノ久保
うえんのくぼ・上ノ久保　したんのくぼ・下ノ久保　※りゅうじんぐう・竜神宮　いたのひら・板ノ平

### 小川内
ごうつう・郷通　くろきんはい

### 中古場
たに・谷　ながせまち　みゃあやま・舞山　よこたて・横立

### 北平
きしざか　なたぼう・鉈方

### 南平
ななまがり・七曲り　ほとけんし・佛石　かんのんどう・観音堂　さるたひこ・猿田彦　しいのきのもと・椎木ノ元　よしのくぼ・吉野窪　やまんかみ・山神

### 川内
※いわのした・岩ノ下　がいだ・外田　かれまち・枯町　さんびゃくだ・三百田　みぞんした・溝ノ下　ううたんつじ・大田　※やまのかみ・山ノ神　あさみんつじ・朝見ヶ辻　げげんたに・下下ノ谷　ぬげんした・ぬげん下　ごせもんさん　でぐち・出口　うえんくち・上ノ口　つぼね　からうすいで・からうす井手　※ほげんたに・ほげん谷　たかのこうち・高野川内

### 野添
きど・木戸

### 早ノ川
いねこぎやま・稲こぎ山　やんぼしばた・山法師端　さんだんま・三反間　さかくち・坂口　※すもうば・すもう場　やまんみち・山ノ路　すべくだり・すべ下り　たねつけばあと・種付場跡　しみずがわ・清水川

### 吉野
よこまくら・横枕　にったんだ・日反田　のぞえ・野添　ぬげ

### 高飯盛
やまんね・山ん根　うめのほやほ・梅ノ木藪　ひろこうら・広高良　どんかた　とりごえ・鳥越え　いじんどうさん　かみ・神

### 飯森
たぬきやま・狸山　がんやしき・がん屋敷　じゃあら・平　やまんかみ・山ノ神　せいくろうやしき・清九郎屋敷　ふるやしき・古屋敷

### 野瀬原

### 平原
つっとい・土取　くよんもと・供養ノ元　うちだし・打出し　※つつみのした・堤ノ下　うまがわ・馬川　かめび　ふちびら・渕平

### 向
むじらんたに・むじらん谷　からすんまくら・烏ん枕　ぬげのうち　おつけごう　しみずんもと・清水ノ元　にぜのき　おつけごうたに・おつけごう谷

### 川向
うしんたに・牛ノ谷　うまんたに・馬ノ谷　いわば・岩場

### 重ノ橋
ごくなんびらき・極難開き　よけえば・憩場　※へいのうえ・へいの上　すがふた　ひらばたけ・平畑　ごくなんびらき・極難開き（面積四反）

### 南古子
つづんまえ・つづん前　つじやま・辻山　まつんもと・松ノ本　ふきゃあげ・吹上げ　いわんもと　きど・木戸　よひたんなか・与七田　※やまのかみ・山ノ神　ほうじゅさん・法寿山

### 大久保
※やまのかみ・山ノ神　こうごんじてらやしき・広厳寺　みちぞえ・道副　ちゅうべえやしき・忠兵衛屋敷

**郷通**
　じゃあら・平　はちめいし・八目石

**一反田**

**古子**
　うえんやしき・上ノ屋敷　ちゃや・茶屋　まあおう・舞相　たしろ　ながお　しょうややしき・庄屋屋敷　ふいやしき・古屋敷

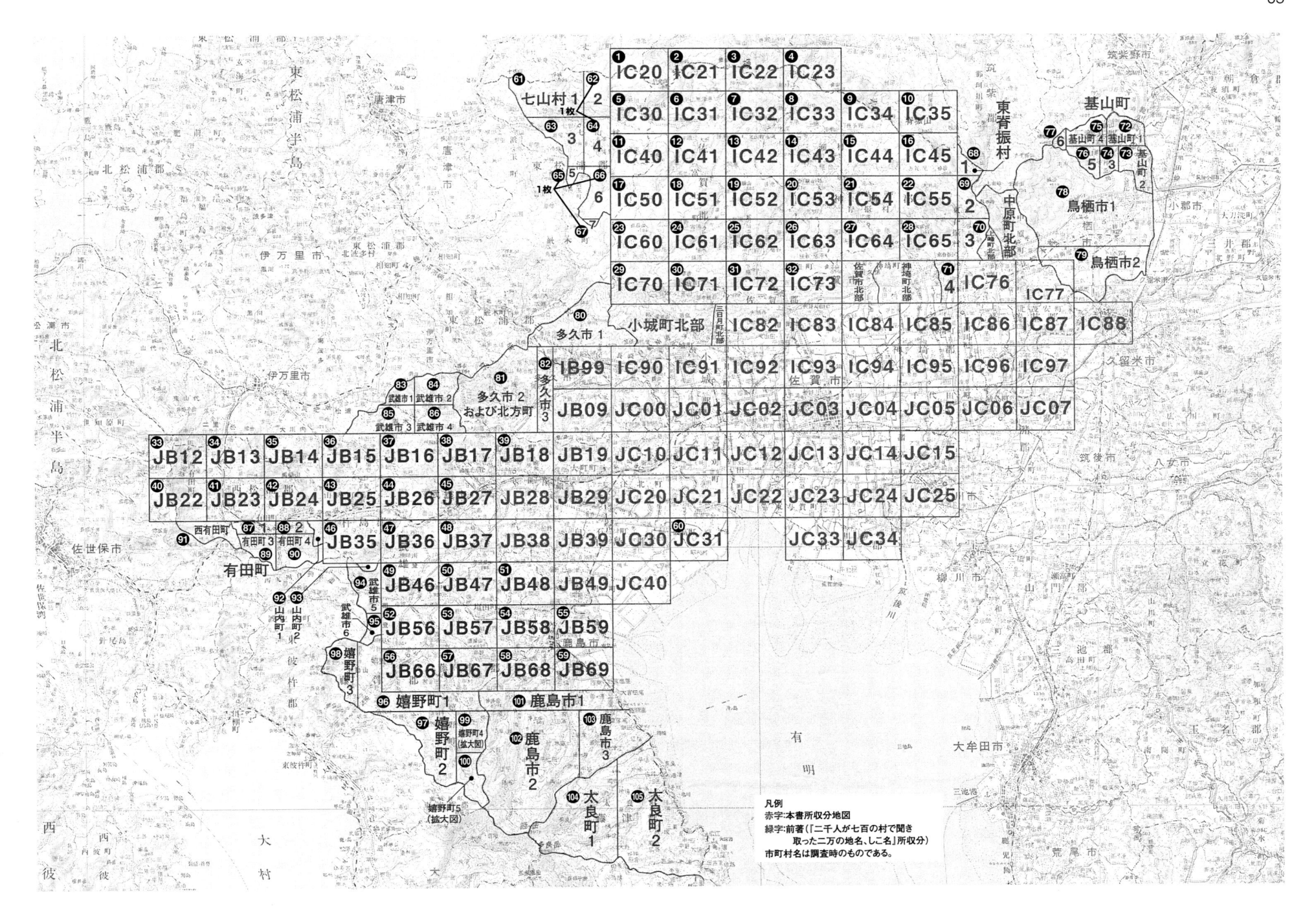

| ❶ IC20 | ❷ IC21 | ❸ IC22 | ❹ IC23 |
|---|---|---|---|

基山町

筑紫野市

七山村 1　2
　　　❻1枚
　　3　4
　❻5 ❻6
1枚
　　6
❻7

| ❺ IC30 | ❻ IC31 | ❼ IC32 | ❽ IC33 | ❾ IC34 | ❿ IC35 |
|---|---|---|---|---|---|
| ⓫ IC40 | ⓬ IC41 | ⓭ IC42 | ⓮ IC43 | ⓯ IC44 | ⓰ IC45 |
| ⓱ IC50 | ⓲ IC51 | ⓳ IC52 | ⓴ IC53 | ㉑ IC54 | ㉒ IC55 |
| ㉓ IC60 | ㉔ IC61 | ㉕ IC62 | ㉖ IC63 | ㉗ IC64 | ㉘ IC65 |

東脊振村

❻8　中原町北部
❻9
1
2
❼0　3

基山町4　❼5 ❼2 基山町1
　❼6　❼3
❼6　5　3　基山町2
❼8
鳥栖市1

鳥栖市2

| ㉙ IC70 | ㉚ IC71 | ㉛ IC72 | ㉜ IC73 | 佐賀町北部 | 神埼町北部 | ❼1 4 IC76 | IC77 |
|---|---|---|---|---|---|---|---|

❽0　小城町北部　三日月町北部

| IB99 | IC90 | IC91 | IC92 | IC93 | IC94 | IC95 | IC96 | IC97 |
|---|---|---|---|---|---|---|---|---|

多久市1
❽1 多久市2 ❽2 多久市3

| JB09 | JC00 | JC01 | JC02 | JC03 | JC04 | JC05 | JC06 | JC07 |
|---|---|---|---|---|---|---|---|---|

❽3 ❽4
武雄市1 武雄市2
❽5 ❽6
武雄市3 武雄市4

| ㉝ JB12 | ㉞ JB13 | ㉟ JB14 | ㊱ JB15 | ㊲ JB16 | ㊳ JB17 | ㊴ JB18 | JB19 | JC10 | JC11 | JC12 | JC13 | JC14 | JC15 |
|---|---|---|---|---|---|---|---|---|---|---|---|---|---|
| ㊵ JB22 | ㊶ JB23 | ㊷ JB24 | ㊸ JB25 | ㊹ JB26 | ㊺ JB27 | JB28 | JB29 | JC20 | JC21 | JC22 | JC23 | JC24 | JC25 |

西有田町 ❽7 1 ❽8 2
有田町 3　有田町4
❽9　❾0
❾1
有田町

| ㊻ JB35 | ㊼ JB36 | ㊽ JB37 | JB38 | JB39 | JC30 | ㊽ JC31 | | | JC33 | JC34 |
|---|---|---|---|---|---|---|---|---|---|---|

❾2 ❾3
山内町
山内町1
武雄市5
❾4
❾5 武雄市6

| JB46 | JB47 | JB48 | JB49 | JC40 |
|---|---|---|---|---|

❾8 嬉野町3

| ㊾ JB56 | ㊿ JB57 | 51 JB58 | 52 JB59 |
|---|---|---|---|
| 53 JB66 | 54 JB67 | 55 JB68 | 56 JB69 |

❾6 嬉野町1　101 鹿島市1
❾7 嬉野町2
❾9 嬉野町4（拡大図）
100
102 鹿島市2
103 鹿島市3
104 太良町1
105 太良町2

凡例
赤字：本書所収分地図
緑字：前著（『二千人が七百の村で聞き取った二万の地名、しこ名』所収分）
市町村名は調査時のものである。

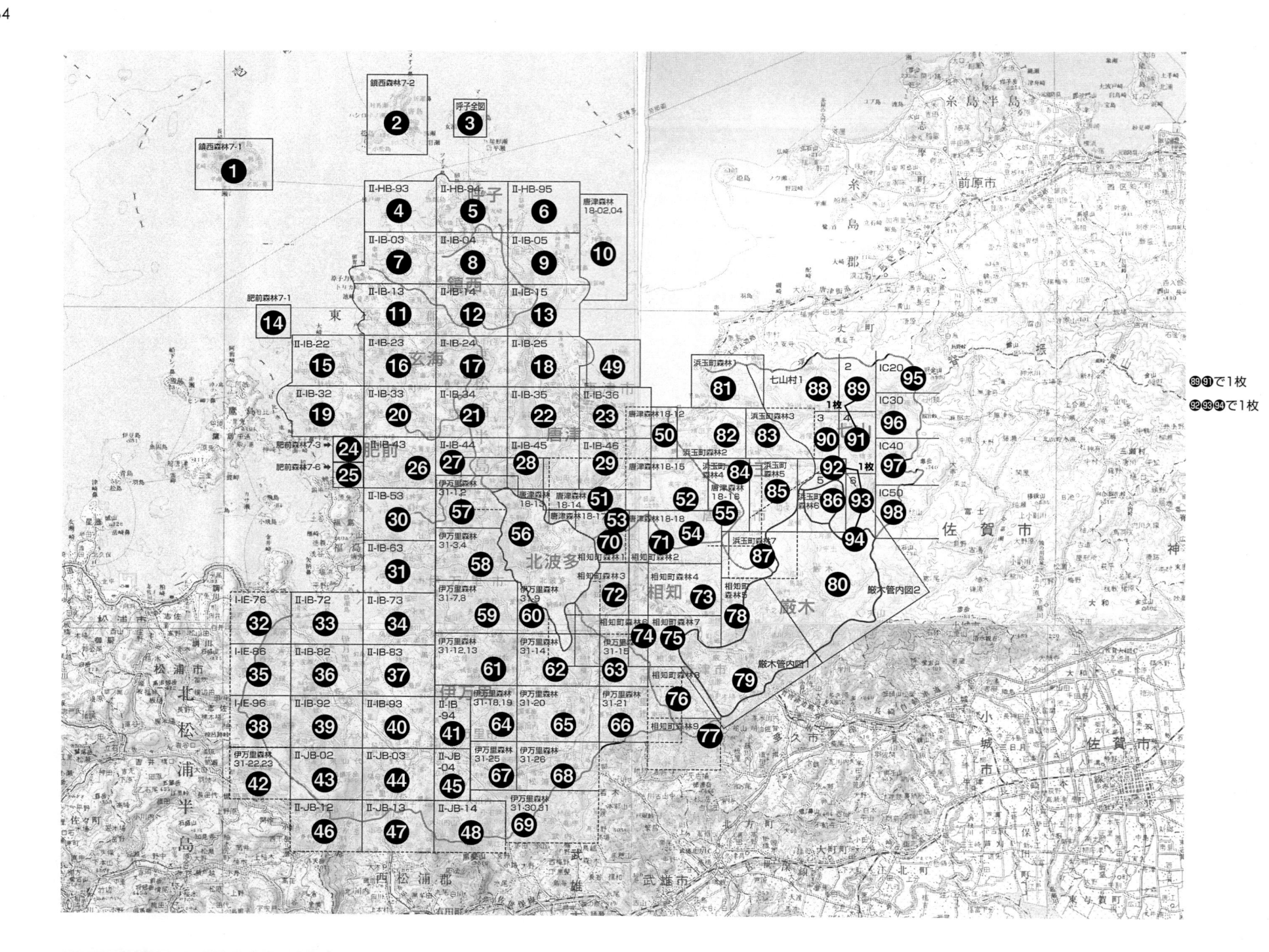

89 91 で1枚
92 93 94 で1枚